Deutschlands First Ladies

Deutschlands First Ladies

Die Frauen der Bundespräsidenten und Bundeskanzler von 1949 bis heute

Herausgegeben von Dieter Zimmer

Deutsche Verlags-Anstalt · Stuttgart

Die Deutsche Bibliothek – CIP-Einheitsaufnahme

Deutschlands First Ladies : [die Frauen der Bundespräsidenten und Bundeskanzler von 1949 bis heute] / hrsg. von Dieter Zimmer. – Stuttgart : Deutsche Verlags-Anstalt, 1998
ISBN 3-421-05125-9

Satz: Typomedia Satztechnik GmbH, Ostfildern
Druck und Bindearbeiten: Franz Spiegel Buch GmbH, Ulm
Printed in Germany

ISBN 3-421-05125-9

Inhalt

Vorwort

Theodor Heuss als erster Präsident war ein Glücksfall für das Nachkriegsgebilde Bundesrepublik Deutschland. Ganz sicher.

Aber was wäre Theodor Heuss geworden ohne seine Ehefrau? Nicht nur, weil sie im Dritten Reich, als der liberale Geist nicht opportun war, mit Erfindungsreichtum und Energie die Familie über Wasser hielt. In mancherlei Hinsicht war sie schon in jungen Jahren ihrer Zeit und den Frauen ihrer Generation weit voraus: Elly Heuss-Knapp, eine eigenständige und großartige Persönlichkeit, von der man zu unrecht gemeinhin nur weiß, daß sie das Deutsche Müttergenesungswerk ins Leben rief. Nehmen wir heute Hannelore Kohl. Durch die schier erdrückende öffentliche Rolle ihres Mannes gefordert, hat sie mit ihrer Stiftung zugunsten Hirnverletzter Pflichten übernommen, mit denen sie über sich hinausgewachsen ist.

Von Elly Heuss bis Hannelore Kohl: Die »first ladies« dieser Republik sind höchst unterschiedlich in Herkommen, Ausbildung, Rollenverständnis. Und jede hat diesen aufregenden Abschnitt ihres Lebens anders aufgefaßt und gestaltet, hat mehr oder weniger »daraus gemacht«. Dabei wurden die Frauen von Mal zu Mal stärker gefordert: Die Öffentlichkeit erwartete bald von ihnen ein Engagement für die Allgemeinheit, am besten für die Benachteiligten – quasi als Gegenleistung dafür, daß sie ins Rampenlicht hatten treten dürfen. Wer genau hinsieht, stellt jedoch fest, daß es bereits eine Leistung bedeutet, die als selbstverständlich erwartete, aber inoffizielle und nicht eigens honorierte Rolle »an seiner Seite« mit unaufdringlicher Disziplin auszufüllen.

Natürlich haben die Frauen dies in unterschiedlicher Weise vermocht. Manche blieb fast unsichtbar, ja einzelne scheuten förmlich das Rampenlicht; andere dirigierten erkennbar ihren Mann, manche begann ihn in puncto Popularität zu überholen.

Nicht alle setzten alles daran, »everybodies darling« zu sein. Einzelne hinterließen durchaus den Eindruck, schwierig zu sein. Ein Buch wie dieses soll jedoch keine kritische Analyse sein.

Herausgeber und Verlag haben lange überlegt, ob sie einerseits die Frauen der Präsidenten und der Kanzler in einem Band vereinigen, anderseits die Frauen der protokollarisch hochstehenden Bundestagspräsidenten aussparen sollten. (Und wie wäre bei den Bundestagspräsidentinnen zu verfahren? Wären ihre Männer zu beschreiben gewesen?) Am Ende wurde die vorliegende Auswahl als sinnvoll erachtet.

Der Herausgeber hat sich bemüht, Autorinnen und Autoren zu gewinnen, die zum »Objekt« ihrer Beschreibung eine Beziehung haben, im besten Fall durch persönliche Bekanntschaft, ja Freundschaft, ansonsten durch wissenschaftliche, schriftstellerische, journalistische Beschäftigung.

Eine Besonderheit waren »die Frauen Adenauers«. Er war zweimal verwitwet, ehe er im Alter Bundeskanzler wurde. Hier werden seine beiden Ehefrauen gewürdigt sowie seine Töchter, die in gewisser Weise die Rolle der »first lady« übernahmen.

Das Portrait von Rut Brandt hat Heilwig Ahlers geschrieben, die unter ihrem Mädchennamen Heilwig von der Mehden vieles veröffentlichte. Sie konnte den Text nicht ganz zu Ende schreiben. Nach ihrem Tod hat ihr Sohn die letzten Zeilen ergänzt.

Ihr und allen anderen Autorinnen und Autoren danke ich.

Dieter Zimmer

Elly Heuss-Knapp

Von Kirsten Jüngling und
Brigitte Roßbeck

12. September 1949. Theodor Heuss wird in Bonn zum ersten Präsidenten der Bundesrepublik Deutschland gewählt. Ende Dezember geht das obligatorische Jahresüberblick-Rundschreiben an die Freunde, es beginnt mit dem Satz: »Jetzt ist es schon einige Wochen her, daß wir das neue Amt angetreten haben«. Wir! So formuliert es die Frau. Die Frau an seiner Seite: klein, rundlich und meist unvorteilhaft gekleidet. Eine biedere Person? Keinesfalls. Alles andere als das. Eine – so würde das heute wohl gesehen – Powerfrau mit exzeptioneller weiblicher Karriere: gebildet, gewandt, selbstbewußt, hellwach, unabhängig und durchsetzungsfähig, emanzipiert im besten Sinne. Die Achtundsechzigjährige ist kein unbeschriebenes Blatt. Sie hat sich als Lehrerin, Vortragsreisende, Journalistin, Rundfunkschaffende, Buchautorin, Politikerin, Werbefachfrau längst einen eigenen guten Namen gemacht. Nun, 1949, ist sie bereits gezeichnet von ihrer schweren Herzkrankheit, auch Folge eines unvorstellbaren Arbeitspensums, nicht zuletzt um über Jahre auf höchst unkonventionelle und kreative Weise das Familieneinkommen zu sichern.

25. Januar 1881. In Straßburg, das seit dem Krieg von 1870/71 zum Deutschen Reich gehört, kommt Elisabeth Eleonora Anna Justine als zweites Kind von Lydia und Georg Friedrich Knapp auf die Welt. Sie wird Elly gerufen. Die Mutter, vielseitig begabt, eine geborene von Karganow aus dem georgischen Tiflis, war Gasthörerin ihres Mannes gewesen, als er noch in Leipzig Nationalökonomie lehrte. Lydia Knapp verliert bald nach Ellys Geburt die seelische Balance und wird fortan in Sanatorien betreut. Der Vater kann dem gängigen gutbürgerlichen Erziehungsmodell für das weibliche Geschlecht nur wenig abgewinnen. Und so fügen sich die Knapp-Töchter mühelos in jene Straßenkinderhorde ein, die rund um die alten Befestigungsanlagen und im Universitätsgarten nach dem ehernen Gesetz »hauen ist edel, treten ist gemein« ihr kindliches Unwesen treibt. »Wir wurden in Freiheit dressiert«, wird Elly die frühen Straßburger Jahre charakterisieren, und: »wir wurden zu Hause eigentlich überhaupt nicht erzogen, sondern nur unterrichtet.« Zwar besuchte sie bis 1896 Fräulein Lindners Mädcheninstitut, stuft die Schulzeit jedoch eher als lustig denn als gewinnbringend ein. Viel mehr nützt ihr das Angebot des professoralen Umfelds. Während Marianne, die wenig ältere Schwester, im Verlauf der täglich anberaumten »Sprechstunde« des Va-

ters naturwissenschaftliche Lektionen bevorzugt, eignet sich Elly unter anderem ein beachtliches Klassikerrepertoire an. Bevor sie lesen kann, allein durchs Zuhören. Dergleichen schult das Gespür für Sprache. Und wirklich spielend lernt sie Französisch. Politische Diskussionen führt Professor Knapp zwar ausschließlich mit Kollegen, doch gibt sich seine Jüngste stets alle Mühe, zumindest Gesprächsfetzen aufzuschnappen.

Zum engen Freundeskreis der Heranwachsenden zählen etliche junge Herren. Auch Albert Schweizer gehört dazu, der sich gerade – im Anschluß an sein Theologiestudium – der Medizin zugewandt hat. Ausflüge mit dem Rad ins Rheintal, ausgedehnte Touren durch Norddeutschland und den Schweizer Jura oder fröhliche Feste ohne Anstandsaufsicht in männlicher Gesellschaft – all das sind keineswegs Selbstverständlichkeiten für junge Damen in wilhelminischer Zeit.

Wenn in Ellys Kreis heftig debattiert wird, dann geht es in der Regel um die »Soziale Frage«, um brennende gesellschaftliche Probleme und den »Aufbruch in eine neue Zeit«. Denkanstöße liefert die vom nationalliberalen Politiker Friedrich Naumann herausgegebene Wochenzeitschrift *Die Hilfe*. »Das war eine ganz neue Sprache. Man hörte Antwort ... Daß Naumann aus dem Pfarramt in die Politik gegangen war, erfuhr ich beim Tanzen von dem klügsten meiner Jugendfreunde, Walter Leoni ...« Walter Leoni: in Ellys Jugend fällt auch die Erfahrung einer unglücklichen, weil unerwiderten Liebe.

Zur Jahrhundertwende legt die Neunzehnjährige ihr Lehrerinnenexamen ab und bekennt hernach freimütig, sie habe jetzt ein ähnliches Gefühl, als wenn man bei einem Besuch Löcher in seinen Handschuhen bemerke und darum die Hände zu verstecken suche. Wissenslücken haben junge Frauen allgemein zu beklagen. Nur: Mit Lamentieren hält sich Elly Knapp nicht auf. Sie macht sich Gedanken, macht sich schlau, ertrotzt vom Straßburger Stadtrat eine Fortbildungsschule für Mädchen, übernimmt deren Etablierung, unterrichtet dort Bürgerkunde, analysiert mit den Schülerinnen Reklametexte und organisiert Fabrikbesichtigungen. Um die Vermittlung von Kenntnissen in den Grundrechenarten drückt sie sich allerdings gern, kamen ihre eigenen mathematischen Leistungen doch kaum über ein Mangelhaft hinaus. Elly Knapp brilliert auf anderen Gebieten. Sie wird in die Gutachterkommission der städtischen Armenverwaltung berufen. Als erste und einzige Frau. Ihr Fazit? »Köstlich viel zu tun und Arbeit, die Freude macht, weil sie nützt.« Trotzdem, sie will über den Straßburger Tellerrand hinausschauen. Studiensemester in Lausanne, in Freiburg und in der pulsierenden Hauptstadt des Deutschen Reiches könnten Abhilfe schaffen. Gottlob denkt Professor Knapp auch in diesen Dingen anders als andere Väter. Er hält die umtriebig-neugierige Tochter nicht auf.

Berlin ab Herbst 1905. Elly tankt Fachwissen in nationalökonomischen Seminaren. Und sie sucht die Nähe zu ihrem frühen Mentor. Nicht zuletzt durch die kleine, 1902 ererbte und von ihr »für die gemeinsame soziale Sache« gespendete Barschaft hatte sie Friedrich Naumann im Haus des Münchner Professors Lujo Brentano persönlich kennenlernen dürfen. Jetzt öffnen sich ihr weitere Türen, die zum regelmäßig tagenden Naumann-Kreis und die zur Redaktion der *Hilfe*. In beiden Gruppen trifft sie auf einen gewissen Theodor Heuss; der Schwabe mit dem frischerworbenen Doktortitel ist ihr nicht ganz geheuer: Warum muß er den an sich lobenswerten Freigeist durch bohèmienhafte Staffage verkörpern? Der argwöhnisch Beäugte findet für seinen Teil die junge Dame reichlich extrovertiert. Was die beiden dennoch zusammenführen wird, ist nach eigenem Bekunden »die gleiche liebende Verehrung« des Charismatikers Friedrich Naumann.

In Berlin trifft man leicht auf Vertreterinnen der Frauenbewegung. Mit Feuereifer wird gerade eine Heimarbeit-Ausstellung vorbereitet, die wirtschaftliche Not, skrupellose Arbeitgeber und Hungerlöhne öffentlich anprangert. Die Resonanz ist beachtlich. Rufe der Empörung hallen nach. Auch Fräulein Knapp erläutert Besuchern die Exponate; am Eröffnungstag im Januar 1906 führt sie sogar Friedrich Naumann. Mit dem Vermerk »Ihre Rede« schickt ihr Baron Heyl, der erzkonservative Lederindustrielle und Abgeordnete, ein Reichstagsprotokoll zu, wonach er sich äußerst kritisch mit Heimarbeit auseinandersetzte, nachdem Elly ihm beim Rundgang durch die Ausstellung ordentlich eingeheizt hatte: »Auch Heyl zu Herrnsheim hat lichte Momente«, resümiert erstaunt ein Zeitungsreporter.

Das Engagement mündet nach der Rückkehr ins Elsaß in eine

für eine Fünfundzwanzigjährige fast sensationelle Karriere: Bald reicht der Wirkungskreis weit über Straßburg hinaus. Sie ist, so sieht Elly es selbst, »zur Wanderrednerin avanciert«, sie bereist innerhalb weniger Tage ein Dutzend Städte, sie referiert vor Fürsorgerinnen, der Heilsarmee, Handlungsgehilfen, Frauenvereinen, Sozialdemokraten, Putzmacherinnen, Offizieren, Studenten und Studentinnen, kommunistischen Arbeitern ... Sie äußert sich zu Kartellen und Trusts ebenso kompetent wie zu ihrer Heimarbeits-Domäne. Selbst Professor Schulze-Gävernitz, ihr Hochschullehrer aus Freiburger Zeiten, zeigt sich beeindruckt: »scharf, klar, anschaulich« die Darstellung, mitreißend ihr freies Sprechen. »Gelt, ich werde eine Persönlichkeit«, jubelt Elly, denn falsche Bescheidenheit ist ihr fremd, »alle Leute halten mich für was Extraes, weil ich Vorträge halte ›als junges Mädchen‹«. Nur wenn es um »Die moderne Haufrau« gehen soll, ist sie gezwungen, das ihr vertraute Terrain zu verlassen. Mangel an Erfahrung muß eben mitunter durch rasche Auffassungsgabe wettgemacht werden.

Ihr Urteil über frauenbewegte Zeitgenossinnen bleibt zwiespältig. Einerseits attestiert sie Frauenrechtlerinnen Mut, andererseits seien sie »leicht verbittert«, da sie nicht mit dem Mann, sondern gegen ihn um Freiheit und Bildung, sittliche und wirtschaftliche Selbständigkeit und Gleichberechtigung kämpften. Noch eine Spur ironischer der Unterton, wenn Fräulein Knapp konstatiert, diesem ästhetisch unerfreulichen, moralisch hochstehenden Typus sei es doch geglückt, geradezu unerhörte Erfolge zu erringen. Und bei dieser Gelegenheit stellt sie unmißverständlich klar, wie ihre Sympathien verteilt sind: »Welcher Gegensatz ... zu dem Bürgermädchen, das die Frauenbewegung kaum dem Namen nach kennt und doch, sicher auf eigenen Füßen stehend, sich Broterwerb und Lebensfreude selbständig sucht...« Bedenkt die höhere Tochter aus gutem Professorenhause, Nachfahrin des genialen Chemikers Justus von Liebig sowie angeheiratete Nichte zweier Mitglieder der Berliner Gelehrtenprominenz, Adolf von Harnack und Hans Delbrück, dabei auch die eigene privilegierte Stellung? Elly Knapps pseudorationale Maxime lautet letztlich »...Wandlung und Läuterung der politischen Frau von romantischer Begeisterung über verbittertes Sichdurchsetzen zur sachlichen Schulung und sozialem Verantwortungsgefühl.« Auf den Vorwurf, sie nehme die Frauenfrage nicht genügend ernst, wird Elly, eingedenk ihrer dann gerade bevorstehenden Eheschließung, einmal spöttisch kontern, für sie persönlich wäre nun der wichtigste Teil der »Frauenfrage« gelöst. Sie meine damit nicht die Frage , wen sie heiraten werde, sondern die: »Wie kann ich mich in die Lage versetzen, abzuwarten, bis ich nach inneren, nur inneren Gründen heiraten kann?« Frauenvereine, meint sie, sollten eigentlich ihren Mitgliedern so eine Art Streikgeld zahlen, um sie vor Geld- und Versorgungsehen zu bewahren.

Der also weniger wichtige Teil der Frauenfrage lautet für die Mittzwanzigerin: Theodor Heuss? Er ist Jahrgang 1884, zweieinhalb Jahre jünger als sie. Gut, er leide noch an der Jugend, gibt der Kandidat augenzwinkernd zu, aber das sei eine Krankheit, die jeden Tag ihrer Genesung entgegengehe. Denn mittlerweile schwärmt er von dem »klugen und fröhlichen Straßburger Mädchen«, das ihm viel bedeute und mit einem bemerkenswerten Fond an Persönlichkeit, Willen, Kraft und Frische ausgestattet sei. Das unprätentiöse Fräulein Knapp macht es dem Verehrer allerdings nicht gerade leicht. Auf treuherzig-ungeübte Liebesbezeugungen setzt sie ein kühl-abwartendes: »Ich bin mir überhaupt über die ganze Sache und mich selbst nicht klar.« Heiraten? Damit verbunden der Rückzug ins Private? Ein Dasein als Nur-Hausfrau? Das ist weiß Gott nicht ihre Sache! Und schon gar nicht ihr Traum.

Es finden sich Lösungen: Die zukünftige Ehefrau soll berufstätig bleiben – wechselweise an der *Lette Fortbildungs-Schule* des von dem Liberalen August Lette gegründeten Vereins zur Förderung der Erwerbstätigkeit des weiblichen Geschlechts, an der *Viktoria-Fortbildungsschule*, einer Lehr- und Erziehungsstätte zur Ertüchtigung von Mädchen für das praktische Leben, an Alice Salomons *Sozialer Frauenschule*. Die zukünftigen Eltern einigen sich auf frühzeitiges »Von-sich-weg-Erziehen« zukünftiger Kinder. Und noch vor dem Einzug in die Berliner Wohnung wird von Straßburg aus ein Dienstmädchen engagiert. Freilich sind es dienstbare Geister – preiswert, arbeitsam und dennoch möglichst unsichtbar –, die es Frauen wie Elly überhaupt ermöglichen, eigene Wege zu gehen. Doch mit der ersten Haushaltshilfe gibt es gleich Probleme; der Regieanweisungen der ebenso unerfahrenen wie energischen Dienstherrin überdrüssig, verläßt sie fluchtartig die Heuss'sche Wohnung und muß gegen eine Duldsamere ausgetauscht werden.

Auch an dem »Bub« erprobt Elly ihre Einflußmöglichkeiten. »Erziehung zur Weltlichkeit« sind die Nachbesserungsbemühungen überschrieben. Theodors Opposition gegen überlebte Konventionen geht ihr mitunter zu weit. Eine echte Herausforderung. Heftige Wortgefechte über Etikette- und Kleidungsfragen bestimmen streckenweise die Korrespondenz: wann und wem er welche Blumen oder Geschenke überreichen müsse; welche Art Briefpapier Verwendung finden solle; ob seine Künstlermähne unbedingt einen Schnitt notwendig habe; inwieweit gelbe Stiefel dem guten Ruf eines Mannes schaden (und damit dem ihren); wie groß und abgeschabt Herrenhüte sein dürften, ohne unangenehm aufzufallen; wie salonfähige Anzüge auszusehen hatten, und nicht zuletzt, wie unumgänglich das Tragen von Gehrock und Zylinder für einen Hochzeiter sei. Gehrock und Zylinder? Beides Schrecklichkeiten in Heuss' Augen – all seine ästhetischen und Lausbubeninstinkte, klagt er, bäumten sich auf gegen solche Instrumente. Als mit ziemlich boshaften Mäkeleien an seiner redaktionellen *Hilfe*-Arbeit (er veröffentlicht unterdessen auch regelmäßig im *Kunstwart*, in der *Neckar-Zeitung* und den Rigaischen *Neuesten Nachrichten*) die Schulmeisterinnenkritik ihren Höhepunkt erreicht, protestiert der Gescholtene – ansonsten bar jeder patriarchalischen Attitüde – unmißverständlich gegen die »Tyrannis«: »Und ich kann Dir durchaus nicht unbedingt Gehorsam versprechen....Ich habe dazu jetzt, aber auch in alle Zukunft, meine liebe Frau, recht wenig Lust.« Wahrhaftig, die liebe Frau neigt zu Übereifer, und sie ist aufbrausend; doch besonders unleidlich reagiert Elly in Phasen unbewältigter Ängste und allgemeiner Überlastung.

Andere Punkte haben niemals ernsthaft zur Diskussion gestanden, zum Beispiel, daß Albert Schweitzer am 11. April 1908 die kirchliche Trauung vornimmt, daß die Verheiratete einen Doppelnamen führt oder daß die zwei Schreibtische fürs Arbeitszimmer und alle Einrichtungsgegenstände im Stil der neuen Sachlichkeit in den avantgardistischen Dresdner Werkstätten angefertigt und Gardinen- und Polsterstoffe vorzugsweise in England geordert werden. »Bleibe nur fest in der Tapetenfrage«, fleht Elly ihren Theodor an, als der Berliner Hauswirt auf einem indiskutablen Wandmuster besteht. Spürbar ihre Entspannung nach Heuss' Meldung, das Rosengärtle sei nun bestellt: »Gelt, Liebling, es wäre doch schrecklich, wenn wir uns gar nicht kennengelernt hätten. Geradezu tragisch.«

Ende 1909 ist Frau Heuss-Knapp schwanger, ein Umstand, den Damen gern mit Anspruch auf Schonung quittieren. Elly beschließt, ein Unterrichtswerk zu schreiben. Von Alice Salomon darin bestärkt und vom Leipziger R.-Voigtländer-Verlag finanziell abgesichert, erarbeitet sie das Lehrbuch »Bürgerkunde und Volkswirtschaftslehre für Frauen – Leitfaden für Frauenschulen, Handels-

Die zweiundzwanzigjährige Elly Knapp, 1903.

schulen, Gewerbeseminare und verwandte Anstalten«. Das erste seiner Art und ein Standardwerk; es wird bis zu Beginn der Dreißiger Jahre gefragt bleiben.
Am 5. August 1910 kommt Sohn Ernst Ludwig auf die Welt. Nach drei nicht endenwollenden Tagen und Nächten in den Wehen. Eine Geburt mit dramatischen Komplikationen. Frauen wissen zu Beginn des 20. Jahrhunderts um das Risiko, das sie eingehen. Eine von Ellys Straßburger Freundinnen war kurz zuvor qualvoll im Kindbett gestorben. So gesehen, hat sie selbst großes Glück. Aber wie mühevoll ist der Weg aus dem physischen und psychischen Tief.

Erst im Herbst 1911 ist sie wieder obenauf: »Morgens schreib ich drei bis vier Briefe in Sachen der Ausstellung, telefoniere eine Stunde lang, von neun bis zehn, dann kommt der Ludwig, der gebadet werden will, dann … Unterrichtsstunden, nachmittags Vorbereitung auf Stunden, Spaziergang mit Ludwig, und abends noch oft etwas. Meine Arbeit in der sozialen Frauenschule macht mir viel Freude.« Die neue Ausstellung firmiert: Die Frau in Haus und Beruf. Zwei gleichberechtigte Lebenssphären wollen die Veranstalterinnen ins Rampenlicht rücken. Es bedurfte keiner Frage: Elly Heuss-Knapp ist von vornherein involviert. Einen Punkt hätten sie bei der Vorbereitung wohl übersehen, betont allerdings ein bitterböser Nachklapp im Frühjahr 1912, und der sei äußerst wichtig: »Die Frau und der Beruf des Mannes.«

Ausgerechnet der hochverehrte Friedrich Naumann verordnet Frau Heuss-Knapp einen Ortswechsel. Theodor, so seine Direktive, müsse im heimatlichen Raum die Schriftleitung der liberal gesinnten *Neckar-Zeitung* in Heilbronn übernehmen, um durch journalistische und persönliche Überzeugungskraft das jüngst verlorengegangene Reichstagsmandat für die *Fortschrittliche Volkspartei* zurückzuerobern. Elly pocht vehement auf Berlin. Vergebens. Selbst die Kur im geliebten Badenweiler, ansonsten probates Allheilmittel, bleibt dieses Mal ohne Wirkung. Weder wird sie dort ihre Wut noch überzählige Pfunde los. Heilbronn bleibt der »Hereingeschmeckten« lange suspekt, wird ihr doch, ausgerechnet aus weiblichem Munde, hinterhergezischelt: »Wir brauchen hier keine Sufragetten.« Und wie um das Maß das Unglücks voll zu machen, fällt zudem ihr tüchtiges Dienst- und Kindermädchen krankheitshalber aus. Wütend mag Frau Heuss den Brief angestarrt haben, für dessen Wortlaut Naumann, auf ihre Beschwerde hin, nichts Besseres einfällt als die Bemerkung, da müsse sie eben tapfer durch. Männer haben gut reden! Hinzu kommt ein weiterer beklagenswerter Rückschritt. Theodor startet im liberalen deutschen Südwesten erneut eine Offensive hinsichtlich unorthodoxer Kleidung. Seit kurzem bedeckt wieder ein kekker Schlapphut wachsendes Haupthaar.

Aber wohin mit der überschüssigen Tatkraft?

»Wir sind Redakteur!« tönt es endlich aus der schwäbischen Provinz. Der Ärger scheint verraucht. Wir! Die Frau legt Wert auf die Feststellung, sie sei von Anfang an mit im Gespräch gewesen, als engagierte Retter für die notleidende politisch-literarische Wochenzeitschrift *März* gesucht wurden. Doch damit nicht genug. Auf Ellys Anregung hin gibt es in Heilbronn neuerdings eine Nachbarschaftshilfe. Das Ehepaar Heuss genießt Ausflüge nach Heidelberg zu Max und Marianne Webers *Jours fixes*, Reisen zu *Werkbund*-Tagungen, Kongressen, Zusammenkünften mit den *März*-Herausgebern Hermann Hesse und Ludwig Thoma in Bern und München. Dann ist eine zweite, juristisch und statistisch gründlich überarbeitete Auflage ihrer »Bürgerkunde und Volkswirtschaftslehre« vorzubereiten. Einladungen zu Vorträgen flattern ins Haus. Auf dem Schreibtisch stapeln sich die Redemanuskripte: »Einführung in soziale Fragen«, »Die Hausfrau in der Volkswirtschaftslehre«, »Hausfrau und Frauenbewegung«, »Hausfrau nach dem BGB«, »Der Einzelhaushalt und die Volkswirtschaft«.

1. August 1914. Mobilmachung. Kriegserklärung an Rußland. 3.August. Kriegserklärung an Frankreich. Ein Weltenbrand flammt auf. Die drohende Gefahr war weder Elly noch ihrem Mann in aller Schärfe bewußt. »Es wäre eine kühne nachträgliche Konstruktion, zu behaupten, daß wir mit einer Kriegsmöglichkeit rechneten«, wird Theodor Heuss im Alter rekapitulieren. Ihn bewahrt eine Schulterverletzung, Folge seiner feuchtfröhlichen Abiturfeier, vorm Militärdienst. Elly macht der rasch um sich greifende hurraschreiende Patriotismus angst. Was wird aus Straßburg, dem Vater, der kranken Mutter (beide werden 1919 über den Rhein abgeschoben), den Freunden? Walter Leoni fällt als einer der ersten. Unermüdlicher Einsatz lenkt ab. Nacht für Nacht zum Pflegedienst am Heilbronner Bahnhof. Viehwaggons

bringen Soldaten, Deutsche und Franzosen, verwundet an der Vogesenfront, im Elsaß.

»Uns geht es soweit gut.« Professor Knapp soll das glauben. »Die *Neckar-Zeitung* ernährt uns…, der *März* wird eingehen … Mein Sach ist natürlich auf lange, lange hinaus vorbei. Vorträge! Wen interessiert so was! Was für Kleinigkeiten hat man vorher für wichtig gehalten…« Immer drängender wird in Heilbronn die Frage nach bezahlter Beschäftigung für Frauen, deren Männer im Feld stehen oder diesen Wahnsinn mit dem Leben bezahlen mußten. Ein Fall für Heuss-Knapp & Co. Aus dem Nichts, in des Wortes wahrster Bedeutung, entsteht binnen kürzester Zeit eine *Arbeitsbeschaffungsquelle*, vermutlich die erste private in Deutschland. 18000 Mark Startkapital schwatzt Elly dem Direktor der Heilbronner *Handels- und Gewerbebank* ab. Dabei erweisen sich wohlgezielte Verbalattacken als weitaus überzeugender als das vorgelegte Finanzierungsmodell. Einkäufe für eine zivile Produktionsstätte und kriegswirtschaftliche Kontingentierung knapper Güter schließen einander eigentlich aus. Dennoch gelangen Wolltuche, Hemdenstoffe, Flanellballen, Kurzwaren, elektrische Zuschneidemaschinen und Nähmaschinen an den Neckar. Bald arbeiten mehr als 900 Frauen, die meisten zu Hause, für einen um fünfzig Prozent über Tarif liegenden Lohn, die Initiatorinnen schaffen ohne Entgelt bis zur Erschöpfung. Das Textilunternehmen prosperiert. Ein Grund: widerwillige Zusagen der von Elly Heuss-Knapp eingeschüchterten Beamten in Bedarfsbeschaffungsämtern. Ellys Einsatz: nächtliche Zugfahrten durch halb Deutschland, bei Tage Verhandlungen mit potentiellen Abnehmern unter Aufbietung beträchtlichen weiblichen Charmes. Von Raubbau an der Gesundheit will sie nichts hören.

1918. Das letzte Kriegsjahr. Theodor Heuss wird als Geschäftsführer des *Werkbundes* sowie als Schriftsteller der Wochenzeitung *Deutsche Politik* nach Berlin gerufen. Elly kehrt an die *Soziale Frauenschule* zurück. Den Sturz der Monarchie und die Ausrufung der Republik im November sehen Befürworter evolutionärer Übergänge als jähen Zusammenbruch, ja als nationales Unglück. Auch Theodor Heuss und seine Frau reagieren auf die neue Staatsform, insbesondere aber auf die mit dem Spartakusaufstand verbundenen Unruhen, zunächst ratlos, sogar verstört. Sie glauben sich ihrer politischen Plattform beraubt, um die Früchte auf-

Theodor Heuss wirbt mit einer von seiner Frau entgegengenommenen Gabe für eine Spendenaktion des Müttergenesungswerks.

klärerischer Bildungsarbeit betrogen. Friedrich Naumann, dessen Hauptwerk immerhin »Demokratie und Kaisertum« verbindet, muß ähnlich empfunden haben. Er stirbt, gerade zum Vorsitzenden der neuen *Deutschen Demokratischen Partei* bestimmt, erst neunundfünfzigjährig und doch am Ende seiner Kraft. »Wir beide ... haben unseren geistigen Vater verloren ...«

Eines jedoch muß die kritische Autorin einer »Bürgerkunde« für Frauenschulen erfreut zur Kenntnis genommen haben: Bereits am 30. November 1918 verfügen die Volksbeauftragten die Einführung eines allgemeinen, gleichen und geheimen Verhältniswahlrechts. Endlich dürfen Frauen wählen und gewählt werden. Elly Heuss-Knapp macht von beidem Gebrauch. Sofort plädiert sie für streng neutrale Gemeinschaftswerbung, da durch Parteiengezänk aus unsicheren Neuwählerinnen verschreckte Nichtwählerinnen würden. Die Frauenverbände aller Gruppierungen der politischen Mitte schließen sich daraufhin zusammen. Frau Heuss sucht in Berlin nach geeigneten Versammlungsräumen, verhandelt mit Kinobesitzern, nimmt kilometerweite Fußwege – durchs Revolutionsgetümmel und mit Flucht in Hauseingänge vor schießwütigen Anarchisten – zu Wahlveranstaltungen auf sich, verspricht Zeitungen Anzeigen, die ihrerseits zusagen müssen, keine Witze übers Frauenwahlrecht zu drucken; sie entwirft in Nachtarbeit Flugblätter und Plakate. Auf Litfaßsäulen an allen Berliner Straßenecken prangt wochenlang ihr eindringlicher Aufruf: »Frauen werbt und wählt! / Jede Stimme zählt! / Jede Stimme wiegt, / Frauenwille siegt.«

»Das gilt nicht«, wirft ihr einmal die gegnerische Seite vor, »Sie machen es mit Hypnose«. Als sie nach der nicht minder wortgewaltigen Clara Zetkin vor kommunistischen Arbeitern auftritt, bereitet ihr das Kompliment: »Das haben Sie aber schick gemacht, und hübscher sind Sie auch« weit mehr Vergnügen als der tosende Beifall, den sie gleichfalls einheimst.

Umso tiefer die Enttäuschung, als weder sie noch ihr Mann 1919 den Sprung in die Weimarer Nationalversammlung und 1920 in den Reichstag schaffen. Dabei war ihr Einsatz weit über das übliche Maß hinausgegangen: Wenigstens werden mehr Wählerinnen als Wähler registriert.

Ein paar Monate später steht Elly Heuss-Knapp im Bremer Dom vor fünftausend jungen weißgekleideten, blumenbekränzten, andächtig lauschenden evangelischen Mädchen. Wie das? Während sich Theodor Heuss, getröstet durch den Ruf an die auf Naumann zurückgehende *Deutsche Hochschule für Politik*, rasch mit der Wahlniederlage hat abfinden können und nun seine parlamentarischen Sporen als bescheidener Bezirksverordneter in Schöneberg verdient (erst 1924 kann er ein Reichtagsmandat erlangen), betreibt seine Frau Frustrationsabbau, indem sie versucht, alles Politische zu meiden. Zwecklos, nach ihren Motiven für den Rückzug in die Schmollecke zu suchen, sie wartet mit ungewohnter Verschwiegenheit auf. Signifikant sind ihre Beschäftigung mit

Psychoanalyse Ende 1920, intensives Bibelstudium, die Hinwendung zu Otto Dibelius und dessen Berliner Gemeinde *Zum Heilsbronnen.* »Ich fand ... einen Prediger, der mitten im Tageskampf stand, ... der die großen Fragen ... vom Evangelium aus zu beantworten suchte ... und dabei ein pietistisches Herz hatte.« Elly Heuss-Knapps Themen sind jetzt *Neue Lebensgestaltungen, Sinn der Familie, Wege in die innere Ruhe, Bescheidenheit, Weihnachten entgegen, Krankenlektüre, Kindergedichte* ... und immer wieder: Sitte und Traditionen. Einzig die kritische Auseinandersetzung mit der Frauenbewegung und deren Geschichte gerät ein bißchen beschaulich. Reisen zu sozial- und religionspädagogischen Tagungen nehmen die Mittvierzigerin voll in Anspruch; selbst Theodor sieht seine Frau selten. Der pubertierende Sohn Ernst Ludwig scheint in einem Landschulheim in Holzminden besser aufgehoben als daheim. Dafür spielen gefühlsbetonte »Seelentöchter« für seine Mutter eine vergleichsweise wichtige Rolle, bis ...

... ja, bis gegen Ende der zwanziger Jahre ein neues Elly-Heuss-Knapp-Talent entdeckt wird. Ob sie Rundfunkschaffende werden wolle? Selbstredend! »Das Sonderbarste ist das Herauskommen aus dem Senderaum. Der Redner schlägt noch ein wenig mit den Flügeln wie ein Hahn, der eben gekräht hat, aber die Mitbewohner im Hühnerhof sind vollkommen gleichgültig ... Es ist immer eine Freude, wenn die Post nach einigen Tagen Antworten bringt ...« Etliche ihrer Beiträge sind als Mutmacher gedacht – die Weltwirtschaftskrise stürzt viele Menschen ins Elend. Elly beherrscht bald das Genre der Reportagen, führt auch Regie, wird in den Programmbeirat berufen und verfaßt Kritiken, die regelmäßig in der Hamburger Zeitschrift *Der Rundfunkhörer* erscheinen. Im Juni 1930 können die Heuss' nebst Schäferhund Rex ein modernes Reiheneckhaus in Berlin-Lichterfelde, Kamillenstraße 3, beziehen. Als Mieter.

1933 wird Frau Heuss vom Ullstein-Verlag gebeten, ihre Lebenserinnerungen niederzuschreiben. Innerhalb von drei Wochen entsteht der schmale Band *Ausblick vom Münsterturm.* »Ich gebe mir Mühe, nicht eitel zu werden, wenn mit jeder Post Huldigungsbriefe kommen.« Für überschwengliche Freude ist es ohnehin die falsche Zeit, eher für äußerste Besorgnis.

Im 8. Reichstag hat die NSDAP die Mehrheit. Elly Heuss-

Knapps Vortragsreisen werden verboten, Artikel zurückgewiesen, ihre Tätigkeit im Programmbeirat des Rundfunks ist plötzlich beendet. Die Lehrerin wird von einer Schülerin denunziert. Sie darf fortan nicht mehr unterrichten. Auch Theodor Heuss wird im Jahr der Machtergreifung Hitlers mit Berufsverbot belegt, er verliert sein Reichtagsmandat und seine Dozentur an der *Hochschule für Politik*, wichtigste, weil kontinuierlich fließende Einnahmequellen der Familie. Und als die *Vossische Zeitung* ihr Erscheinen einstellen muß, ist »fast die letzte bisherige Möglichkeit eines einigermaßen zu rechnenden publizistischen Nebenerwerbs dahin«.

Adolf Hitler und seinen Anhängern begegnet Elly Heuss-Knapp mit unverhohlener Abneigung: »Männerbund-Atmosphäre … suggestive Phrasen … reichlich spießige Dilettantendiktatur … Scham und Schmerz«. Schrecklich bedrückend und dennoch gut, viele jüdische Freunde »draußen in der weiten und ein bißchen weniger unglücklichen Welt« in Sicherheit zu wissen.

Elly Heuss-Knapps Wechsel in die Werbebranche ist also aus der Not geboren. Zur silbernen Hochzeit im April 1933 reist das Ehepaar nach Basel. Hermann Geiger-Otto, Begründer der Wybert-Werke und Ellys Vetter, hat die Idee, durch einen Werbeauftrag für seine Hustenpastillen finanziell zu helfen. »Na ja, eine Hebung des Niveaus ist es ja nicht«, meint sich die bald Zweiundfünfzigjährige im bildungsbürgerlichen Freundeskreis rechtfertigen zu müssen – und geht beherzt an die Produktion von »Gebrauchslyrik«: »Zunächst muß man sich bemühen, die natürliche Sprache, das *gesprochene* Wort zu gebrauchen. Die Wiedergabe erfordert … mehrere Stimmen … Die Mannigfaltigkeit der Stimmen wird kaum gut zur Geltung kommen, wenn die Werbetexte als Manuskript an die einzelnen Sender gehen, sondern die gewünschte Wirkung kann mit Sicherheit nur erreicht werden durch Plattenaufnahmen. Der Texter, der das Manuskript entwirft, sollte zugleich Regie führen, gute Stimmen auswählen und so lange proben, bis die Werbung tatsächlich der Idee entspricht, die ihm vorschwebt.« Ein großer Unterschied zum bislang Praktizierten, zu den als »Rundfunkdurchsprüche« einfach heruntergelesen, ursprünglich für Printmedien entworfenen Texten. Der *Femme des lettres* Elly Heuss-Knapp ist zu Beginn ihrer außergewöhnlichen Karriere als Werbefachfrau sofort klar, daß so etwas nicht die

Wirkung entfalten kann, deren Worte fähig sind. Sie bietet mehr als der Durchschnitt. Schon lange ist ihr bewußt, daß sich durch Sprache Stimmungen erzeugen lassen; sie hat ein ererbtes und geschultes Gefühl für Klangfarbe und Satzmelodie. Einprägsamkeit durch Reim und Rhythmus, dem Zeitgeschmack entsprechend, bezeugen alle ihre Werbetexte – für Zahnpasta, Sonnenöl, Schuhcreme, Briketts, Abführmittel, Sekt, Herrenhemdenkragen ... und auch für Fliegenfänger: »Zieh den festen Klebestreifen / Aus der Hülle sanft im Drehen / Fliegen werden's nie begreifen / Auf den Leim die Fliegen gehen / Und so wirst Du Ruhe kriegen / Fliegenfrosch fängt fleißig Fliegen!«.

Rasch hat sie ihre Auftraggeber – dazu zählen neben den Werbeleitern von Wybert bald die von Henkel, Reemtsma, Beiersdorf, Bleyle, Kaufhof, Milupa, Kathreiner, Kaba, Blaupunkt, Kaloderma – davon überzeugt, daß gerade kleine Hörspiele, eben gesprochen von mehreren Stimmen, mit Geräuschkulisse und Musik, die Aufmerksamkeit der Rundfunkhörer fesseln würden. Die Aufnahmen werden in der Berliner Singakademie auf Wachsplatten gemacht, ohne Schnitt, in einem Zug durch, bald unter Bedingungen von Verdunkelungs- und Luftschutzübung. Und Elly Heuss-Knapp übernimmt das zeitaufwendige Casting. Als Komponisten gewinnt sie Norbert Schultze (»Lili Marleen«), als Sprecher Profis und Laien; auch Theodor Heuss muß für eine »Aprilscherz«-Werbeplatte herhalten: »... darf die Familie schwäbeln?«, fragt seine Frau vorsorglich beim Auftraggeber an, »Mehrkosten verursacht es nicht, der polternde Vater stellt sich ehrenamtlich zur Verfügung.« Die selbständige Werbefachfrau lädt Firmenvertreter zu Präsentationen zu sich nach Hause: »Tee mit Plattenabhören« nennt sie das, und sie besucht ihre Kunden in ganz Deutschland mit dem Demonstrations-Schallplattenkoffer. Schon zwei Jahre nach dem Berufsstart, 1935, betritt sie wiederum Neuland: Werbefilme entstehen. Anfangs sind das Schwarz-Weiß-Streifen. Für die Hamburger Firma Beiersdorf kreiert sie entsprechend den NIVEA-Farben einen aufsehenerregenden blau-weißen Schattenrißfilm. Trickfilme, bald auch farbige, läßt sie in den Ufa-Studios produzieren, Realfilme vor Ort.

Als eine der ersten Werbespezialisten erkennt sie den Wert des Produktimages, widersetzt sich konsequent dem Auftrag, in jeder Saison eine völlig neue Kampagne zu entwickeln, hebt die Bedeutung des Wiedererkennungseffektes, unterstützt durch Anzeigenserien und Plakatwerbung, hervor. Nach kurzer Zeit agiert Frau Heuss hochprofessionell: sie veröffentlicht Fachaufsätze, verschickt Fragebögen, läßt in Kinos ausschwärmen, um Qualität und Resonanz der Werbefilme zu prüfen, schlägt sich mit Kostenkalkulationen herum und beschäftigt eine Bürodame. »Ich bin nach wie vor entschlossen, eine Menge Geld zu verdienen«, gesteht sie ihrer Schwester, »ich muß arbeitsfähig bleiben, nicht zehnmarkweise sparen, sondern tausendmarkweise verdienen…« In den wenigen Jahren bis 1937 gelingt es ihr, das Jurastudium des Sohnes zu finanzieren, ihrem Mann zum Schreiben großer Biographien den Rücken freizuhalten und das Haus in der Berliner Kamillenstraße zu kaufen.

Zwei Jahre später stürzen die Nazis die Welt in eine Katastrophe. Werbung? Werbung, soweit überhaupt geduldet, darf absolut nicht kaufanregend sein.

Werbung im Nazistaat ist eine Gratwanderung, bedeutet Sich-herumschlagen-müssen mit spießigen, kleinkarierten Zensoren des Reichswerberates. Einen Anzeigenvorschlag für Beiersdorf erhält sie mit dem Vermerk zurück, das Bild sei in Ordnung, beim Text empfehle man aber, um alle Meckereien von Überpatrioten zu umgehen, einen anderen Vornamen als Marianne zu wählen, der doch an die Symbolfigur der französischen Republik erinnere. »Also Annemarie«, notiert Elly dieses Mal resignierend am Rand der Briefstelle. »Elly Heuss-Knapp … ist es zu verdanken«, so die in unseren Tagen veröffentlichte Würdigung des Hauses Beiersdorf, »daß unsere Werbung frei blieb von nationalsozialistischem Gedankengut«.

Was haben die Heuss' herüberretten können über die niederdrückenden Jahre? Materielle Güter kaum. Das Kapital, das sie einsetzen können, bemißt sich nach ihrer persönlichen Mitgift. Beide kandidieren für den württembergisch-badischen Landtag. Beide werden am 24. November 1946 für die *Demokratische Volkspartei* gewählt, sie über die Liste, er direkt. Theodor wird sogar Kult[us]minister in Stuttgart. Seine Frau meint dazu, er müsse halt die »Ministertechnik noch lernen«. Beide veröffentlichen wieder. Beide legen Sammelbände vor, er Essays historischen Inhalts, sie Kurzgeschichten, *Schmale Wege*, Schicksale aus dem anderen, verborgenen Deutschland während der nationalsozialistischen Herrschaftsjahre. Dann Jugenderinnerungen von Vater Georg Friedrich Knapp, ergänzt durch ein urgroßväterliches Kapitel und eine Auswahl Rückert-Gedichte. Elly macht wieder in Rundfunk, führt junge Menschen zu *Round-table-Gesprächen* vorm Mikrophon zusammen. Die Landtagsabgeordnete Heuss-Knapp – sie leitet die erste Sitzung als Alterspräsidentin – beeindruckt mit stets sorgfältig recherchierten Reden. Vor allem aber wendet sie sich an Frauen, will sie ermutigen, sachbezogene politische Arbeit zu leisten, ohne den weiblichen Standpunkt wie eine Fahne vor sich herzutragen. Viele Aufgaben gilt es anzupacken und zu bewältigen: Wohnungsbau, Krankenversorgung, Betriebsrätegesetz, Änderung der Reichsversicherungsordnung, Schulreform, Schulspeisung ... Selbst mit der Frage, wieviel Wein »pro Bett und Monat« Bewohnern von Altersheimen zustehen sollte, beschäftigt sie sich nimmermüde – insgeheim immer wissend, wie sträflich sie dabei die Alarmsignale ihres Körpers mißachtet. Seit Jahren nehmen die Herzanfälle zu, es gibt Wochen, da sie keinen Tag ohne Nitroglyzerinkapseln auskommt. Glücklicherweise liegt der Stuttgarter Plenarsaal im Parterre.

Als Vizepräsidentin des Deutschen Rats der Europäischen Bewegung kommt sie zurück nach Straßburg und nimmt hochzufrieden an der Gründung eines Deutsch-Französischen Instituts teil, ist in Heppenheim dabei, als Liberale die *Freie Demokratische Partei* aus der Taufe heben, mit Theodor Heuss als Vorsitzendem.

Juli 1949: »In den Zeitungen steht fortwährend, daß entweder der Theodor oder Dr. Adenauer Bundespräsident würden. ... Stell Dir vor, was das für uns bedeuten würde: Nicht nur nach Bonn ziehen, das täte ich gern ...«, wird unter dem Spiegel der Verschwiegenheit einer Freundin verraten. Heuss selbst hält »... einige politische Erfahrung« und »die unkonventionelle Art, mich zu geben« für seine Pluspunkte. Aber auch Elly hat ihren Anteil am Erfolg im September. Unmittelbar nach der Bundestagswahl hatte Adenauer zu einer Konferenz in sein Rhöndorfer Haus gebeten. Führende Politiker aus CDU und CSU sollten auf das von ihm favorisierte Koalitionsmodell eingeschworen werden, und er schlug Heuss als Bundespräsidenten vor. Überraschung bei den Anwesenden, auch Skepsis. Ein Herr aus Bayern gab zu bedenken, soviel er wisse, sei Professor Heuss wenig kirchenfreundlich eingestellt. Adenauers Antwort fiel knapp aus und blieb unwidersprochen: Aber er habe eine sehr fromme Frau ... das genüge.

»Daß Du, Ellychen, Deine Sache perfekt machen wirst«, gratuliert Dr. Albert Schweitzer, »daran zweifle ich nicht«. Er verspricht, sie im nächsten Sommer »dans votre résidence zu besuchen, wobei ich Dir, Ellychen, im voraus verspreche, die Schuhe gut abzuputzen, ehe ich auf die Teppiche trete«.

Die *résidence* liegt auf der Viktorshöhe von Bad Godesberg und ist ein ehemaliges Eisenbahnererholungsheim, teilweise geräumt und notdürftig zum Präsidentenwohnsitz umgewidmet. Privat stehen dem Ehepaar Heuss 3 ½ Zimmer zur Verfügung, »von einem berühmten Architekten ganz auf das Schauen und nicht auf das Wohnen eingerichtet ... durchsichtige Schlafzimmerscheiben in der Türe ... komisch, wie der Kammerdiener immer vorbeilief ... Kaum lagen wir im Bett, ging ein ungeheurer Krach los, und der Theodor im Schlafanzug rannte auf den Balkon und brüllte herunter, was denn eigentlich los sei. Es war eine Mischmaschine, denn es wurden Garagen gebaut, und die mußten in drei Tagen fertig sein. Na, das wurde abgestellt. Dann konnte ich aber immer noch nicht schlafen, weil unsere Schutzmannschaft durch den Kies spazieren ging.« So die ganz privaten Wahrnehmungen des Tages, an dem die Bundesrepublik Deutschland ihren ersten Präsidenten bekam – aufgezeichnet von der Frau, die damit zur ersten First Lady des neuen Staatswesens wurde. Von Anfang an will sie »das ganz bescheidene Mitwirken am Amt ihres Mannes« versuchen, gibt darum ihr eigenes Landtagsmandat auf. Sie weiß aus eigener Erfahrung, was eine stabile, auf gegenseitigen Austausch angelegte Partnerschaft, ein geordnetes Hauswesen in chaotischen Zeiten wert sind. Elly Heuss-Knapp mobilisiert weibliche Basistugenden, um beides zu pflegen – und was sie nicht kann, kann sie bestens delegieren.

Repräsentationsräume, die den Namen wirklich verdienen, sucht man auf der Viktorshöhe vergebens. Üppig ist nur der von der Hausherrin arrangierte Blumenschmuck. Wohnungslose Mitarbeiter nächtigen unterm selben Dach und erscheinen zum gemeinsamen Frühstück. Wenn Elly sich wohlfühlt, begleitet sie ihren Mann in der Mittagszeit bei Spaziergängen, der Hund Axel ist immer, ein Leibwächter nie in ihrer Nähe. Im April 1950 kann in die Villa Hammerschmidt gewechselt werden.

»Auf der Viktorshöhe bin ich dem lieben Gott näher, doch in der Villa Hammerschmidt dem Herrn Bundeskanzler.« Theodor

Heuss weiß, auf wen es ankommt. Doch er windet sich bei dem Gedanken an Türmchen und vasengekrönte Balustraden, an den Aussichtspunkt mit Miniaturkanonen, aus denen echt Salut geschossen werden kann, an Wandgemälde, auf denen sich Affen über Palmwipfel schwingen, an den eingemauerten afrikanischen Opferstein und an Schlimmeres: »... in dem Park bei der Rheinfassade [ist] eine Grotte nachgebildet, ›herrliche‹ Plastik in Tuffstein, drei Rheinjungfrauen mit Fischschwänzen und dem Zwerg Alberich und einem unerhörten Pferd. Das bildet zusammen eine Grotte, in der man elektrische Birnen farbig leuchten lassen kann. Die ganze Geschichte ist eine Sehenswürdigkeit für Bonner Schulausflüge und – das mir! ... Aber kann ich es wegsprengen lassen?« Er kann. Aus geplanten Umbaukosten von 160000 Mark werden 1250000 Mark, und Frau Heuss-Knapp sieht sich vor die Aufgabe gestellt, den Stil zu kreieren, der den äußeren Rahmen für die Amtsführung des ersten Präsidenten der Bundesrepublik Deutschland abgeben soll. Auch für sie, ohne Amt, aber wahrscheinlich nicht ohne Aufgabe, muß Raum geschaffen werden: im kleineren Salon hält die »Präsidentengattin« Hof, bittet beispielsweise die Diplomatenfrauen zu einer Art Vorstellungsgespräch, bevor sie zu offiziellen Anlässen eingeladen werden. In den Privaträumen, im Zimmer mit den Blumenfenstern, die ihre besondere Freude sind, empfängt sie dagegen den Nachbarn aus dem Palais Schaumburg. Dr. Konrad Adenauer kommt gerne – durch die kleine Pforte in der Gartenmauer. Und nach Entfernung der Kanönchen und nach Neugestaltung des Parks genießt sie Spaziergänge mit wechselnden Ausblicken auf den Rhein, »das Auf und Ab der Schleppzüge, der Dampfer alter und neuer Konstruktion, der schweren, dunklen Lastkähne und flinker heller Boote...« – soweit es Zeit und Kraft zulassen.

Staatsbesuche sind zuzeiten keine glänzenden Auslandsreisen. Da gibt es beispielsweise eine Fahrt zur ersten Nachkriegs-Bundesgartenschau – die blumenliebende Elly Heuss-Knapp hält in Stuttgart die Eröffnungsansprache. Öffentliche Auftritte stellen dennoch einige Anforderungen an das äußere Erscheinungsbild. Und Frau Heuss, die mit dem ihren zunehmend auf maskuline Weise verfahren ist, nämlich nach dem Motto: Hauptsache sauber, ordentlich und dem Anlaß angemessen, gelingt es kaum, Selbstbewußtsein und Selbstsicherheit auch in ihrer Aufmachung auszudrücken. Das ist ihr wohl bewußt, und so wird eine Baronin mit erstklassigen Referenzen der Berliner Gesellschaft als Beraterin in Kleiderfragen engagiert. Aber die Absicht, den Blick vom schwerfällig wirkenden, durch die Krankheit gezeichneten Körper abzulenken, hin zur lebhaften Mimik, erscheint auf Pressefotos und in Wochenschauen eher mißglückt. Für Theodor wird ebenfalls gesorgt: Seine Frau ordert einen Friseur, der jeden Morgen kommt, um den Präsidenten zu rasieren und ihm bei Bedarf die Haare zu stutzen.

1950 kann sich die bald siebzigjährige Elly Heuss-Knapp nochmals als Werbefachfrau profilieren. Zum einen berät sie ab und an ihren Sohn, nunmehr Wybert-Geschäftsführer. Da geht es einmal um die »Stimmgabel«, ein kleines Liederheft als Geschenk für Hustenpastillen-Kunden. »Bei der beigelegten Bestellkarte gefällt es mir nicht, daß nur die ›Herren Vorsitzenden und Chorleiter‹ angeredet werden, während es doch … eine Menge von Chorleiterinnen gibt«, rügt die im Vokabular der bürgerlichen Frauenbewegung Geschulte. Zum anderen plant und überwacht sie die erste Spendenkampagne für das Deutsche Müttergenesungswerk, das aus dem von Dr. Antonie Nopitsch initiierten Bayerischen Mütterdienst der evangelisch-lutherischen Kirche hervorging. »Kann man die rein bayerische Sache nicht durchhalten, macht man eine deutsche Sache daraus«, hatte, sehr pragmatisch, die um Unterstützung gebetene Frau des Bundespräsidenten entschieden. Dank Integrationskraft, persönlicher Autorität und Amtsbonus gelang in Windeseile eine Neugründung, indem Elly Heuss-Knapp institutionelle Förderer und alle Wohlfahrtsorganisationen zur Kooperation aufrief – genau genommen dazu verdonnerte. Auch jährliche Straßen- und Haussammlungen sollen den Spendentopf immer wieder auffüllen. Auf Anhieb kommen 2,5 Millionen Mark für erschöpfte, abgearbeitete Mütter zusammen, bereits im ersten Jahr machen an die 26000 den ersten Urlaub ihres Lebens. Häufig muß Frau Heuss-Knapp im Auto liegend zu offiziellen Veranstaltungen transportiert werden. Kräftesparen und Sprechverbot unterwegs fordern ihre Ärzte. Diskret wird sie über Hintertreppen in obere Etagen getragen. Ist das nicht möglich, müssen unauffällig eingelegte Pausen die quälende Atemnot kaschieren. Eine Gelbsucht läßt vorübergehend Schlimmstes befürchten. Als ihr jedoch im Februar 1952 das ohne sie entworfene Werbekonzept fürs Müttergenesungswerk absolut gegen den

Strich geht, legt sie sich prompt noch einmal ins Zeug: »Das Plakat«, läßt sie, aus taktischen Gründen unter dem bundespräsidialen Briefkopf, verlauten, »hat leider nicht den Beifall von Frau Heuss gefunden. Sie findet es künstlerisch nicht gekonnt und auch in der Ansprache der Öffentlichkeit nicht werbewirksam genug. ... Der vorgelegte Entwurf ... ›Rettet die Mütter‹ zerstört die einheitliche Wirkung. Für den Text schlägt Frau Heuss folgende Fassung vor: FELDBLUMEN – HILFE FÜR MÜTTER – Das deutsche Müttergenesungswerk sammelt zum Muttertag vom ...« Letztlich sieht sich Frau Heuss dennoch gezwungen, höchstpersönlich einzuschreiten. »Liebe Frau Nopitsch! Wir senden Ihnen das Plakat und es tut mir sehr leid, daß ich, wie ich fürchte, genau die gegenteilige Auffassung habe wie Sie. Den Kopf ... finde ich gar nicht symbolisch oder charakteristisch für die Mütter ... Es ist so eine griechische Schönheit oder das Ganze wirkt wie eine Aufforderung, nach Haiti zu kommen. Am schlimmsten ist mir das Lila auf dem Untergrund ... Es ist aber noch ein Mißverständnis aufzuklären. Ich habe das Gefühl, als ob der Künstler meinte, die Aktion heiße ›Feldblumenhilfe‹. Zwischen Feldblumen und Hilfe müssen mindestens zwei Striche sein ... Besser noch ist es, wenn ... das Wort ›Feldblumen‹ für sich allein steht und auf der nächsten Zeile ›Hilfe für Mütter‹. Bitte sagen Sie dem Künstler, daß alles darauf ankommt, daß man die Schrift auch wirklich leicht lesen kann.« Und dann muß die einstige Schulmeisterin unbedingt noch eins draufsetzen, »was Sie bitte nicht für Pedanterie halten wollen. Nämlich die Knospen vom Mohn hängen immer zuerst wie Glöckchen herunter und richten sich erst beim Aufblühen auf. Hier auf dem Plakat stehen sie gerade ...« An die Feldblumenkampagne erinnern sich viele Menschen noch heute.

Unter dem Datum des 21. Juni 1952 finden wir ihr letztes schriftliches Zeugnis. »Vielleicht«, steht da zu lesen, »bin ich nächste Woche so weit ...« Das meint die Zuversicht, vom Park der Villa Hammerschmidt aus auf den Rhein blicken zu können. Doch so fest der Wille dazu auch sein mag – ihr Zustand verschlechtert sich, und am Nachmittag des 19. Juli stirbt Elly Heuss-Knapp.

Emma, Gussie und Konrad Adenauer

Mit ihren Töchtern
Ria Reiners, Lotte Multhaupt
und Libet Werhan

Von Hans Peter Mensing

Konrad Adenauer, der Gründungskanzler der Bundesrepublik, hat sich den Deutschen als herausragender historischer Akteur der ersten beiden Nachkriegsjahrzehnte eingeprägt: als Inbegriff der Bonner Demokratie wie kein anderer. Unter den Gründungsvätern – neben denen die Frauen des Neuanfangs nur als Randfiguren wahrgenommen werden – gilt er als ihr größter, wenn nicht gar als »Großvater« des neuen Staates, da er vom 73. bis ins 87. Lebensjahr hinein an seiner Regierungsspitze stand. Je stärker der »Alte« als Autokrat oder Patriarch mit den damaligen Entwicklungen identifiziert wird, desto weniger findet sich in seinem bis heute tradierten Erscheinungsbild Platz für die Frau oder die Frauen »an seiner Seite«. Wohl kann man ihn sich noch als »pater familias« inmitten seiner Kinder und Kindeskinder vorstellen, weil sich solche familiären Gruppenfotos (von Geburtsfeiern beispielsweise) nach wie vor häufiger in den Chroniken der Zeitgeschichte finden, zur Illustrierung eines populären Kanzlerklischees. An seine Ehefrauen jedoch – Emma Adenauer, geb. Weyer (1880–1916), und Gussie Adenauer, geb. Zinsser (1895–1948), die mit ihren Töchtern Ria, Lotte und Libet auf diesen Seiten vorzustellen sind – erinnert sich heute kaum mehr jemand: So groß ihr Anteil auch an Adenauers Lebensweg und Lebenswerk gewesen ist, so sehr ihr Einfluß heute noch zu spüren ist, wenn man im Siebengebirge das Wohnhaus besucht und dort das familiäre Milieu auf sich wirken läßt.

Der frühe Verlust seiner Lebenspartnerinnen erklärt natürlich, daß die Frage nach der First Lady neben dem ersten Bundeskanzler zunächst irritiert oder auch deplaziert erscheinen mag. Daher wird manch einer eher Adenauers ausgesprochen gute Kontakte zur Frau des ersten Bundespräsidenten, Elly Heuss-Knapp, assoziieren, die diese Funktion bis 1952 ja auch im protokollarisch korrekten Sinne innehatte. Gerne werden etwa die bezeichnenden Sätze vom Sommer 1949 zitiert, mit denen Adenauer während seiner ersten Regierungsbildung Zweifel einzelner Unionspolitiker an der Eignung von Theodor Heuss für das Amt des Bundespräsidenten ausräumte. Der liberale Schwabe sei ›nicht gerade kirchenfreundlich eingestellt‹: »Aber er hat eine sehr fromme Frau, das genügt«; Heuss habe »eine gute häusliche Atmosphäre, was das Christliche angeht«, und nach den Beobachtungen, die er bei einer ersten Begegnung gemacht habe, »hat sie auf Herrn Heuss einen guten Einfluß. Wir wählen sie ja indirekt.«

Emma und Konrad Adenauer bei ihrer Verlobung im Jahr 1902. Die Hochzeit fand im Januar 1904 statt.

Während der entscheidenden ersten Jahre der gemeinsamen Amtszeiten war es denn auch gerade diese Verbindung, die der Zusammenarbeit Heuss-Adenauer über das Offizielle hinaus im Privaten positive Impulse gab und die Grundlage gegenseitiger Sympathie wesentlich stärkte. Heuss nach ihrem Tod (19. Juli 1952): »Sie haben wohl selber gespürt, daß meine Frau mein Verhältnis zu Ihnen und ihre Beziehungen zu Ihnen nie ›amtlich‹ betrachtete, sondern menschlich begriff und menschlich begriffen wissen wollte.«

Eindrucksvoll hatte sich dies auch öffentlich manifestiert, als Elly Heuss-Knapp und Konrad Adenauer wenige Wochen zuvor – zur Eröffnung der Sammlung für das Deutsche Müttergenesungswerk (7. Mai 1952) – ein vielbeachtetes, auch vom Rundfunk ausgestrahltes Gespräch über die Rolle der Mutter in der Familie und die gesellschaftspolitischen Aufgaben des Staates führten. Zunächst standen die Folgen des Weltkriegs und die gewaltigen sozialen und wirtschaftlichen Veränderungen im Mittelpunkt des Dialogs: äußere Notstände, Wohnungsmangel und Arbeitslosigkeit; Probleme alleinerziehender Mütter und der Kriegerwitwen; auch die Integration von Heimatvertriebenen und Evakuierten – immer unter dem Aspekt, »wie das Familienleben als Voraussetzung eines Staates und besonders eines demokratischen Staates aus den Zerrüttungen und Schwierigkeiten der Nachkriegszeit herausgeführt werden kann« (Adenauer). Eben damit verknüpfte der Bundeskanzler dann einen Hinweis, der über die allgemeine Analyse hinaus von eigener persönlicher und familiärer Betroffenheit bestimmt war: »Wir Männer merken eigentlich immer erst, was unsere Frauen bedeuten, wenn sie fehlen. Dann fehlt es überall im Haus, und wir sehen, was die Frau eigentlich ohne Aufhebens ganz im stillen leistet. Und was entbehren erst die Kinder!«

Daß Adenauer dies zweimal selbst erlebt hatte, war damals nur wenigen bewußt. Erst Jahrzehnte später sollten durch die Beschäftigung mit seinem Nachlaß die biographischen Zusammenhänge deutlich werden. Erst nun wurde auch eine Tagebucheintragung vom Dezember 1917 bekannt, die uns den Zusammenhang mit dem Muttertagsgespräch zeigt; denn in frappierender Parallele hatte er damals zu Papier gebracht: »Das Jahr 1917 war für mich schwer, sehr schwer, voll körperlicher und geistiger Qual und Elend. Das ganze Jahr ist erfüllt von Schmerz und Leid und Sehnsucht nach meiner teuren Frau. Sehr schwer lastet auch auf mir die Sorge um die Erziehung meiner geliebten Kinder, der ich mich kaum widmen kann; mutterlose Kinder – das ist etwas unendlich Trauriges. Ein Übermaß von Arbeit brachten mir die ersten Monate des Jahres; die Arbeit war für mich ein Narkotikum für mein Leid. In jungen Jahren zu einer großen Stellung berufen, bin ich ein vielbeneideter Mann, und dabei arm, bitterarm!«

Emma und Konrad Adenauer

Konrad Adenauer war am 18. September 1917 von der Kölner Stadtverordnetenversammlung einstimmig zum Bürgermeister der Dommetropole gewählt worden, vom 18. Oktober datiert seine offizielle Einführung als neuer Oberbürgermeister. Ein Jahr zuvor hatte er seine Frau verloren (6. Oktober 1916), die Kinder aus dieser ersten Ehe, Konrad, Max und Ria waren damals zehn, sechs und vier Jahre alt.

Blicken wir auf die Jahre des Aufstiegs im wilhelminischen Deutschland und während des Ersten Weltkriegs, wird die Intensität verständlich, mit der Adenauer in seiner Tagebuchnotiz der beruflichen und politischen Zäsur den Einschnitt im privaten Leben gegenüberstellte. Denn seine kommunalpolitische Karriere ging von Anfang an mit der Verbindung zu Emma Weyer einher, so weit die Ausgangspunkte der aufeinander zulaufenden Lebenswege nach Herkunft und sozialem Status im Köln des ausgehenden 19. Jahrhunderts auch voneinander entfernt waren.

Johanna Wilhelmine Carolina *Emma* Weyer, die am 10. September 1880 geborene Tochter des Direktors der Kölner Rückversicherungsgesellschaft, Emmanuel Weyer (1836–1884), und von Emilie Weyer, geb. Wallraf (1849–1911), stammte aus einer alteingesessenen und wohlhabenden Familie der Kölner Oberschicht. Konrad Adenauer (*5.Januar 1876) kam hingegen aus einfachem Haus. Der Sohn des Sekretärs am Appellationsgericht Köln, Johann Konrad Adenauer (1833–1906), und von Helene Adenauer, geb. Scharfenberg (1849–1919), wuchs in bescheidenen Verhältnissen auf und war schon früh bestrebt, »möglichst bald zu verdienen, um meinen Eltern nicht weiter zur Last zu fallen.« Dem Abitur am Kölner Apostelgymnasium (im März 1894) folgte ein dreijähriges Studium der Rechtswissenschaften und der Volkswirtschaft an den Universitäten Freiburg im Breisgau, München und Bonn; im Mai 1897 bestand er sein erstes juristisches Staatsexamen, und schon während der nun beginnenden Referendarzeit »schwebte mir immer als Endziel vor, Notar auf dem Lande zu werden, in einer schönen Gegend mit nicht zuviel Arbeit.« Demnach lief alles auf eine konventionelle, eher durchschnittliche Lebensplanung hinaus, zumal der junge Adenauer unter den gesellschaftlichen und politischen Bedingungen der Kaiserzeit nicht daran denken konnte, »jemals irgendwie ins öffentliche Leben« zu treten. Kurz nach der Jahrhundertwende aber veränderten sich Szenerie und Perspektive: »... man denkt, man überlegt sich, und eine andere Kraft greift einen dann und führt einen. Ich glaube, der Mensch kann da nichts besseres tun, als sich dieser Führung zu überlassen, um auf alle Fälle die Aufgaben, mögen sie groß oder klein sein, zu erfüllen, die ihm nun aufgetragen sind« (Adenauer 1956).

Konrad Adenauer mit seiner zweiten Frau Gussie (geb. Zinsser) 1930, elf Jahre nach ihrer Hochzeit.

Als Adenauer im Oktober 1901 zum Gerichtsassessor ernannt wurde, hatte auch Emma Weyer ihre Schul- und Berufsausbildung abgeschlossen: 1890–1897 erst das Lyzeum in Köln, anschließend für ein Jahr die »Erziehungs-Anstalt der Englischen Fräulein zu Würzburg« besucht, die als Mädchenrealschule in der Tradition der Pädagogik der Engländerin Mary Ward (1585–1645) stand: »Für wahrhaft christliche Erziehung, gründlichen Unterricht in allen Lehrfächern, insbesondere auch in der französischen und englischen Sprache, im Zeichnen, in allem, auch den feinsten Handarbeiten, in Musik (Klavier, Zither, Gesang) sowie die sorgsamste Pflege der ihr anvertrauten Töchter bietet die Anstalt alle Garantien.«

Von ›heiratspolitischen‹ Überlegungen der Eltern Emma Weyers, die sie bei ihrem gesellschaftlichen Rang angestellt haben mögen, ist nichts bekannt. Um so stärker besticht die Selbständigkeit, mit der sie nun (durchaus zeittypisch, da sich 1898 das Frauenstudium allgemeiner durchzusetzen begann) ihre eigenen Berufspläne schmiedete. Sechs Semester Sprachstudium und Vorbereitung auf den Schuldienst lagen hinter Emma Weyer, als ihr am 30. September 1901 von der Königlichen Prüfungs-Kommission beim Provinzialkollegium in Koblenz ihre Befähigung »zur Erteilung des Unterrichtes im Französischen und Englischen an mittleren und höheren Mädchenschulen« bescheinigt wurde. In Rhöndorf ist heute noch das Originaltelegramm erhalten, mit dem sie gleich anschließend nach Hause (Bachemer Straße 90, Köln-Lindenthal) kabelte: »Bestanden«.

Der Schulamtsbewerberin gingen damals wohl auch Alternativen durch den Kopf: »... dann machst Du noch Zukunftspläne mit Clärchen bezüglich Eures Jungfernheims«, schrieb ihr Ende Juni 1902 eine Freundin aus dem Urlaub in Nordwijk aan Zee. Doch der Jahrhundertwende folgte der Lebens*wandel* sogleich – nach der ersten Begegnung im Sommer 1901 waren Emma Weyer und Konrad Adenauer nun bereits verlobt (21. Juni 1902): »Ja, ja, stille Wasser gründen tief! Ich bin ja fast auf den Rücken gefallen ob dieser überraschenden Neuigkeit ... Du bist aber doch eine kleine Hexe, daß alles so ganz heimlich getrieben worden ist«, hieß es eingangs in diesem kleinen Ferienbrief.

Besser informiert und vorbereitet auf die Folgen waren natürlich die Familienangehörigen, so Emmas Bruder Max, dem wir diese Reminiszenz verdanken: »... überraschte sie meine Mutter eines Tages durch die Mitteilung, daß sie in den Tennisclub ›Pudelnaß‹ eingetreten sei. Es war ein Verein, in dem sich junge Akademiker mit Töchtern aus guten Bürgerhäusern dreimal in der Woche zusammenfanden und bei jedem Wetter – daher der Name ... – Tennis spielten. Es dauerte nicht lange, bis wir erfuhren, das Assessor Adenauer, ein Mitglied von ›Pudelnaß‹, sich für Emma interessiere.« Max Weyer war vermutlich auch daran beteiligt, als die Geschwister und Freunde der beiden im Januar 1904 die obligatorische Hochzeitszeitung zusammenstellten und sich dabei auf die Schlüsselbegegung im Freizeitzirkel folgende Reime machten:

»Der Konrad war ein fleiß'ger, ernster Mann/ und liebt nicht Tanz und Spiel,/ bis mit einem Male, hört und staunt!/ der schöne Klettenberg – der Tennisplatz – sein Ziel./ Dachte mancher still bei sich, was ist da zu sehn?/ Heut habt Ihr es wohl all geschaut,/ warum er hin mocht gehn« (vorzutragen nach der Melodie »Die Gigerlkönigin«).

Damit greifen wir aber den Ereignissen vor; denn ehe die Verbindung Emmas mit dem »schönsten Jüngelchen in der Balduinstraße« (wie Adenauer als Kind und Schüler bisweilen gerufen wurde) feste Formen annehmen konnte, mußte unser Zeit- und Augenzeuge Max Weyer (1873–1971; Amtsgerichtsdirektor in Köln) auch mit durchaus ernsthaften Intentionen in Aktion treten: »Da ich als sieben Jahre älterer Bruder Vaterstelle an meiner Schwester vertrat, zog ich im Auftrag meiner Mutter Erkundigungen über diesen Herrn Adenauer ein.« Adenauer seinerseits wird durchaus gewußt haben, welche Liaison er da einging; denn den legendären Ruf, der sich heute in Köln weit über das Rheintal hinaus mit seinem eigenen Namen verbindet, besaß Emma Weyers Familie mit ihrem genealogischen Hintergrund (des Vaters wie der Mutter gleichermaßen) damals seit langem.

Schlägt man dieses Kapitel rheinischer Familiengeschichte auf, dann reicht die Gruppenbiographie Weyer-Wallraf weit in die Geschichte des Stadtkölnischen Patriziats zurück. Uns begegnen hier begüterte Kaufleute ebenso wie kommunale Größen und (in größerer Zahl) hochrangige Beamte, Verwaltungsjuristen, Advokaten und Justizräte. Stellvertretend sei Emmas Großvater, Johann Peter Weyer (1794–1864), genannt, dessen Name wie kaum ein anderer für die Erschließung, den Ausbau und die architektonische Neugestaltung Kölns in der ersten Hälfte des 19. Jahrhunderts steht. So schuf er – ein Vorbild auch ohne familiäre Verflechtung – als Stadtbaumeister (1822–1844) Grundmuster der Modernisierung, die Konrad Adenauer als Kölner Oberbürgermeister in den zwanziger Jahren dieses Jahrhunderts energisch weiter vorantrieb. Daneben prägte Johann Peter Weyer auch als Kunstliebhaber und international angesehener Gemäldesammler einen Stil, der Adenauers Leben im privaten Faible für die alten Meister bestimmen sollte. Die Gemälde etwa im Musikzimmer oder Eßzimmer des Rhöndorfer Adenauer-Hauses, dazu im Arbeitszimmer zwei Werke aus der Rembrandt-Schule, entstammen Weyerschem Familienbesitz: als bleibende Erinnerungen an den großen kulturellen Gewinn, der sich aus Adenauers sozialem Aufstieg ergab. Gehören die schönen Künste, neben den karitativen Funktionen, zur herkömmlichen Zuständigkeit der Frau eines prominenten Mannes, dann findet dieser Satz bei Emma Weyer und Konrad Adenauer seine ganz eigentümliche Bestätigung – vermächtnishaft und anschaulich zugleich!

Unter den vielfältigen Verästelungen am »Stamm der alten Kölner Familien, die alle miteinander verschwägert und versippt sind« (Max Weyer), ist auch hervorzuheben, daß Adenauers neuer Bekanntschafts- und dann Verwandtschaftskreis ihm die Verbindung zu Max Wallraf (1859–1941) ermöglichte. Emmas Onkel hatte sich als Polizeipräsident in Aachen (1900–1903) und Oberpräsident in Koblenz (1903–1907) profiliert, bevor er 1907 Oberbürgermeister von Köln wurde: nun Dienstvorgesetzter Adenauers, der am 7. März 1906 zum Beigeordneten gewählt worden war, am 22. Juni 1909 zum Ersten Beigeordneten und Stellvertreter Wallrafs avancierte, um ihn 1917 abzulösen.

Das Beziehungsnetz zeigt unzweideutig, daß Adenauer durch seine erste Frau Zugang zu den Eliten der Kölner Gesellschaft fand. Was in der distanzierten Nachbetrachtung »ausgeklügelt« erscheint oder gar als typisch für den »Kölschen Klüngel« (Adenauer später: »Wir kennen uns und wir helfen uns«), nimmt bei näherem Hinsehen aber ganz andere Züge an. Im Briefwechsel der Verlobungszeit tauschten sich beide unbeschwert und unablässig aus, in schöner Beschwingtheit und zärtlicher Zuneigung. Stand einmal dem nächsten Wiedersehen etwas entgegen, gingen Kärtchen hin und her, selbst von Köln nach Köln: »Damit Du *keinen* Sonntag ohne Gruß und Kuß bleibst, bekommst Du ihn heute brieflich, Dein Rädchen.« Anfangs ging es noch recht förmlich zu: »Sehr verehrtes gnädiges Fräulein! Darf ich mir gestatten, Ihnen die beifolgenden Blumen als ein Zeichen der Dankbarkeit für die mir gestern zugedacht gewesenen zu überreichen? – Meine Wette habe ich verloren. – Ich hoffe, daß der gestrige Ausflug Ihnen und Ihren Angehörigen recht gut bekommen ist und daß Sie heute wieder ganz wohl sind. Stets der Ihre K. Adenauer.« Bald aber fiel die Etikette ab, Adenauer nun fast kokett: »... werde ich Dich übrigens nach deiner Rückkehr«, Emma hielt sich in Bertrich an der Mosel auf, »einmal in meine Kur nehmen wegen Deines Herzklopfens; ich will doch mal sehen, ob ich das nicht vertreiben kann.«

»... wenn ich abends mein liebes Rädchen bei mir haben kann und ich ihm alles von meinen Arbeiten und Beschäftigungen während des Tages erzähle...«: In diesem Duktus verraten die Brautbriefe vieles von Emma, was seither vergessen ist, doch wissenswert, ja liebenswert – von sportlichen Anspielungen (»Also bist Du doch nicht immer Sieger auf dem Schlachtfelde des Lawn Tennis«) über Hinweise auf ihren Lesestoff (Mark Twain »ist sehr originell, aber Dickens gefällt mir tausendmal besser«) bis hin zu ihren eigenen literarischen Interessen: »Weißt Du, wo man etwas über die Pariser Académie lesen kann? Eine Beschreibung darüber könnte ich gut für mein jetziges Stück gebrauchen. Ich fing nämlich gestern ein neues an und will darin ein junges Mädchen Malerin werden lassen.« Die Enkelin des Kunstsammlers Johann Peter Weyer hatte wohl eine autobiographisch verschlüsselte Erzählung im Sinn, da sie im selben Brief weiter berichtete: »Noch ganz abgearbeitet von der morgigen Malerei will ich mich rasch daran geben, Dir den herzlichsten Gruß zu senden ... Es war *riesig* anstrengend, und würde ich so etwas nicht wieder tun. Meine Skizze ist ganz gut geworden, doch da mein Klappbrett zu klein ist, machen die der anderen viel mehr aus. Auch sehe ich ein, wie unendlich viel Schwierigkeiten zu überwinden sind, ehe man etwas Ordentliches nach der Natur fertig bekommt.«

Mehr als über dieses Talent ist über ihre »poetische Ader« bekannt, die (so Max Weyer) im Kontakt zu Konrad Adenauer als »Dichteritis ... geradezu stürmische Formen« annahm. Exemplarisch die Verse »Zum 21ten Juni 1903, dem Jahrestag unserer Verlobung: Ist die Zeit auf Flügeln fortgegangen,/ glitt sie hin auf schnellen Wanderungen,/ ist vergangen schon ein Jahr?/ Seit in jenes Sommers stillen Stunden/ liebend unsere Herzen sich gefunden/ und das tiefste Glück gegeben war.«

Wer sich in diese Korrespondenz vertieft, entdeckt in ihr aber auch, daß beide auf den ominösen Verwandtschaftsbonus oder auf Protektion herzlich wenig zählten und in der Gründerzeit viel mehr auf ihre eigene, unabhängige Existenz bedacht waren. Beispielsweise hatte Adenauer (der seit 1901 der Zentrumspartei angehörte) kurz vor der Verlobung Interesse an einer Beigeordnetenstelle in Gelsenkirchen gezeigt, mit der für sein späteres sozialpolitisches Engagement bezeichnenden Begründung: »Besteht der Vorzug der kommunalen Tätigkeit darin, daß man dort sozial tätig sein kann, und zwar sowohl hinsichtlich der materiellen Hebung der unteren, als der geistigen Förderung der mittleren Klassen.« Im September 1903 war das frühere Berufsideal (»Notar auf dem Lande«) in noch weitere Ferne gerückt, Emma schrieb nun: »Und dann, daß Du so ungern Notar wirst, meinst Du, das sei für mich eine Empfindlichkeit? Ich möchte tatsächlich lieber Hunger leiden, wie Dich in einem Stande zu wissen, der Dir nicht behagt. Ich sage Dir doch immer und immer wieder: Wähle einen Stand nach Deiner Neigung und laß uns sehen, wie wir auskommen.«

Adenauer stand in diesen Wochen vor einer der wichtigsten Weichenstellungen seiner Laufbahn; wurde er doch einen Monat danach Vertreter von Hermann Kausen, Rechtsanwalt beim Oberlandesgericht Köln und außerdem Vorsitzender der Zentrumsfraktion der Kölner Stadtverordnetenversammlung, die Adenauer 1906 zum Beigeordneten wählte. Emma aber antwortete er im Spätsommer 1903 noch so: »Ich hatte gedacht, ob wir Ende Januar heirateten, wenn ich kein Notariat bekomme. Ich denke, es wird sich dann auch ermöglichen lassen, daß wir die ersten Jahre auskommen. Du hausest dann recht sparsam, und dann soll es schon gehen. Wenn wir dann Ende Januar heiraten, sind wir Ende Februar von der Hochzeitsreise zurück und können dann hier den Einzug des Frühlings mitmachen.«

Lernten wir zuletzt einige weithin unbekannte Seiten der beiden Persönlichkeiten und ihrer Partnerschaft kennen, so gehört das weitere gewissermaßen zur offiziellen Biographie Adenauers: Zunächst natürlich die »Vermählungs=Feier des Herrn Assessors Konrad Adenauer mit Fräulein Emma Weyer« am 28. Januar 1904 mit der Trauung in der Pfarrkirche zu Lindenthal, dem Empfang und dem Festmahl im Hotel Großer Kurfürst. Die Speisenfolge

(»Caviar Malossol auf Eissockel ... Rheinsalm, Genfer Sauce ... Fasan im Federschmuck«, dazu u.a. 1893er Château Margaux) wie das musikalische Rahmenprogramm (vom Hochzeitsmarsch aus Mendelssohns »Sommernachtstraum« über die Ungarischen Tänze I und II von Brahms bis hin zum Walzer »Wiener Blut«) wirken wie ein Vorgeschmack und Auftakt der noch am selben Tag angetretenen Hochzeitsreise. Auch ihr Verlauf mutet wie ein kulinarisches Menü an. Und sie zeigt im Aufriß einige der europäischen Kulturlandschaften (der Schweiz, Südfrankreichs und Norditaliens), zu denen Adenauer als Oberbürgermeister und Bundeskanzler seine Vorliebe behielt: Montreux-Genf-Marseille-Monaco-Rapallo-Genua-Mailand-Lugano-Luzern-Basel ... (Im charakteristischen Unterschied hielt sie dies alles in einer umfangreichen Tagebuchschilderung fest – »...glücklich wie die Kinder starren wir in die unendliche Schönheit hinein« –, er hingegen in einem minutiösen Ausgabenbuch, aus dem wir u.a. erfahren, daß er am 5. Februar im Kasino von Monte Carlo 10 Francs verspielte.) Vor der Rückkehr nach Köln (24. Februar 1904) machte das Ehepaar noch in Freiburg im Breisgau Halt, das Adenauer ja aus seiner Studienzeit kannte. Auch dem Schwarzwald blieb er bei der Wahl von Ferien- und Kurorten weiterhin treu: 1908 zum Beispiel – als er mit seiner »ersten Gemahlin und dem zweijährigen Konrädchen« das Dominikanerkloster Neusatzeck beim badischen Brühl besuchte (woran die Ordensschwestern 1949 in ihrem Glückwunsch zur ersten Kanzlerwahl erinnerten) – oder durch die Aufenthalte auf der Bühler Höhe (die in den fünfziger Jahren dann häufiger zum politischen Schauplatz wurde).

Denkt man sich eine ›Adenauer-Geographie‹ oder Topographie seiner bevorzugten Ziele und Lieblingsgegenden sowie seiner Wohnsitze im Rheinland, fällt besonders ins Auge, daß sich unter den Koordinaten schon zu Zeiten der Ehe mit Emma das Siebengebirge und Rhöndorf finden. Einer der Sonntagsausflüge in die Idylle des beliebten Naherholungsgebietes (zumal für Klein und Groß aus Köln) führte Adenauer und Emmas älteren Bruder Paul (geboren 1874, gefallen 1917) im Mai 1909 zum Rüdenet zwischen Königswinter und Rhöndorf. Als wollte er die Vorzüge des späteren Wohnortwechsels preisen, zu dem ihn und seine zweite Frau 1935 die Verfolgung durch den Nationalsozialismus zwang, schrieb er Emma, wegen einer Kur in Bad Wildungen: »Paul u. ich haben heute einen Ausflug zu dem wegen seiner Lage

u. seiner gastfreundlichen Bewohner weithin bekannten Rüdenet unternommen u. haben unsere Erwartungen in beiden Beziehungen weit übertroffen gefunden.«

Innerhalb Kölns hatten sie bald nach der Heirat ihre erste eigene Wohnung in der Klosterstraße 70 im Ortsteil Melaten bezogen und waren 1906 in die Friedrich-Schmidt-Straße 4 umgezogen. Das 1911 fertiggestellte, 1926 beträchtlich erweiterte eigene Haus in der Max-Bruch-Straße 6 in Lindenthal entsprach nach Lage, großzügiger Gestaltung und Wohnkultur ganz den gehobenen Standards der ersten Kreise, zugeschnitten auf den repräsentativen Lebensstil des Ersten Beigeordneten (dessen Einkommen von 1906 bis 1912 von 6000 M. auf 18000 M. anstieg) und einer der ersten Damen Kölns. Vor allem aber trug das neue Milieu dem familiären Wachstum Rechnung: Jeweils am 21. September der Jahre 1906 und 1910 kamen die Söhne Konrad und Max, am 7. Oktober 1912 die Tochter Ria zur Welt.

In der Erfolgsstory der beruflich und gesellschaftlich arrivierten Adenauers, ihres Wohlstands und Renommees wirken diese Landschaftsbilder und Stationen letztlich jedoch nur wie Staffage oder Kulissen, die den Blick auf die inneren Entwicklungen dieser Jahre verstellen. Seit der ersten Geburt hatte sich Emma Weyer nur vorübergehend davon erholt, »daß eine leichte Rückgratverkrümmung die Funktion der Nieren beeinträchtigte ... nach der Geburt von Ria 1912 verschlimmerte sich plötzlich ihr Zustand wieder. Von nun an bot sie wirklich das Bild einer Schwerleidenden.« Neben Max Weyer (nun auch Chronist der Krankheit, die nach einer Pilzvergiftung Anfang Oktober 1916 zum Tode führte) tritt Konrad Adenauer, der älteste Sohn, mit seiner schmerzlichsten Kindheitserinnerung: »Meine Mutter war viele Jahre leidend, aber ich habe nie geglaubt, daß sie früh sterben müsse, bis dann eines Tages bei einem Besuch des Lehrers, der mich auf eine höhere Klasse vorbereitete, mein Vater zu dem Herrn sagte: ›Meine Frau wird sterben.‹ Von da an verließ mich dieser Gedanke nicht mehr, und wenig später lag sie auf dem Totenbett von Rosen bedeckt.«

Gussie und Konrad Adenauer

Bereits zu Lebzeiten Emma Adenauers bestanden seit längerem engere Kontakte zu der in der Max-Bruch-Straße nur wenige Häuser weiter wohnenden Familie des Kölner Dermatologen und Hochschulprofessors Ferdinand Zinsser (1856–1952) und seiner Ehefrau Wilhelmine Zinsser, geb. Tourelle (1870–1952), besonders auch zu deren ältester Tochter Auguste Amalie Julie, genannt *Gussie* (*7. Dezember 1895). So schwer auf Adenauer vom Herbst 1916 an ›die Sorge um die Erziehung der mutterlosen Kinder‹ lastete, half ihm neben der Unterstützung aus der eigenen Familie – durch seine Mutter, seine Brüder August (1872–1952) und Johannes (1873–1937) sowie seine Schwester Lilli (1879–1950) – gerade diese gutnachbarliche Beziehung über manche Schwierigkeiten hinweg. Konrad, Max und Ria gingen bei den Zinssers ein und aus, und der vertraute Umgang führte zwanglos, quasi über den Gartenzaun hinweg, auch zum naheliegenden nächsten Schritt: »Mit der Gussie Zinsser standen wir sehr familiär, sehr auf Du und Du«, erinnerte sich Jahrzehnte später Max Adenauer: »Sie war vielleicht 14, 15 Jahre älter als ich es gewesen bin. … Es war ein sehr persönliches, freundschaftliches Verhältnis, und ich muß sagen, als sie dann die Frau meines Vaters wurde, war das für mich ein Ereignis, das wir sehr positiv akzeptierten. Das einzige, was eben etwas merkwürdig war, daß wir in der Anrede statt ›Gussie‹ jetzt auf einmal ›Mutter‹ sagen sollten.«

Hatte Adenauer mit seiner ersten Frau das Interesse an Literatur und darstellender Kunst geteilt, führte ihn und Gussie Zinsser (die als Kind Gärtnerin werden wollte und gerne Geige spielte) die gemeinsame Naturverbundenheit und Musikliebe zusammen. Erneut kristallisieren sich also in der Partnerschaft markante Merkmale heraus, die aus dem Persönlichkeitsbild Adenauers und den Lebensbereichen in Köln-Lindenthal und Rhöndorf mit ihrem unverwechselbaren botanischen und musischen Flair nicht wegzudenken sind.

Vor der Heirat am 25. September 1919 schienen die nach außen hin trennenden Elemente der Verbindung noch im Wege zu stehen – neben der erheblichen Altersdifferenz von 19 Jahren vor allem der Konfessionsunterschied. »Zwar hatte man«, beschrieb Gussies Schwester Lotte einmal diesen Konflikt, »im Hause Zinsser von der Tatsache, daß man der evangelischen

Landeskirche angehörte, stets nur sparsamen Gebrauch gemacht. Man war liberal und tolerant in allen Lebensfragen. Trotzdem sträubte man sich gegen den Gedanken, Gussie nun in eine katholische Umwelt zu verpflanzen.« Doch daß Gussie wegen der Eheschließung zum Katholizismus konvertierte, bedeutete keineswegs die Preisgabe der weltanschaulichen Denktradition ihres Elternhauses. Selbst in diesem Gegensatz war Gemeinsamkeit angelegt; denn Adenauer waren solche Erfahrungen nicht fremd, da seine Mutter einer ursprünglich in Thüringen beheimateten evangelischen Familie entstammte. Der ökumenischen Leitlinie seines Lebens folgte er um so konsequenter – darin sicher von Gussie bestärkt –, als er in den zwanziger Jahren und ganz gezielt ab 1945 die interkonfessionelle Zusammenarbeit zu einer seiner grundlegenden gesellschaftspolitischen Forderungen erhob (so im August 1922, als er als Präsident des 62. Deutschen Katholikentags in München – seiner Zeit weit voraus – für »die gemeinsamen christlichen Ideale« warb, »die auch im evangelischen Lager viele pflegen und hochhalten.«)

In ihrem weltoffenen und unkonventionellen Naturell war Gussie noch in anderer Hinsicht durch die Herkunft geprägt. Vorfahren der Zinssers hatten sich im 19. Jahrhundert dem breiten Strom deutscher Amerika-Emigranten angeschlossen, und auch nachdem ihr noch in New York geborener Vater wieder nach Deutschland zurückgekehrt war, blieben verwandtschaftliche und freundschaftliche Bindungen in die Neue Welt bestehen. Von der bedeutendsten dieser Zinsser-Beziehungen erfuhr Adenauer selbst und dann auch die Öffentlichkeit auf beiden Seiten des Atlantiks allerdings erst nach dem Tod Gussies: Eine ihrer Cousinen, Ellen Zinsser, heiratete 1930 John McCloy, der 1949–1952 als erster Hoher Kommissar der USA in der Bundesrepublik zu einem der wichtigsten Verbündeten des Bundeskanzlers bei der Neugestaltung der internationalen Nachkriegsverhältnisse wurde. Auch wenn der Kontakt spektakulär anmutet, muß man sich doch davor hüten, die spät erkannte Konstellation auf Adenauers Zusammenleben mit Gussie und seine beiden Karrieren vor 1933 und ab 1945 zu projizieren. Im Mittelpunkt stand vielmehr die Familie, die nun ständig größer wurde. Gussies erstes Kind Ferdinand (*4. Juni 1920) war vier Tage nach der Geburt gestorben, danach kamen zur Welt: Paul (*18.Januar 1923), Lotte (*30. April 1925), Libet (*17. Mai 1928) und Georg (*25. August 1931). In all den Jahren fand Gussie Adenauer aber auch in erstaunlichem Maße Zeit, sich – selbstbewußt und selbstlos zugleich – sozialen und karitativen Aufgaben zuzuwenden, so im Katholischen Deutschen Frauenbund oder als Kuratoriumsmitglied der katholischen Vereinigung für Kinder- und Jugendhilfe. Und selbstverständlich entsprach es gleichfalls ihrer Stellung im Establishment der Weimarer Zeit, neben dem Stadtoberhaupt Kölns (dem »König des Rheinlands« und »Kanzler des Westens«, der zudem in Berlin als Präsident des Preußischen Staatsrates amtierte und mehrfach als Reichskanzler-Kandidat ins Gespräch gebracht wurde) regelmäßig den offiziellen Part der First Lady zu übernehmen – bei glanzvollen gesellschaftlichen Ereignissen der High Society, souverän und mit lebhaftem Charme!

Für die Ehejahre bis 1933 gilt aber generell der Eindruck, den in diesem besonderen Fall Konrad Adenauer mit eigenen Worten so zusammengefaßt hat (für das seiner zweiten Frau gewidmete Kapitel der 1955 erschienenen ersten, von ihm autorisierten Kanzler-Biographie): »Es ist schwer, die Aufgabe und die Leistung der Frau eines bedeutenden Mannes wirklich zu würdigen. Auch wenn sie nicht unmittelbar an der Arbeit ihres Mannes beteiligt ist, so kann sie doch durch die Sorge für die Familie, durch die Erfüllung repräsentativer Pflichten, vor allem aber durch die Atmosphäre, die sie in der Familie zu schaffen versteht, ihrem Mann außerordentlich helfen.«

Soll sich die Würdigung der ›Frau eines bedeutenden Mannes‹ nicht auf Vermutungen und aufs Hörensagen beschränken, sind wir für ein verläßliches Bild auf schriftliche Belege angewiesen: Briefe, Tagebücher und andere familiäre Dokumente, Kartengrüße und Fotografien. In diesem Sinne ließ sich zu Emma und Konrad Adenauer dank einer dichten Überlieferung aus dem frühen 20. Jahrhundert besonders der Beginn ihrer Beziehung genauer nachzeichnen.

Bei Gussie und Konrad Adenauer ist der Akzent anders gesetzt. Wie sie sich kennenlernten und wie das Ehe- und Familienleben in der Oberbürgermeisterzeit aussah, ist im wesentlichen aus relativ wenigen zeitgenössischen Momentaufnahmen oder aus dem Rückblick der Memoirenliteratur bekannt. Erst mit dem umfangreichen Briefwechsel, den sie während der Trennung in den ersten Jahren des Dritten Reiches notgedrungen führen mußten, verändert sich die Lage von Grund auf – mit um so stärkerer Auswirkung auf das Adenauer-Bild und die Beurteilung seiner zweiten Frau in ihrem eigenen politischen Engagement. Denn 1933 geriet auch Gussie ins Visier der nationalsozialistischen Anti-Adenauer-Kampagnen, und schon bei Beginn der Herrschaft Hitlers deutete sich an, daß »sowohl ich wie auch meine Frau wegen unseres Widerstandes schwer unter dem Nationalsozialismus haben leiden müssen« (Adenauer im Juni 1946).

So sahen beide dem Umbruch und der Brutalisierung des politischen Lebens nicht tatenlos zu: Er gab am 19. Februar 1933 bei einem Aufenthalt Adolf Hitlers in Köln den Auftrag, Hakenkreuzfahnen von der Deutzer Hängebrücke entfernen zu lassen, und mahnte am 24. Februar bei Hermann Göring noch an, »daß jeder Übertreter von Gesetzen verfolgt werden wird, gleichgültig, welcher Partei er angehört.« In den gleichen Tagen unterzeichnete Gussie Adenauer an erster Stelle einen Aufruf, mit dem sich eine kleine couragierte Gruppe aus den Frauenorganisationen der Zentrumspartei an die Öffentlichkeit wandte (noch mit demokratischen Hoffnungen vor den bevorstehenden März-Wahlen): »Es geht um deutsches Schicksal. Wir Frauen sind mitverantwortlich für seine Gestaltung. ... Die traurigen Vorfälle lassen sich nicht allein aus der Erregung des Wahlkampfes erklären; sie sind Ausfluß einer Gesinnung, die hemmungslos Haß predigt und die Vernichtung des Gegners will. Es erschüttert uns zutiefst, daß selbst die Jugend mit solchen Gedanken vergiftet wird.« Ein anderer Affront, über den die NSDAP-Presse bald darauf berichtete, zeigt, wie sehr die bisherige First Lady nun auch im Bösen exponiert war und weit mehr als bloße Drohgebärden zu erdulden hatte. Sie habe sich Anfang 1933 »darin gefallen, in vertrautem Kreis aus Anlaß eines Gesellschaftsabends eine Rezitation zu halten, in der sie Adolf Hitler in einer Weise behandelte, die sie besser unterlassen hätte. Wenn man diese Gattin des verflossenen Oberbürgermeisters, die sich aus Ehrgeiz zu der Heirat mit dem Oberbürgermeister entschlossen hat und um dessentwillen ihren Glauben wechselte und ohne Bedenken katholisch geworden ist, wirklich ernst nähme, könnte ihr jetzt leicht aus der unklugen Rezitation rechte Unannehmlichkeit entstehen. Es erübrigt sich aber, näher darauf einzugehen, denn schließlich ist diese ehrgeizige Frau nunmehr doch kaltgestellt.«

Die Ereignisse der unmittelbaren Folgezeit bestätigten und

übertrafen noch die schlimmsten Befürchtungen. Gussie Adenauer und die jüngsten Kinder – jetzt zehn, sieben, vier und nicht einmal zwei Jahre alt – fanden fürs erste Unterkunft im Elisabeth-Krankenhaus in Köln-Hohenlind. Adenauer aber wurde am 12./13. März unter lebensbedrohlichen Umständen aus Köln verjagt: »Adenauer an die Mauer«. – »Herr Adenauer, geben Sie ihre Größe an, damit wir ihnen einen Sarg anmessen können.« (Derlei bekam Gussie bei telefonischen Drohungen mit).

Man muß die Schrecken und Ängste, denen die auseinandergerissene Familie ausgesetzt war, im einzelnen nicht ausmalen. Auch hier ist es Adenauers Tagebuch, das in wenigen Sätzen das wesentliche sagt (niedergeschrieben unter dem 13. September 1933, während des einjährigen Asyls in der Benediktinerabtei Maria Laach in der Eifel vom April 1933 – April 1934): »Heute vor sechs Monaten bin ich von Köln abgereist, ich dachte in kurzer Zeit wieder zu Hause zu sein. – Schwere sechs Monate liegen hinter mir, die schwersten meines bisherigen Lebens und die entscheidungsvollsten für mein Inneres. ... Wie mag es in Deutschland in sechs Monaten aussehen, wo mag ich sein, wo meine Familie; ich weiß es nicht. – Alles ist ungewiß, alles ist schwankend.« Vom Klosteraufenthalt erhoffte sich Adenauer, er habe dort »die Stille, insbesondere auch die geistige Atmosphäre, deren ich zu meiner körperlichen und seelischen Erholung dringend bedarf.« Doch die ungeheure Härte des Vernichtungsfeldzugs gegen den »Staatsfeind« Adenauer trieb ihn auch in dem entlegenen Refugium in extreme Situationen hinein: »Ich bin fast am Ende meiner Widerstandskraft. Meiner armen Frau geht es ähnlich, sie hält sich tapfer, auch sie ist fast fertig. ... Ich möchte meine Gemütsverfassung nicht mit vielen Worten schildern und mich damit begnügen, das eine zu sagen: wenn nicht meine Familie und meine religiösen Grundsätze wären, hätte ich lange meinem Leben ein Ende gemacht, es ist so wirklich nicht lebenswert« (im Oktober 1933 an seinen amerikanischen Freund Dannie Heineman).

»...wenn nicht meine Familie wäre...«: Vor diesem Hintergrund erklärt uns der Briefwechsel mit Gussie, worauf neben der aus dem Glauben geschöpften Kraft bei aller Verzweiflung der Wille zum Leben und Überleben zurückzuführen ist. Als Motto und überdies als Zukunftsmotiv findet sich in dieser Korrespondenz eine chinesische Weisheit aus dem Schülerkreis des Konfuzius, die Gussie ihrem Mann (der sich wegen eines gegen ihn gerichteten Dienststrafverfahren zum wiederholten Male in Berlin aufhielt) mit den Worten »Ist das Gedicht nicht schön?« mitteilte: »Wem das innere Licht leuchtet, der hat guten Willen;/ wer guten Willen hat, dessen Herz ist gebessert;/ wer ein gutes Herz hat, ist kultiviert;/ wer kultiviert ist, hat Ordnung in der Familie;/ wer Ordnung in der Familie hat, schafft Ordnung im Lande;/ wenn Ordnung ist in den Ländern, so haben wir den Frieden auf der Welt.«

Mit Gussie Adenauers Mut paarte sich die Klugheit, ihre Nachrichten so zu formulieren, daß die braune Zensur (mit der die Adenauers 1933 bis 1945 immer rechnen mußten) dem eigentlichen Gehalt nicht auf die Spur kommen konnte. Bis auf die Ausnahmen, bei denen sie den Überwachungsstaat hintergehen konnte und Freunde oder Bekannte ihre Briefe überbrachten: »Der Gedanke, Dich so unerreichbar weit weg zu wissen, ist arg bedrückend, und ich verfolge ständig Deine Wege und Aufgaben, die Du in Berlin tust. In Maria Laach wußte man Dich so sicher geborgen, aber harre nur jetzt aus, vielleicht beginnt für uns eine entscheidende Epoche« (10. Januar 1934). – »Mit Paul war ich gestern bei einer Knappenweihe von Neudeutschland in der Apostelkirche. ... Als ich merkte, daß von allen Seiten provozierende Hitlerjungs herankamen, mit Autos, Fahnen etc. sich ostentativ gegenüber aufstellten und die Polizei anrücken mußte, bin ich mit Paul still davongegangen, es soll auch zu einer Schlägerei gekommen sein. Ich glaube, ich tue Paul unseres Namens wegen wieder aus Neudeutschland« (29. Januar 1934). – »Gestern kam Frau Goldstein hochbeladen mit Paketen in einem Taxi nach Hause, und der Chauffeur frug sie, was das für nette Kinder auf der Straße seien (nämlich unsere). Sie sagte, das seien dem Oberbürgermeister Adenauer seine Kinder, da packte er die 3 ganz begeistert auf und fuhr sie einmal um das Viereck und gab jedem ein Händchen, die Kinder waren entzückt und erstaunt. Das sind so kleine erfreuliche Dinge des Alltags« (29. März 1934). Durch diese Briefe vermittelt Gussie Adenauer also auch ein faszinierendes Stück Alltagsgeschichte im »Dritten Reich«. Im Frühjahr 1934 konnten die kleinen Themen des häuslichen Geschehens um so eher anklingen, als sich nunmehr die Einstellung des Dienststrafverfahrens abzeichnete und die Trennungszeit vorerst zu Ende ging. Diese Atmosphäre fangen die wenigen Zeilen ein, die Gussie

Anfang April nach Berlin schrieb: »Dein Anruf gestern hat großen Jubel und Aufregung verursacht. Die Kleinen waren so untröstlich, daß wir noch einen künstlich arrangierten Anruf von Dir in Scene setzten (Konrad in Bibliothek, die Kinder im Biedermeier-Zimmer).« Bei diesem Telefonat ging es sicher um den bevorstehenden Umzug nach Potsdam-Neubabelsberg, dort in die Augustastraße 40, dem gemeinsamen Domizil für die nächsten zwölf Monate. Doch die Hoffnungen auf die Normalisierung der Lebensumstände und ein Nachlassen des nationalsozialistischen Drucks erwiesen sich als trügerisch, in der Nähe Berlins (wo Adenauer nach dem »Röhm-Putsch« vom 30. Juni 1934 für mehrere Tage in Haft gehalten wurde) ebenso wie danach in der rheinischen Heimat. Dorthin Ende April 1935 zurückgekehrt und nun in Rhöndorf ansässig – erst in der Löwenburgstraße 76, ab Dezember 1937 im eigenen Wohnhaus am Zennigsweg 8c –, bleiben Adenauer und seine Familie weiter unter Beobachtung und von Verfolgung bedroht.

Fügt man die noch folgenden Maßnahmen (wie die Ausweisungen aus dem Regierungsbezirk Köln vom August 1935 bis April 1936) in die politische Biographie Adenauers ein, dann dominiert die Abrechnung mit einem der »führenden Männer der Systemzeit«. Durch die Sicht Gussies hingegen erhält das Lebensbild eine Tiefenschärfe, die uns auch die Dimension persönlichster Empfindungen erschließt: »Wir waren zusammen im Evangelimann. Ich mußte bei der bekannten Stelle (Selig sind die leiden um der Gerechtigkeit willen und die Verfolgten) so stark an Dich denken, daß mir es im Hals würgte und ich heulen mußte wie ein Kind« (am 20. Juni 1935 von einem Besuch bei ihren Eltern in Tübingen).

Darüber hinaus werden Gussies Beschreibungen zu Schlüsseltexten von allgemeinem Belang; in ihren Erfahrungen klingt an, was auch anderen widerfuhr. Kaum ein Dokument dieser Jahre nennt das heraufkommende Unheil eindringlicher und übertragbarer als ihr Brief vom 11. Februar 1936: »Eigentlich solltest Du gestern schon diesen Brief haben, doch fand ich tagsüber keine rechte Ruhe zum schreiben, und abends war Luftschutz. Diese Übungen sind angetan, einen zur leidenschaftlichen Pazifistin auszubilden. Ich muß an mich halten, um nicht in jähes Ungestüm auszubrechen vor dem offensichtlichen Wahnsinn der Aufrüstung ... Der ganze Krieg steht wieder lebendig vor einem, nur in noch grauenhafterer Auswirkung, da Verwüstung und Tod sich nicht nur auf die Front beschränken, sondern auch die Heimat heimsuchen werden. Mit einem unbeschreiblich elenden Gefühl lege ich mich nach einem solchen Abend zu Bett. All die ewigen nationalen Probleme dürfte man nur noch als Weltprobleme erkennen und so behandeln, sonst müßte man ja fluchen über alle Kräfte, die die Entwicklung entbunden hat ... Ach, ich könnte bei all dem Kriegsgerede zur begeisterten Pazifistin werden.«

Gerade diese Sätze machen uns die eigentliche zeitgeschichtliche Betroffenheit und Tragik im Leben Gussie Adenauers bewußt; denn durch die Ereignisse gegen Ende von NS-Herrschaft und Weltkrieg wurde letztlich auch sie zum Opfer von Diktatur und Terror. Zu der im September 1944 direkt gegen sie gerichteten Aktion der Gestapo sagte Adenauer (dem nach seiner eigenen Verhaftung am 23. August mit Hilfe von Freunden die Flucht aus dem Gestapo-Gefängnis auf dem Kölner Messegelände gelungen war) im April 1948 vor dem Amtsgericht Köln aus: »Es sollte von ihr eine Aussage erpreßt werden über meinen damaligen Aufenthalt. Ich hielt mich zu dieser Zeit im Westerwald verborgen ... Es wurde ihr [in der Gestapo-Zentrale in Köln] angedroht, daß auch unsere Töchter ins Gefängnis kämen, wenn sie nicht meinen Aufenthalt angebe. Aufgrund dieses seelischen Drucks hat sie dann meinen Aufenthalt genannt, worauf ich noch in der gleichen Nacht gegen fünf Uhr früh bei Hachenburg verhaftet wurde« (am 25. September 1944, dem Tag ihrer Silberhochzeit).

Damit geriet Gussie Adenauer in eine Zwangslage, von der wir durch Adenauers eigene Darstellung (»Meine Frau hat hierdurch einen schweren seelischen Zusammenbruch erlitten und einen Selbstmordversuch unternommen«) und auch durch eine Schilderung ihrer Schwiegertochter Lola Adenauer (der Frau des ältesten Sohnes, die sich bei Kriegsende in Rhöndorf aufhielt) Genaueres wissen: »Nur aus dieser seelischen Situation heraus ist zu erklären, daß sie damals einen Selbstmordversuch unternahm: Sie hatte kleines Gepäck mitnehmen können, und in diesem Gepäck befanden sich auch zwei Röhrchen Pyramidon, die meine Schwiegermutter dann in einem Verzweiflungsanfall schluckte. Das Medikament hatte jedoch keine tödliche Wirkung. Meiner Schwiegermutter wurde nur furchtbar schwindelig. Aber da es zu ihren Aufgaben in Brauweiler gehörte, die Strümpfe der Mitgefangenen zu stopfen, besaß sie das notwendige Stopfgarn, Nadeln und vor allem eine Schere. Mit dieser Schere hat sie dann versucht, sich die Pulsadern aufzuschneiden, erlitt auch einen ziemlich starken Blutverlust, wurde aber doch noch rechtzeitig gefunden und gerettet.«

Ihrerseits fand Gussie für die existentielle Ausnahmesituation im April 1946 in einem »Antrags-Formular für die Häftlinge der Konzentrationslager« nur die knappen Worte voller Schmerz: »*Grund der Gefangensetzung*: politische Gegnerschaft gegen die NSDAP und um Material gegen meinen Mann zu erpressen. – *Volle Einzelheiten über die Art Ihrer Haft:* Quälende Vernehmungen, ich erkrankte infolgedessen.«

An den Folgen ihrer Verletzungen starb sie am 3. März 1948, und zum zweiten Mal in Konrad Adenauers Leben ›wurde die Arbeit ein Narkotikum für sein Leid‹, vor und nach dem Tod Gussies. Das Kriegsende, die Befreiung und der Neuanfang am Rhein, die bekannten Nachkriegsaktivitäten Adenauers (der sich u.a. auch der Vereinigung der Verfolgten des Naziregimes anschloß) und sein steiler Aufstieg zum Staatsmann – alles blieb überschattet vom familiären Schicksalsschlag. Nur selten noch, für wenige Lichtblicke, hellt sich die Lage auf, so im Sommer 1947, als sie aus dem Urlaub in Chandolin in den Walliser Alpen nach Hause schrieb: »Alles, alles, Ihr Lieben, erinnert an Euch, und es wäre herrlich, Euch hier zu haben. Es ist wie ein Traum! Trotz der tollen Eindrücke in den Städten und der Liebe, die uns entgegengebracht wird, muß man dauernd an die arme Heimat denken. – Bei allem Genuß hat man immer einen ›Knubbel‹ im Hals.«

Dann aber der qualvolle Tod der 52jährigen: »Es war ein strahlender Frühlingstag«, erinnert sich Libet Werhan, »ich fuhr mit der Straßenbahn und der Fähre nach Hause. Ich konnte gar nicht verstehen, daß die Menschen so fröhlich waren – die Sonne schien und die Vögel sangen, und der Vater kehrte auch nach Hause zurück, regelte das Notwendigste, und dann hat er sich in eine Isoliertheit begeben. Er brauchte diese Einsamkeit, um überhaupt damit fertigzuwerden, zum zweitenmal in seinem Leben eine wirkliche Partnerin zu verlieren, die in ihrer Fröhlichkeit und in ihrem Optimismus so gegensätzlich zu ihm war und ihm wirklich dadurch eine ganz große Stütze gewesen war in den schweren Jahren.«

Einen der zahlreichen Beileidsbriefe, die im Frühjahr 1948 in Rhöndorf eintrafen, erhielt Adenauer von Wilhelm Sollmann. Der sozialdemokratische Amerika-Emigrant (der drei Jahre später starb) brachte aus der Distanz wohl am deutlichsten die enge, unauflösliche Verbindung von privatem und allgemeinem Leid im Lebensende Gussie Adenauers zum Ausdruck: » ... seit langem wußte ich von gemeinsamen Freunden, daß Ihre Frau sehr krank war. Sie haben gewiß viel mit ihr gelitten und erlitten. Der Tod, wenn er natürlich eintritt, ist ja nur das Ende einer körperlichen Zersetzung und Auflösung. Das Wesen, das wir geliebt haben, trennt sich so nicht plötzlich, sondern allmählich von uns. Ich denke an die junge schöne Frau, die ich nur ein paar mal gesehen und gesprochen habe, und ich denke an Sie und Ihre Familie und weiß, daß das Leiden und Sterben Ihrer Frau von Ihnen als ein schicksalhaftes Ereignis der dramatischen Lebenswanderung empfunden wird. Darüber hinaus kann ich nur schweigen. – Mit Ihrer Trauerbotschaft kam ... Hermann Claasens ›Gesang im Feuerofen‹ an. Erst seitdem ich die Trümmer Kölns im Bilde kenne, weiß ich, wie schön die Stadt einmal war und wie sehr und wie dankbar ich sie geliebt habe. Welch ein Symbol unsrer zerstörten, verstörten und verwüsteten Zeit!«

Daß Adenauer im hohen Alter höchste Ämter erreichte, versteht letztlich nur, wer auch diesen Zusammenhang mit dem vorher erlittenen Verlust bedenkt. – Seine erste Frau starb ein Jahr vor dem ersten großen Karrieresprung, seine zweite ein halbes Jahr bzw. anderthalb Jahre vor der Wahl zum Präsidenten des Parlamentarischen Rates (1. September 1948) und zum Bundeskanzler (15. September 1949). 1916 wie 1948 fällt die Zäsur, die einen Lebensabschnitt beschließt, zeitlich zusammen mit der anschließenden Neubesinnung und Neuorientierung auf das jeweils nächste höhere Ziel. Zum »Staatsmann der Sorge« (Golo Mann) wurde Adenauer also nicht zuletzt aus eigener leidvoller Erfahrung.

Auch von daher gilt für Emma ebenso wie für Gussie Adenauer, daß sie über das kleine Porträt hinaus die gründlichere Beschäftigung mit ihren Biographien verdienten. Das Leben der beiden Frauen, die familiären Zusammenhänge der Weyers und Zinssers, ihre jeweiligen Veranlagungen und Bildungswege, ihre kulturellen, gesellschaftlichen und auch politischen Betätigungen bieten reichlich Stoff für exemplarische Studien. Sicher ist vieles

Adenauer mit Tochter Lotte auf einer Amerikareise im April 1953.

Mit Tochter Libet in Cadenabbia am Comer See, Sommer 1958 (S. 57 unten).

Mit Tochter Ria im Berner Oberland, Sommer 1955 (unten).

nur im zentralen lebensgeschichtlichen Bezug zu Konrad Adenauer verständlich und von Belang. Doch hängt es vom Blickwinkel ab, wie stark wir ihn auf die Zweierbeziehung verengen oder für die Wahrnehmung der weiteren Umwelt und der anderen Kontakte und Aktivitäten öffnen. Und ob es zukünftig gelingt, der Politikerfrau über die einmalige Würdigung bei besonderem Anlaß mehr nur als die Nebenrolle zuzuweisen.

Ria Reiners, Lotte Multhaupt, Libet Werhahn

Über Bundeskanzler Adenauer ist in den fünfziger Jahren in einer knappen biographischen Skizze zu lesen: »Der Tod seiner zweiten Frau, die im Jahre 1948 starb, war für den Zweiundsiebzigjährigen ein schwerer Schlag. Seither lebt er einsam in Rhöndorf. Auf Reisen und in den Ferien begleiten ihn abwechselnd seine Töchter Ria, Lotte oder Libet«, die bei Beginn der Kanzlerzeit 37, 24 und 21 Jahre alt sind. Beispiele dafür finden sich in großer Zahl auf den Hochglanzseiten bunter Blätter oder in der Hofberichterstattung der Boulevardpresse, für die dies 1949 und in den Folgejahren mehr und mehr ein dankbares Thema ist – nach dem Muster der einmal über Lotte Adenauer verbreiteten Meldung: »Sie führte, bevor sie 1954 den Kölner Architekten Heribert Multhaupt heiratete, den Rhöndorfer Haushalt und wuchs so mit Gastrollen auch im Palais Schaumburg in vielerlei Repräsentationspflichten hinein. Nach dem Tod von Elly Heuss war Lotte Adenauer … in gewissem Sinne zur First Lady Bonns avanciert – was sie bescheiden, klug, höflich, kurzum mit Maßen wahrnahm.«

Als First Ladies auf der Bonner Bühne oder internationalem Parkett wirken die Adenauer-Töchter weit über das Protokollarische und die oberflächliche Breitenwirkung hinaus. Auch ihrer Begleitung bei Staatsbesuchen oder im Urlaub (der in der Regel zum Medienereignis wird) ist es zu verdanken, daß Adenauer als erster Regierungschef, zudem als erster Außenminister (1951–1955), in solchem Maße zum Sympathieträger für die junge Bundesrepublik wird. Neben dem Vater, mit ihm und für ihn tragen sie auf ihre Weise zur Anbahnung friedlicher und freundschaftlicher Beziehungen bei.

Verständigung setzt Verständnis und Verstehen voraus. Da trifft es sich gut, daß Adenauer – der über geringe Fremdsprachenkenntnisse verfügt – im engsten Familienkreis eine ausgebildete Dolmetscherin zur Seite steht.

Seine älteste Tochter Ria hat vor ihrer Heirat mit dem Mönchengladbacher Textilfabrikanten Walter Reiners (1937) in Paris studiert, als Erzieherin in Schottland gearbeitet und im Herbst 1936 in Heidelberg ihr Dolmetscherexamen bestanden, im Studien- und Berufswunsch sicher nicht unbeeinflußt vom Vorbild ihrer Mutter. (Emma Weyer hatte in jungen Jahren auch Übersetzungen aus dem Englischen angefertigt.) Eine kleine symbolische Begebenheit deutet an, wie diese Ausbildung und die dabei gewonnenen Auslandskontakte Adenauer nützlich sein können. Als er Anfang März 1946 in Hamburg an der konstituierenden Sitzung des Zonenbeirats teilnimmt, sitzt neben ihm (wie er gleich anschließend seiner Tochter mitteilt) ein Major Stopp, der – jetzt Angehöriger des britischen Sekretariats beim Zonenbeirat – Mitte der dreißiger Jahre in Heidelberg Ria Reiners als Englisch-Lektor unterrichtet hat: »Möge es ein glückliches Vorzeichen sein für gemeinsame Arbeit« (Adenauer in der »historischen Stunde« des 6. März 1946).

Wann immer Frau Reiners in der Folgezeit zur Verfügung steht, bleibt dies der Öffentlichkeit zumeist verborgen. Als bezeichnend für die stille Diplomatie, in der Adenauer ihre Vermittlung gelegentlich in Anspruch nimmt – indirekt und diskret, nie plakativ –, kann sein erster Paris-Aufenthalt vom Frühjahr 1951 dienen. Am 18. April unterzeichnen er und die Europa-Pioniere der Nachbarstaaten den Vertrag über die Gründung der Montanunion; zwei Tage danach schreibt er Ria Reiners nach Mönchengladbach: »Du wirst in einigen Tagen einen Dankesbrief von Annette Kolb bekommen; damit hat es folgende Bewandtnis: Ich hörte in Paris, daß sie dort in großer Not lebt, und ich habe ihr dann durch unseren Generalkonsul einen Betrag von DM 100,– übergeben lassen, den dieser aber, um ihre Empfindlichkeiten zu schonen, als von Dir ausgehend bezeichnet hat. Infolgedessen wird sie Dir danken.«

Vermeintlich unvermittelt kontrastiert die unauffällige private Hilfe mit dem historischen Ereignis. Doch setzt namentlich diese Aktion einen bemerkenswerten Akzent im beginnenden französisch-deutschen Dialog, noch dazu im sensiblen kulturellen Lebensbereich. 1933 nach Paris emigriert – dort hat auch Ria Reiners von der »Machtergreifung« Hitlers und der Entmachtung ihres Vaters erfahren! –, wirbt die Schriftstellerin und Übersetzerin Annette Kolb mit ihrer leisen, eindringlichen Stimme jetzt für Versöhnung und findet gerade beim Kanzler Gehör. »In großer Liebe und Verehrung« widmet sie ihm später eines ihrer letzten Werke und bleibt bis zum Lebensende (beide sterben, fast gleich alt, 1967) eine seiner Weggefährtinnen, auch durch häufigere Besuche in Rhöndorf.

Im Nachkriegsdeutschland geht Lotte Adenauer ihrem Philologie-Studium an der Universität Bonn nach. Sie gehört damit jener Studentengeneration an, die in der frühen Adenauerzeit die Welt neu entdeckt und über Universitätsleben und internationalen Austausch persönlich erfährt, wie aus Kriegsgegnern und Fremden Verbündete und Freunde werden. Ihr Studium hat sie inzwischen mit einer literaturwissenschaftlichen Doktorarbeit abgeschlossen, als sie 1953 ins Blickfeld der Allgemeinheit tritt. »Mit Vater in Amerika« lautet der Titel einer anschließend veröffentlichten Zeitungsserie, und so erlebt sie im April dieses Jahres hautnah den grandiosen Erfolg der ersten Adenauer-Reise in die USA mit: Lotte Adenauer rückt nun also erstmals in die Rolle der First Lady der Bundesrepublik Deutschland auf, zumal sie, anders als ihre Schwestern, zu diesem Zeitpunkt noch nicht in die Abläufe des eigenen Familienlebens eingebunden ist (in eben diesen Wochen kommen Adenauers Enkelsöhne Max Reiners und Stefan Werhan zur Welt).

Natürlich kann es durchaus ins Kalkül der »good will«-Visite gehören, durch die Zusammensetzung der Delegation und erst recht durch die unmittelbare Begleitung des Kanzlers publicitywirksam auf Medieninteresse und Aufmerksamkeit des breiten Publikums einzuwirken. Hier besonders, im »human touch«, kommen dem Adenauer-Image in der Neuen Welt das Auftreten und die Ausstrahlung der Tochter zugute. Sind es doch – nach dem damaligen Illustriertenbericht – »gerade die kleinen Dinge jenseits des diplomatischen Protokolls, die die Menschen in Deutschland und auch in USA für Dr. Adenauer einnahmen: Die warmherzige Aufnahme, die ihm drüben aus allen Teilen zuteil wurde, das Geschick, mit dem er sich in die Mentalität der Staatsmänner und der Bürger der USA einzufühlen wußte.«

Eine andere Miniatur zeigt, daß diese Aufgaben keineswegs auf die rein repräsentative Funktion und die schmückende Begleiterscheinung eines attraktiven Damenprogramms eingeschränkt bleiben. Im März 1954 nimmt Lotte Adenauer auch an der Griechenlandreise ihres Vaters teil, die wie alle ersten Schritte auf internationalem Terrain von den unerhörten Schwierigkeiten deutscher Diplomatie nach Hitler-Barbarei und Weltkrieg geprägt ist. Die Beziehung Bonn-Athen belastet unter anderem das Schicksal des Ortes Kalavrita, in dem die deutsche Besatzungsmacht 1943 nach der Ermordung von Wehrmachtsangehörigen durch griechische Partisanen alle männlichen Bewohner hinrichten und sämtliche Gebäude in Brand stecken ließ (wobei die zunächst noch eingesperrten Frauen und Kinder nur in letzter Not entkommen konnten). »Wiedergutmachen« lassen sich solche Greueltaten nie. Aber die Geste, zu der sich der Bundeskanzler entschließt, wird als hilfreich und Zeichen des Neuanfangs empfunden: »Kalavrita, dunkelster Schatten des Zweiten Weltkrieges, wurde gemildert, als Dr. Lotte Adenauer bei einem Tee-Empfang der Königin dieser einen Scheck von 50000 DM für die Linderung der Not der Einwohner ... übergab und der Kanzler versicherte, die Bundesregierung werde junge Menschen aus Kalavrita kostenlos an deutschen Landwirtschaftsschulen studieren lassen, werde deutsche Fachleute nach Kalavrita senden und den Absatz handgewebter Textilien aus Kalavrita in Deutschland fördern.«

Durch die europäische und atlantische Bündnispolitik der fünfziger Jahre wird die Last der Vergangenheit nach und nach geringer und Adenauer gerade auch im Ausland mehr und mehr zum unumstrittenen Repräsentanten der neuen deutschen Demokratie. Auf dem 1957 erreichten Höhepunkt dieser Entwicklung sehen wir jetzt auch seine jüngste, seit 1950 mit dem Neusser Kaufmann und Industriellen Hermann-Josef Werhahn verheiratete Tochter Libet neben ihm. Erst begleitet sie ihren Vater in die italienische Hauptstadt zur Unterzeichnung der Römischen Europaverträge, mit der am 25. März 1957 das bedeutendste Vorhaben der Europapolitik Adenauers Wirklichkeit wird. An diese Tage erinnert auch jenes Foto, das nach dem Empfang durch Papst Pius XII. (27. März 1957) durch die Weltpresse geht: Rechts neben dem Heiligen Vater der Bundeskanzler, links die Tochter als First Lady. Und nach dem gleich anschließenden Besuch Adenauers im Iran telegrafiert der Ministerpräsident des Landes, Hussein Ala: »Es war eine Ehre und ein Vergnügen, Sie und Ihre lebhafte, strahlende Tochter ... bei uns zu haben. Ich hege keinen Zweifel, daß Ihr Besuch der weiteren Stärkung der echten Freundschaft gedient hat, die unsere beiden Länder und Völker verbindet.«

Anderthalb Jahre später kommt es in Colombey-les-deux-Églises zur ersten Begegnung Adenauers mit dem neuen französischen Ministerpräsidenten Charles de Gaulle (der bald darauf Staatspräsident wird). Charakteristisch für die freundliche Atmosphäre – die von nun an bis ins letzte Kanzlerjahr hinein die Beziehungen Paris-Bonn nachhaltig beeinflußt und den deutsch-französischen Élysée-Vertrag vom 22. Januar 1963 überhaupt erst ermöglicht – ist hier wieder eine unscheinbare Szene am Rande des hochpolitischen Geschehens. Der General fragt den Kanzler (der dies tags darauf Bundespräsident Heuss berichtet), »warum er seine Töchter nicht mitgebracht hätte. Am anderen Morgen habe er ihm für diese 3 Fotografien mit seiner Unterschrift mitgegeben.« Auch ohne unbedingt präsent zu sein und ohne Repräsentationspflichten zu übernehmen, bewirken Ria Reiners, Lotte Multhaupt und Libet Werhahn mit, daß die große Politik mit der Annäherung im persönlichen Umgang der Staatsmänner der Nachkriegszeit bereichert wird.

Adenauer seinerseits hat diesem stilprägenden Element der internationalen Kontakte stets große Bedeutung beigemessen. In seinen Korrespondenzen und Gesprächen, bei Konferenzen und anderen Gelegenheiten der Besuchsdiplomatie gehörte es für ihn nicht nur aus Courtoisie zu den Selbstverständlichkeiten, die Frauen und Angehörigen seiner politischen Partner, wann immer möglich, einzubeziehen und die Verbindung zu ihnen – ob Yvonne de Gaulle oder Lady Clementine Churchill, »Mamie« Eisenhower, Janet Avery Dulles und Eleanore Dulles oder Jacqueline Kennedy – mit kleinen Aufmerksamkeiten und persönlich gehaltenen Privatbriefen zu pflegen. So hat also unsere Frage nach Adenauer und den First Ladies seiner Zeit gerade auch in diesem Sinne ihre weiterführende und weitreichende Bedeutung!

Wilhelmine Lübke

Von Hilde Purwin

Wer Wilhelmine Lübke und ihren Mann Heinrich, den Bundespräsidenten, auf einer Veranstaltung erlebte, spürte sofort: Diese beiden sind ein glückliches Ehepaar. Sie waren ein Beweis dafür, daß auch Ehen, in denen die Frau die Hosen anhat, glücklich sein können. Daß sie beide aus Dörfern im Sauerland, beide aus kleinen Verhältnissen stammten, spielte nicht die entscheidende Rolle. Denn diese Ehe beruhte eher auf dem Motto »Gegensätze ziehen sich an« als auf »Gleich und gleich gesellt sich gern.« Kennengelernt haben sie sich auf einem Sauerländer-Treffen, aber nicht im Heimatland, sondern in Berlin, der Stadt, von der beide zeit ihres Lebens schwärmten. Hätten sie die deutsche Wiedervereinigung noch erlebt, wären sie wohl aus Bonn in die Bundeshauptstadt umgezogen.

Wilhelmine Keuthen, am 9.5. 1885 in Ramsbeck im Sauerland als Tochter eines kleinen Bergwerksbeamten geboren, wurde Volkshochschullehrerin – ein Berufsziel, das vor dem ersten Weltkrieg ohne Abitur und Studium zu erreichen war. An diesem Ziel blieb sie nicht stehen, sondern lernte weiter, bestand die notwendigen Ergänzungsprüfungen, fing mit 26 Jahren an, in Münster Mathematik, Germanistik und Philosophie zu studieren und wurde Studienrätin am Franziskus-Oberlyzeum in Berlin. Dort lernte sie den Studenten Heinrich Lübke kennen, und 1929 war Hochzeit. »Heiratsgrund war unsere Geige«, witzelte dreißig Jahre später der Bundespräsident, »wir hatten das teure Stück gemeinsam gekauft, halbieren konnte man es nicht, also blieben wir zusammen.« Auch über die Trauung machte Heinrich Lübke ganz vergnügt – Ironie war ihm fremd – ein Witzchen: »Als wir in der Kirche waren, hat Minchen die Kirchentüren verriegeln lassen, damit ich ihr nicht noch in letzter Minute weglaufe.« Sie wollte in dieser Stunde keine Fremden in der Kirche sehen, begründete Wilhelmine Lübke ihren Torschluß-Befehl, aber wahrscheinlich wollte sie damit verhindern, daß irgendwer aus dem Aufgebot ihr Alter ablesen würde. Sie war zehn Jahre älter als ihr Mann, weshalb sie sich als First Lady der Bundesrepublik auf einem Ausweis zehn Jahre jünger machte. Die Missetat wurde entdeckt, ein Sturm von Gelächter war die Strafe, und seitdem machte sie aus ihrem Alter kein Geheimnis mehr. Dabei hätte Wilhelmine Lübke sich nicht die geringste Sorge um den Altersunterschied machen müssen. Lebhaft und beweglich, wie sie war, wirkte sie stets jünger als ihr behäbig-steifer Mann.

Spöttisches Gelächter mußten die Lübkes oft über sich ergehen lassen. Wilhelmine, weil sie auch bei offiziellen Veranstaltungen den Bundespräsidenten lautstark »Heini!« rief. Heinrich Lübke, wenn er ausländische Gäste in fehlerhaftem Englisch begrüßte und sich auch in der eigenen Sprache ungeschliffen ausdrückte. »Sauerland ist überall«, hieß es dann abfällig in Bonn. Der Spott war nicht unberechtigt, aber ungerecht. Denn Heinrich Lübke hatte durchaus nicht Bundespräsident werden wollen. Das hohe Amt war von Bundeskanzler Konrad Adenauer beschädigt worden, der es 1959 übernehmen wollte, aber diese Absicht revidierte, als ihm klar geworden war, daß der deutsche Bundespräsident keine Macht hat. Nach Adenauers unerwartetem Stellungswechsel bot kein CDU- oder CSU-Politiker an, sich zur Wahl zu stellen. Die SPD hatte in Carlo Schmid einen Kandidaten, der ein eindrucksvoller und allseits anerkannter Bundespräsident hätte werden können und für den sich auch der damals ausscheidende erste Bundespräsident Theodor Heuss einsetzte. Aber einen Mann der Opposition wollte Adenauer nicht im Bundespräsidialamt sehen. So mußte sich schließlich der Bundeslandwirtschaftsminister Heinrich Lübke opfern, der von sich selbst sagte, er fühle sich »nicht geeignet« für das Präsidentenamt.

Am 1. Juli 1959 wurde Heinrich Lübke in der Ostpreußenhalle in Berlin von der Bundesversammlung im zweiten Wahlgang mit 526 von 1033 Stimmen zum Bundespräsidenten gewählt. Kein triumphaler Beginn einer neuen Amtszeit für den ersten Mann im Staate, aber beide Lübkes haben sich redlich bemüht, das Beste daraus zu machen. Carlo Schmid, der unterlegene Gegenkandidat, schrieb in seiner Autobiographie: »Ich bewahre Heinrich Lübke und seiner Frau ein gutes Andenken. Sie haben ein Stück Deutschland vergegenwärtigt, das ehrenwert ist.«

Wir Deutsche waren damals noch die Schmuddelkinder, mit denen keiner spielen wollte. Der stille Heinrich Lübke, durchaus würdevoll, ohne arrogant zu sein, hinterließ auf seinen Staatsbesuchen im Ausland einen besseren Eindruck als zu Hause, und Wilhelmine ergänzte ihn durch die Sprachgewandtheit, die ihm abging. Sie sprach englisch, französisch, spanisch und italienisch, lernte schließlich in Sprachkursen an der Bonner Universität auch noch russisch. Als sie einmal nach ihren Hobbies gefragt wurde, sagte sie spontan: »Sprachen lernen«, und Heinrich Lübke meinte: »Hoffentlich schenkt uns auf unserer Fernostreise nie-

mand ein chinesisches Buch, sonst lernt Wilhelmine auch noch chinesisch.«

Die Pflicht, die Bundesrepublik allüberall tadellos zu repräsentieren, nahm Wilhemine Lübke sehr ernst, vielleicht ein wenig zu ernst. So bestand sie darauf, ihre Friseuse auf Reisen ins fernste Afrika mitzunehmen, obwohl die Haushaltsexperten die Unkosten bemängelten. Viele deutsche Botschafter aber waren entzückt vom unbefangenen Auftreten der First Lady im jeweiligen Land. In Thailand fragte Wilhelmine den König Bhumibol beim Staatsempfang, ob er seiner Frau schon gesagt habe, wie schön sie sei, und brachte ihn dazu, der Königin über den Tisch zuzurufen: »Sirikit, you are beautiful!« Als er sich von einem Staatsbesuch in Togo nach den politischen Verhältnissen in der ehemaligen deutschen Kolonie erkundigte, erfuhr Heinrich Lübke, Togos Präsident Eyadema habe seinen Vorgänger umbringen lassen. Den frommen Bundespräsidenten erschreckte der Gedanke zutiefst, einem Mörder die Hand geben zu müssen. Ob es Wilhelmine war, die auf die rettende Idee kam, oder er selbst, wissen wir nicht. Jedenfalls ließ Heinrich Lübke sich das rechte Handgelenk verbinden, und so konnte er, ohne unhöflich zu sein, Eyadema eben nicht mit Händedruck begrüßen.

Heinrich Lübke hatte Landwirtschaft studiert und war schon in der Weimarer Republik gleichzeitig auf diesem Gebiet und in der Politik aktiv. Er wurde als Zentrums-Abgeordneter in den preußischen Landtag gewählt. Nach 1945 trat er in die CDU ein und wurde im neuen Bundesland Nordrhein-Westfalen bald Minister für Ernährung, Landwirtschaft und Forsten. Er war durchaus kein Interessenvertreter der Großagrarier, hatte vielmehr Sympathien für das Siedlungswesen und die Kleinbauern und wurde deshalb von seinen Gegnern der »rote Lübke« oder »Genossenschafts-Lübke«, sogar der »Güter-Schlächter« genannt. Vermutlich entstand in jenen Zeiten seine Vorliebe für eine Große Koalition aus CDU und SPD, die er als Bundespräsident zu fördern versuchte. Der damalige FDP-Vorsitzende Erich Mende schrieb in seinen Memoiren, Bundespräsident Lübke habe ihm 1961 in einer Unterredung unter vier Augen gesagt, zwei große Parteien reichten aus für unser Land, »die kleineren Parteien stören doch nur«.

Höchstwahrscheinlich hat diese allseits bekannte Einstellung des Bundespräsidenten die SPD veranlaßt, für die Wahl nach Lübkes erster Amtsperiode keinen eigenen Kandidaten aufzustellen. Am 1. Juli 1964 wurde Heinrich Lübke, wiederum in der Ostpreußenhalle in Berlin, mit 710 von 1024 Stimmen wiedergewählt. Allerdings enthielten sich 187 Mitglieder der Bundesversammlung der Stimme, und 123 wählten den FDP-Kandidaten Bucher.

Wilhelmine Lübke war sicher erfreut darüber, weitere fünf Jahre als First Lady in der Villa Hammerschmidt über dem Rhein zu residieren. Aber sie wehrte sich gegen das in Bonn umlaufende Gerücht, sie habe ihren Mann zur erneuten Kandidatur gedrängt. »Wenn mein Mann nicht gewollt hätte«, sagte sie, »würde ich gesagt haben: auch gut.« Die Bemerkung ist durchaus glaubwürdig, denn Heinrich Lübke ist in entscheidenden Fragen ganz gewiß seinem eigenen Kopf gefolgt.

Kein Schicksalsschlag hat Heinrich und Wilhelmine Lübke so tief getroffen wie die Kampagne über eine angebliche politische

Belastung in der Nazi-Zeit: Lübke sei in der Baugruppe Schlempp als Baumeister von Konzentrationslagern tätig gewesen. Die Nachricht war, wie sich später herausstellte, von der Stasi aus der DDR lanciert und in der Bundesrepublik von vielen Medien aufgegriffen worden. Es stimmte, daß Heinrich Lübke bei der Baugruppe Schlempp gearbeitet hatte, aber ein KZ hatte er nie gesehen. Nazis waren die Lübkes ganz gewiß nicht gewesen – durchaus im Gegensatz zu einer Reihe anderer hochrangiger Politiker der Bundesrepublik. Heinrich Lübke war 1934/35 knapp zwei Jahre in Haft, die letzten Monate im Gefängnis Plötzensee, wo seine Haare über Nacht schlohweiß wurden, denn dort mußte er aus seiner Zelle mitanhören, wie auf dem Hof Hinrichtungskommandos ertönten und Schüsse knallten. Wilhelmine durfte damals ihren Mann zweimal monatlich besuchen und unter Aufsicht sprechen. Sie hat mit ihm mitgelitten, als die Kampagne gegen den »KZ-Baumeister« sich ausbreitete, und nach seinem Tod 1972 sagte sie verbittert, die Verleumdung habe Heinrich Lübke unter die Erde gebracht.

Alle Bundespräsidenten reiben sich zuweilen an den engen Grenzen, die ihrem Amt von der Verfassung gezogen worden sind – die Väter und Mütter des Grundgesetzes wollten verhindern, daß noch einmal ein mächtiger Mann wie seinerzeit der Reichspräsident v. Hindenburg die neue Republik ins Unheil führen könnte. Heinrich Lübke stieß an diese Grenze, als er nach der Bundestagswahl 1961 den Bundestagspräsidenten Eugen Gerstenmaier zu sich bestellte und fragte, ob er bereit wäre, die Nachfolge Konrad Adenauers als Bundeskanzler anzutreten und eine Große Koalition mit der SPD oder eine Allparteienkoalition zu bilden. Gerstenmaier lehnte ab: er wolle Konrad Adenauer nicht das Zepter aus der Hand nehmen. Eine Kampf-Kandidatur gegen Adenauer würde die CDU zerreißen, auch für eine Allparteienkoalition sei die Zeit noch nicht gekommen. Adenauer wurde noch einmal zum Bundeskanzler gewählt und setzte sich gegenüber dem Bundespräsidenten auch mit seinem Vorschlag durch, Werner Schwarz zum Landwirtschaftsminister zu ernennen, dessen Ernennungsurkunde Lübke zunächst nicht unterschreiben wollte. Wilhelmine Lübke wurde nicht verdächtigt, ihren Mann zu solchen politischen Vorstößen anzustacheln. Sie sprach nicht darüber, erwähnte allenfalls beiläufig, der Bundespräsident habe dem französischen Staatspräsidenten de Gaulle

Wilhelmine Lübke während eines Staatsbesuchs in Kamerun, 1966. Repräsentationspflichten, ob zuhause oder im Ausland, nahm sie gerne wahr.

gesagt, die Europäische Wirtschafts-Gemeinschaft sollte doch Großbritannien als Mitglied aufnehmen.

Ihren eigenen Pflichten widmete sich Wilhelmine Lübke sehr eifrig. Sie übernahm den Vorsitz des Müttergenesungswerks, das Elly Heuss-Knapp, die Frau des ersten Bundespräsidenten, begründet hatte, und bemühte sich energisch und erfolgreich um Spenden, um möglichst vielen minderbemittelten Müttern einen Urlaub zu finanzieren. Später wurde sie außerdem Ehrenpräsidentin des Kuratoriums der deutschen Altershilfe, arbeitete auch bei der Aktion Gemeinsinn und der UNICEF mit. Weil in den Krankenhäusern damals Personalmangel herrschte, warb sie bei jungen Mädchen für den Dienst im Krankenhaus und veranstaltete Treffen, bei denen sie selbst im weißen Schwesternkleid mitarbeitete.

Wilhelmine Lübke war eine tatkräftige Person, und es muß ihr sehr schwergefallen sein, unmittelbar nach der Heirat mit Heinrich Lübke den Beruf als Studienrätin aufzugeben. Sie hatte gern mit halber Stundenzahl weiterarbeiten wollen, aber zu diesem Plan hatte ihr Mann gesagt: »Ich kenne dich, du übernimmst eine halbe Stelle, bist mit ganzer Seele in der Schule, und ich schaue in den Mond.« Wilhelmine fügte sich und gab ihren geliebten Beruf auf.

Ihre kinderlose Ehe bedeutete nicht, daß die Lübkes kein Herz für Kinder gehabt hätten. Wilhelmine Lübke lud häufig Nachbarskinder zu sich nach Hause ein, und das Ehepaar kümmerte sich gemeinsam um vier Pflegekinder, wenn auch ohne Adoption. Die beiden Mädchen verheirateten sich ins Ausland. Mit einer Pflegetochter trafen sich die Lübkes dann zu Weihnachten in deren neuer Heimat Mallorca, die andere besuchten sie manchmal zu Ostern an der Riviera. Die beiden Pflegesöhne wurden Geistliche, einer lebte längere Zeit in Rom und wurde dann päpstlicher Nuntius an der Elfenbeinküste, der andere Direktor bei der Caritas.

Beschäftigt hat sich Wilhelmine Lübke ihr ganzes Leben lang. Sie war der Meinung: Wenn man sich um Menschen kümmert, hat man keine Zeit, alt zu werden. Natürlich kümmerte sie sich vor allem um ihren Mann, der zwar jünger war, aber schneller alterte als sie selbst. Nachdem er auf einer Reise in ein exotisches Land von Magenverstimmung geplagt worden war, ließ sie vor späteren Reisen den Regierungen der fernen Länder mitteilen, der Bundespräsident esse am liebsten Huhn mit Reis. Heinrich Lübke wunderte sich, daß ihm fortan immer wieder dieses Gericht vorgesetzt wurde, aber er war es zufrieden, und sein Magen blieb intakt.

Während ihr Mann in seiner zweiten Amtszeit als Bundespräsident nicht mehr so gesund war wie zuvor und häufiger in Schwierigkeiten geriet, die ihm ein zunehmender Altersstarrsinn bescherte, stellte sich Wilhelmine Lübke immer deutlicher neben und auch vor den Bundespräsidenten. Manchmal versuchte sie, eine Art höfisches Zeremoniell in der Villa Hammerschmidt einzuführen. Den Mitgliedern des Vorstands der Bundespressekonferenz, die nach ihrer jeweiligen Wahl einen Antrittsbesuch beim Bundespräsidenten zu machen hatten, ließ sie eines Tages vor diesem Besuch mitteilen, sie möchten anschließend mit dem Rükken zur Tür das Empfangszimmer wieder verlassen. Wahrscheinlich hatte sie bei einem Staatsbesuch gelernt, daß einem Königspaar von keinem Menschen die Hinterseite gezeigt werden durfte, und wollte diese Sitte in Bonn einführen, wo nach ihrer Meinung der Bundespräsident als Staatsoberhaupt wie ein Monarch behandelt werden sollte.

Immer häufiger wurden Staatsbesucher in Bonn empfangen, und Wilhelmine Lübke kümmerte sich mit Hingabe darum. Sie hatte schon sehr frühzeitig, nachdem Heinrich Lübke 1953 Bundesminister für Ernährung, Landwirtschaft und Forsten geworden war, am gesellschaftlichen Leben in Bonn teilgenommen, vor allem an den Parties, die von den Frauen der Diplomaten aus den USA, Großbritannien und Frankreich veranstaltet wurden. Als ihr Mann dann Bundespräsident geworden war, lud sie selbst die Ehefrauen der ausländischen Botschafter in die Villa Hammerschmidt ein und freute sich, daß sie keinen Dolmetscher brauchte, um sich mit allen Gästen zu unterhalten.

Nur zu den Diplomatenjagden hat Wilhelmine Lübke den Bundespräsidenten nicht begleitet. Heinrich Lübke war kein Jäger, aber er nahm am Rande an der traditionellen alljährlichen Jagd für die Diplomaten teil, ging ohne Gewehr durch das Staatsrevier Geisterholz bei Oelde in Westfalen spazieren, empfing die Leiter der fünf Oelder Schulen und gab jedem dreihundert Mark für seine Schule.

Bei den Staatsempfängen in der Godesberger Redoute oder im Schloß Augustusburg in Brühl bei Bonn wirkte Wilhelmine Lübke stets wie eine Gastgeberin, die über jeden Besucher hocherfreut ist, so fremd er auch sein mag. 1960 kam der Staatspräsident Frondizi aus Argentinien und konnte glänzend empfangen werden, denn das Schloß Augustusburg mit seiner schönen Balthasar-Neumann-Treppe, das im Krieg beschädigt worden war, war wiederhergestellt worden. Der zweihundertste Todestag seines Erbauers, des Kölner Kurfürsten Clemens August, wurde mit einer Gemälde-Ausstellung gefeiert.

Nicht im Schloß, sondern in der neuen Bonner Beethovenhalle empfingen die Lübkes 1961 den Staatspräsidenten von Pakistan, Feldmarschall Mohammad Ayub Khan, der krank war, als er auf dem Flughafen aus dem Flugzeug stieg. Wilhelmine schlug sofort vor, ihn ins Krankenhaus zu bringen, aber das Protokoll bestand auf vollem Programm, und der Chef des Protokolls verursachte dabei auch noch Auseinandersetzungen zwischen Bundesverteidigungsministerium und Auswärtigem Amt, weil es nur einen einzigen Bundeswehrgeneral zum Empfang eingeladen hatte. Die Pakistani machten klar, daß sie andere Protokollvorschriften hatten: Bei ihrem Gegenempfang in der Godesberger Redoute waren zwölf Bundeswehrgenerale unter den Gästen.

Das größte Fest, das Bonn bis dahin gefeiert hatte, fand im September 1962 für Frankreichs Staatspräsidenten Charles de Gaulle statt. Zu seinen Ehren hatten der Bundespräsident und seine Frau zweitausend Gäste im Schloß Augustusburg versammelt. Ungefähr doppelt so viele Polizisten und Kriminalbeamte, letztere zum Teil im Frack, waren aufgeboten worden, um die Sicherheit des Gastes zu garantieren, der vermutlich in seinem eigenen Land gefährdeter war als in Deutschland. Die Rheinländer mit ihrem schönen Spruch »Mer jonn jetz jubele« waren begeistert von de Gaulle, der endlich einmal die Deutschen gelobt hatte, und manche nannten ihn »Napoleon den Fünften«. Auf die Frage: Wieso nicht den Vierten, den es auch noch nicht gab, hieß es: Ein so großer Mann wie de Gaulle braucht zwei Nummern. Zum Abschluß des Festes wurde zum ersten Mal der Große Zapfenstreich zelebriert – wenn auch im Regen.

Zweimal begrüßten die Lübkes Staatsgäste, die während der Amtszeit des Bundespräsidenten Heuss schon einmal nach Bonn gekommen waren. Einer davon als erster Staatsbesucher überhaupt im Jahre 1954: Kaiser Haile Selassie von Äthiopien, der damals Sohn und Schwiegertochter mitgebracht hatte – »ein Häutle wie Samt«, sagte Bundestagsvizepräsident Carlo Schmid begeistert über die Prinzessin. Der andere, der 1955 zum ersten Mal eingetroffen war, war Mohammed Reza Pahlevi von Persien mit seiner Frau Soraya, Tochter einer deutschen Mutter. Empört beschwerten sich die Perser damals über zahlreiche Soraya-Artikel in deutschen Illustrierten, und die Bundesregierung dachte allen Ernstes daran, ein Gesetz gegen unerwünschte Berichterstattung über gekrönte Häupter zu erlassen. Die Presse protestierte, einig wie selten, gegen die »Lex Soraya«, und so wurde der Entwurf im Papierkorb abgelegt.

Der persische Schah kam zwölf Jahre später mit einer neuen Frau, Farah Diba, nach Bonn. Wilhelmine Lübke bemühte sich, als sorglose Gastgeberin zu erscheinen. Daß sie ihren Mann beim abendlichen Defilee ein wenig schubsen mußte, weil er einen Fuß auf die Schleppe der Kaiserin gestellt hatte, war eine Kleinigkeit. Aber die Stimmung sank unter den Nullpunkt durch die Nach-

Bundespräsident Heinrich Lübke und Wilhelmine Lübke 1961, zwei Jahre nach seiner Wahl zum Staatsoberhaupt.

richten aus Berlin, wo es zu heftigen Prügeleien zwischen Demonstranten und »Jubelpersern« gekommen war und später der Student Benno Ohnesorg erschossen wurde. Viele Bundesbürger wollten nichts mehr von Gepränge für den Schah hören und übten harte Kritik, als bekannt wurde, daß eine von Farah Diba in Hamburg vergessene Handtasche mit einem Hubschrauber der Bundeswehr nach Bonn geholt worden war. Daß beide Zweitbesucher, Haile Selassie und der Schah von Persien, später in ihren eigenen Ländern gestürzt würden, konnte niemand ahnen.

Zum größten Ereignis wurde 1965 der Besuch der englischen Königin, mit vollem Namen »Elisabeth die Zweite, von Gottes Gnaden Königin des Vereinigten Königreichs von Großbritannien und Nordirland und ihren anderen Reichen und Territorien, Haupt des Commonwealth, Verteidigerin des Glaubens«. Mindestens so beeindruckt wie vom Titel war Wilhelmine Lübke und mit ihr mancher, der die Königin zu Gesicht bekam, von ihrem Aussehen. Sie sah in Natura viel attraktiver aus als auf Fotos oder im Fernsehen, zarter und zierlicher, von strahlender Haut und ungezwungenem Lächeln. Fast dreitausend Gäste waren an diesem Maienabend im Schloß Augustusburg dabei und bewunderten die Königin und ihren feschen Prinzgemahl Philip. Beim Gegenempfang, den Elisabeth II. im Hotel Petersberg gab, konnte Wilhelmine Lübke eine Reihe von Gästen kennenlernen, die auf ihrer eigenen Gästeliste nicht gestanden hatten: deutsche Prinzen und Prinzessinnen, alle mit dem englischen Königshaus verwandt. Vor diesem Gegenempfang der Königin hatte Bundespräsident Lübke um Einblick in die britische Gästeliste gebeten. Die britische Botschaft erfüllte den ganz unüblichen Wunsch, Lübke fand auf der Liste den Namen Rudolf Augstein und teilte mit, wenn der Herausgeber des »Spiegels« komme, würden der Bundespräsident und seine Frau ebenso wie Altkanzler Konrad Adenauer nicht erscheinen. Augstein, dem die Lizenz für den »Spiegel« kurz nach dem Kriege von der britischen Militärregierung erteilt worden war, wurde von der Gästeliste gestrichen.

Wilhelmine Lübke hat nie geleugnet, daß es ihr Spaß machte zu repräsentieren. Bundeskanzler Adenauer sah sich einmal bemüßigt, ihr unverblümt zu sagen, nicht sie sei ins Amt des Bundespräsidenten gewählt worden, sondern Heinrich Lübke. Der damit ausgedrückte Tadel, sie dränge sich vor ihren Mann, war ungerecht, denn Wilhelmine Lübke sorgte mit dem eigenen Einsatz dafür, daß nicht allzu sehr zutagetrat, wie unbeholfen ihr Mann sich im gesellschaftlichen Leben bewegte.

Was beide Lübkes gern und mit großem Eifer unternahmen, waren die Staatsreisen in ferne Länder, auch in die ärmsten, in denen der Aufenthalt alles andere als komfortabel war. Auch arme Entwicklungsländer pflegen Orden zu verteilen, und so waren die Lübkes am Ende der Amtszeit so üppig damit geschmückt wie kein Bundeskanzler und kein Bundespräsident vor oder nach ihnen. Heinrich Lübke besaß 51 Orden der allerhöchsten Stufe, und Frau Wilhelmine hat es auf 26 Großkreuze gebracht. Die Orden waren eine Begleiterscheinung von Staatsbesuchen in 36 Ländern. Frankreich stand als erstes Land auf dem Programm, aber schon 1962 fuhr das Bundespräsidentenpaar nach Liberia, Guinea und Senegal, anschließend nach Pakistan, Thailand und Indien. Die längsten Flüge brachten sie nach Japan und Chile, die letzte Reise an die Elfenbeinküste, nach Nigeria und Tschad – Länder mit feuchtheißem Klima, das Europäern besonders zusetzt. Vor allem mit Reisen in Entwicklungsländer haben die Lübkes zum Ansehen der Bundesrepublik beigetragen und zu Hause das Verständnis für Entwicklungshilfe gefördert, das damals noch unterentwickelt war.

In jedem Land, das sie besuchten, blieben die Lübkes fünf Tage, nicht nur in den Hauptstädten, sondern auch in anderen wirtschaftlichen und kulturellen Zentren des Landes, führten Gespräche mit den Regierenden und den Regierten und auch mit den Deutschen, die es überall auf der Welt gibt. Meist wurden sie vom Bundesaußenminister, später manchmal vom Entwicklungshilfeminister begleitet, und jeder Mitreisende stellte fest, daß Heinrich und Wilhelmine durch ihr stets gemeinsames Auftreten und auch durch ihr hohes Alter großen Eindruck machten. In der Fremde schien es den Menschen zu gefallen, daß der würdevolle weißhaarige Bundespräsident meist schwieg, während seine frisch und munter wirkende sprachgewandte Frau das Wort führte.

Die Kommuniquees über die Staatsbesuche wurden schon vor der Reise zwischen der Bundesregierung und der Regierung des besuchten Landes vereinbart. Als die Lübkes, begleitet vom damaligen Entwicklungshilfeminister Wischnewski, 1967 auf einer großen Asienreise Südkorea, Malaysia, Thailand, Nepal und Afghanistan besuchten, kam es auf der letzten Station zu Schwierigkeiten. Heinrich Lübke war mit dem zuvor vereinbarten Kommuniquee nicht zufrieden, sondern verlangte, daß ihm der Satz eingefügt werde: »Das Volk von Afghanistan wird seinen Dank für die deutsche Hilfe durch seine Haltung in der deutschen Frage zum Ausdruck bringen.« Der König von Afghanistan konnte einem solchen, gegen den Ostblock gerichteten Satz nicht zustimmen, denn die deutsche Entwicklungshilfe betrug nur zehn Prozent der sowjetischen, und es war schon anerkennenswert, daß das Land mit seiner langen Grenze zur Sowjetunion keine diplomatischen Beziehungen zur DDR aufgenommen hatte. Wischnewski machte dem Bundespräsidenten die Lage klar, aber Lübke beharrte auf seinem Wunsch und ging allein zum afghanischen Ministerpräsidenten, um seinen Satz durchzusetzen. Der Dolmetscher kam verzweifelt zu Wischnewski, dem schließlich nichts anderes übrigblieb, als Lübke mitzuteilen, wenn er auf seinem Vorhaben bestehe, werde er als Vertreter der Bundesregierung mit dem nächsten Flugzeug das Land verlassen. Wilhelmine Lübke stellte sich auf Wischnewskis Seite und redete ihrem Mann so lange zu, bis er endlich nachgab. Zwei Tage nach der Rückkehr in die Bundesrepublik entschuldigte sich Lübke brieflich bei Wischnewski für sein starrköpfiges Verhalten.

Wilhelmine Lübke mußte bekümmert feststellen, daß gerade junge Menschen den Bundespräsidenten oft verspotteten. Umso mehr freute sie sich, als es einmal ein Treffen mit gutem Ausgang gab. Als Heinrich Lübke mit jungen Entwicklungshelfern in ihrer Schule im Schloß Wächtersbach diskutierte, grinsten sie abfällig, als er sie fragte, was sie zu tun gedächten, wenn ihnen die Menschen anderer Kulturen einfach nicht glauben wollten. Sie seien doch keine Theologen, wandten sie ein. Aber der Bundespräsident blieb beim Thema und machte ihnen klar, daß es nicht genüge, die eigene Technik anderen überzustülpen. Wenn man die Menschen nicht von der Richtigkeit neuer Wege überzeugen könne, würde es Entwicklungsruinen geben, nachdem die Helfer das fremde Land verlassen hätten. Da blieben die jungen Leute bei der Sache, und es war ihnen anzumerken, daß sie den Bundespräsidenten mit anderen Augen ansahen.

Ob Wilhelmine Lübke ihren Mann auch bei seinen wiederholten Bemühungen unterstützt hat, eine große Koalition zustandezubringen, ist nicht bekannt. Jedenfalls hat sie nie darüber geredet. Vermutlich hat sie ihn eher zur Vorsicht ermahnt, wenn auch ohne Erfolg. Denn Heinrich Lübke versuchte immer wieder auf verschiedenen Wegen, die SPD in die Regierung einzubeziehen, obwohl solche Vorhaben keineswegs zu seinen Amtsbefugnissen gehörten. 1961 hatte er gehofft, wenigstens eine Allparteienregierung errichten zu können. 1965 bemühte er sich schon vor der Bundestagswahl um die Vorbereitung einer großen Koalition, und dabei wurde er sogar von Altkanzler Konrad Adenauer unterstützt, der auf diese Weise seinen ungeliebten Nachfolger Ludwig Erhard auszuschalten hoffte. Als Erhard aber diese Wahl gewann und als Kanzler nicht zu verhindern war, forderte Adenauer den Bundespräsidenten sogar brieflich auf, auf keinen Fall Gerhard Schröder wieder zum Bundesaußenminister zu ernennen. In seinem Handschreiben behauptete Adenauer, wenn Schröder Außenminister bleibe, werde sich de Gaulle von der Bundesregierung abwenden, deren einziger guter Freund er doch sei. Lübke wäre Adenauers Rat auch aus eigenem Antrieb gern gefolgt, aber der Präsident des Bundesverfassungsgerichts, Gebhard Müller, machte ihm klar, daß er mit der Ablehnung der von Bundeskanzler Erhard vorgeschlagenen Ernennung Schröders einen Verfassungsstreit heraufbeschwören und verlieren würde. Lübke mußte nachgeben, die kleine Koalition blieb bestehen. Daß es ein Jahr später doch zur Koalition aus CDU/CSU und SPD kam, geschah ohne Lübkes Zutun.

Im April 1967 starb Konrad Adenauer und wurde mit einem großen Staatsbegräbnis geehrt. 25 Staatsoberhäupter kamen zur kirchlichen Trauerfeier in den Kölner Dom. Dorthin konnte Wilhelmine Lübke den Bundespräsidenten nicht begleiten. Wäre sie neben ihm gewesen, hätte sie wohl den peinlichen Zwischenfall verhindert, daß Heinrich Lübke, zwischen US-Präsident Johnson und Frankreichs Präsident de Gaulle stehend, vergeblich versuchte, die Hände dieser beiden Männer ineinanderzufügen.

Weil solche unliebsamen Begebenheiten sich häuften und sein Altersstarrsinn ihn immer eigensinniger machte, versuchten CDU/CSU-Kreise, Heinrich Lübke zwei Jahre vor dem Ende seiner Amtszeit zum Rücktritt zu bewegen. Aber der Bundespräsident weigerte sich, und seine Frau stand ihm bei der Abwehr dieses Vorschlags energisch zur Seite. Beide waren fest entschlossen, auch die zweite Amtsperiode ungebeugt durchzustehen.

Wie zum Beweis dieser Absicht nahmen die Lübkes auch 1967 am Bundespresseball teil. Der Ball, der als Höhepunkt des gesellschaftlichen Lebens in Bonn gilt, wird von der Bundespressekonferenz ausgerichtet. Ihr Vorsitzender eröffnet ihn mit einem Walzer mit der Frau des Bundespräsidenten. Wilhelmine tanzte immer noch leidenschaftlich gern und ließ keinen Tanz aus – für eine alte Dame von 82 Jahren wahrhaftig eine Leistung –, während Heinrich Lübke versteinert an seinem Ehrentisch im großen Saal der Beethovenhalle saß. Großen Andrang an diesem Tisch gab es nicht, denn in diesem Jahr gehörte Bundeskanzler Kurt Georg Kiesinger zum ersten Mal zu den Ehrengästen des Bundespresseballs und stand im Mittelpunkt des Interesses. Einige ausländische Diplomaten sagten den Lübkes guten Abend, und einer von ihnen nannte Wilhemine eine »unbezahlte und unbezahlbare Botschafterin der Bundesrepublik«, weil sie mit jedem von ihnen in seiner eigener Sprache spreche.

Die Spekulationen über einen Rücktritt des Bundespräsidenten flammten immer wieder auf. Schließlich erklärte Heinrich Lübke an seinem 74. Geburtstag, er werde einige Zeit – einen genauen Termin nannte er nicht – vor dem regulären Ablauf seiner Amtszeit zurücktreten, damit die Wahl seines Nachfolgers nicht in den Bundestagswahlkampf 1969 hineingerate. So wurde Gustav Heinemann im März 1969 zum neuen Bundespräsidenten gewählt. Die Lübkes zogen nicht ins Sauerland und auch nicht in ihr geliebtes Berlin, sondern blieben in dem Haus auf dem Bonner Venusberg wohnen, das sie vor vielen Jahren erworben hatten. Man sah und hörte nichts mehr von ihnen, wenn sie auch noch einige wenige Diplomaten-Empfänge besuchten. Im April 1972 starb Heinrich Lübke im Alter von 77 Jahren.

Wilhelmine Lübke vergrub sich nicht ins Witwendasein, sondern kümmerte sich, kerngesund, wie sie immer noch war, um Nachbarn und Freunde, nahm teil am gesellschaftlichen Leben und ging auf Reisen. Ihren 90. Geburtstag beging sie 1975 mit großer Gala und konnte unter ihren Gästen auch den Nach-Nachfolger ihres Mannes, Bundespräsident Walter Scheel, mit Frau Mildred begrüßen. Auch auf dem Bundespresseball desselben Jahres tanzte sie wieder und unterhielt sich zwischen zwei Tänzen, ein Glas Sekt in der Hand, angeregt mit Bundeskanzler Helmut Schmidt.

In den siebziger Jahren nahm Wilhelmine Lübke auch an einer Studienreise nach Israel teil, wo die Vielgereiste noch nie gewesen war. Eine Teilnehmerin dieser Reise erinnert sich, daß mit Frau Lübke sehr gut auszukommen war. Sie verlangte absolut keine

Privilegien, ordnete sich bescheiden ein und gab zu, daß sie vieles nicht wußte, beispielsweise keine Ahnung von Kibuzzim hatte. Sie sei eine interessante Mischung aus Sprachgewandtheit und Naivität gewesen, dazu auf sympathische Weise neugierig wie ein Schulkind. Auch auf dieser Reise hat ihre Konstitution nicht entfernt ihrem Alter entsprochen: Sie kam als erste zu Fuß auf dem steilen Felsen der Festung Massada an, und sie sprang danach als erste ins Rote Meer.

Wilhelmine Lübke starb am 3. Mai 1981 im Alter von fast 96 Jahren. Danach geriet sie schnell in Vergessenheit. Als eine Touristin vor kurzem im Stadtplan von Bonn den Vermerk »Wilhelmine-Lübke-Haus« entdeckte und dieses Haus in der Annahme aufsuchen wollte, vielleicht ein kleines Museum vorzufinden, kannten weder der Busfahrer noch einige befragte Bonner die Adresse. Endlich kam sie doch ans Ziel und stellte fest, daß das Wilhelmine-Lübke-Haus ein ganz normales Altersheim ist.

Am Hager Weg 69 haben die Lübkes gewohnt. Im Nebenhaus 69a, beim Pfarrer der Auferstehungskirche, steckte vor einiger Zeit ein Brief der Stadtsparkasse im Briefkasten, wie er an die Eltern aller Kinder verschickt wurde, die nach dem 31.12.78 geboren wurden, mit Vorschlägen für eine Versicherung. Dieser Brief war an die Mutter von Wilhelmine Lübke gerichtet, die tatsächlich nach dem 31.12.78 geboren wurde – allerdings im vorigen Jahrhundert.

Luise Erhard

Von Ada Brandes

Die 60er Jahre: Deutschland gilt wieder was in der Welt. Die Repräsentanten der Bundesrepublik reisen zu den befreundeten Nationen und kommen dort in den Genuß aller protokollarischen Ehren. Auch in Bonn stellen sich hochrangige Vertreter fremder Staaten zu Hauf ein und werden mit dem Zeremoniell gefeiert, das einem demokratischen Gemeinwesen angemessen erscheint.

Lange Jahre hindurch hatte dies die Protokollbeamten regelmäßig ins Schwitzen gebracht: Im Bundepräsidialamt residierten Theodor Heuss, im Bundeskanzleramt Konrad Adenauer, beides Witwer – es fehlte an Gattinnen.

Aber seit dem Sommer 1959 ist Heinrich Lübke Bundespräsident, kräftig unterstützt von seiner gescheiten und gebildeten Frau Wilhelmine. Und am 16. Oktober 1963 wählt der Deutsche Bundestag einen neuen Bundeskanzler, den zweiten in der Geschichte der Bundesrepublik Deutschland : Ludwig Erhard, bis dato Wirtschaftsminister und Vizekanzler, löst Konrad Adenauer ab. Erhard ist gottlob verheiratet.

In Bonn gibt es zu dieser Zeit ein überschaubares, festgefügtes Pressecorps mit genau aufgeteilten Bereichen. Zeitungen, die auf sich halten, halten sich in Bonn auch einen Gesellschafts-Korrespondenten – eine inzwischen fast ausgestorbene Spezies. Meist ist dieser Korrespondent eine Korrespondentin – bis auf einige wenige Ausnahmen ist das »Gesellschaftliche«, das »Bunte« das einzige Gebiet, auf dem sich Journalistinnen betätigen dürfen. Die Gesellschafts-Berichterstatterin hat über die Empfänge der Diplomaten und die Schneider der Prominenten zu berichten, sie hat mit den beliebtesten Wirtinnen der Regierenden und den bösesten Tratschtanten der Fraktionen auf gutem Fuß zu stehen. Sie hat zu ahnen, was die Leser über das Leben der Polit-Prominenz wissen wollen, und sie hat dem Städtchen Bonn einen Hauch von großer Welt zu verleihen.

Unter diesen Gesellschafts-Korrespondenten bricht helles Entzücken aus über den Kanzlerwechsel: Endlich eine »Gattin« ganz oben, endlich eine Kanzlergattin, eine »Frau an seiner Seite«, Material für viele Artikel! Natürlich ist Luise Erhard als Frau des Wirtschaftsministers schon längst keine Unbekannte mehr in Bonn. Man hat einige Daten aus ihrer Biographie im Kopf, man weiß, daß die Eheleute einander seit Kindheitstagen kennen, man hat von Luises akademischer Ausbildung gehört. Man kennt sie

als eine ältere Dame, die sehr uneitel ist und sehr zurückgezogen lebt. Jemand, der sich schlecht zum Mittelpunkt von Ballberichten oder Artikeln über Staatsempfänge machen läßt.

Aber sie ist die Gattin des neuen Bundeskanzlers – und so biegt man sich das, was man über Luise Erhard weiß, solange zurecht, bis sich verwertbare Klischees ergeben: »Lu« (Luise) und »Lulu« (Ludwig) – eine im Sandkasten gegründete Freundschaft, eine Kinderliebe, die nun schon mehr als sechs Jahrzehnte hält ... Luise, das Hausmütterchen, das den Zigarren-Konsum des »Dikken« kontrolliert und ihm das nötige Basiswissen über den Preis von Butter und Blumenkohl vermittelt. Die Bescheidene, die Zurückhaltende, die vortreffliche Mutter und leidenschaftliche Großmutter...

Die »Kasseler Post« weiß zu berichten: »Ihre Freunde sprechen vom idealen Ehepaar. Sie meinen, die Erhards seien ein Musterbeispiel dafür, daß Musterehen solide Grundlagen haben müßten. Luise Erhard ist eine perfekte Hausfrau, mütterlich, charmant, selbstsicher und praktisch. Sie spielt Skat und weiß ihrem Mann seine Lieblingsgerichte Pichelsteiner oder Linsen zu kochen...« Und laut »Volkszeitung« bummelt Luise Erhard vorzugsweise über den Bonner Marktplatz, und Erhard selbst »preist seine Frau als vorzügliche Köchin. Sie bereitet zwar keinen Hummer, bei ihr steht auch nur höchst selten Kaviar auf dem Küchenzettel. Beide lieben Hausmannskost: Pichelsteiner ist die Spezialität der künftigen Kanzler-Gattin. Frau Erhard verrät: Man nehme...«

Eine andere Journalistin stellt an den Anfang ihres Artikels die tiefsinnige Frage: »Wer ist diese Frau, die an der Seite des neuen Kanzlers lebt?« und beginnt ihre Schilderung einer Visite bei Luise Erhard mit der spannenden Tatsache, daß die Besucherin gebeten wird, ein wenig zu warten. »Frau Erhard ist beim Friseur. Welche Frau hätte nicht Verständnis dafür, daß der Besuch beim Friseur eine wichtige frauliche Unternehmung ist und daß es dabei leicht zu nicht voraussehbaren Verzögerungen kommen kann?« Manchmal versucht Luise Erhard, sich gegen solche Klischees zu wehren. Journalisten, die aus ihr herausfragen wollen, daß sie – das bescheidene Hausmütterchen – den modernen Kanzler-Bungalow aus Stahl und Glas so ganz und gar nicht »gemütlich« finde, fertigt sie mit der Auskunft ab, ihr gefalle das neue Domizil, »schließlich sind wir moderne Menschen!« Und der Journalistin mit dem innigen Verständnis für »wichtige frauliche Unternehmungen« diktiert sie in den Block: »Es stimmt gar nicht, daß mein Mann zum Kochlöffel greift und abends die Küche unsicher macht. Ich weiß nicht, wo die Journalisten das her haben. Es stimmt auch nicht, daß ich vor allem Hausfrau und eine tüchtige Köchin sei. Ich bin froh, daß wir eine Hilfe haben, die mir das Kochen abnimmt, sie kann es ausgezeichnet.«

Einmal entspinnt sich eine Diskussion mit Journalisten über die Berufstätigkeit von Frauen. Frauen hätten es schwerer, sich durchzusetzen, wird beklagt, und der Vorstoß in Spitzenfunktionen gelinge ihnen ganz selten. »Wenn man sich erst an die berufstätige Frau gewöhnt hat, wird es besser gehen«, sagte da Luise Erhard. »Schon die Frauen der nächsten Generationen werden mehr erreichen.«

Hilde Purwin, eine der ganz wenigen politischen Korrespondentinnen in Bonn, wittert in der Kanzler-Gattin eine Gleichgesinnte: »Von der Kinder-Küche-Kirche-Devise für die Frauen hält Luise Erhard nichts. Sie hofft, daß auch in der Politik das weibliche Element stärker wird.« Die Journalistin setzt hinzu: »Wir werden es ja erleben: Sollten von Kanzler Erhard mehr Frauen als bisher an den Schalthebel der Politik herangelassen werden, dann hat wahrscheinlich im stillen der Einfluß von Luise Erhard mitgewirkt.«

Der Einfluß ist wohl nicht groß genug gewesen. Aber vielleicht hätte Luise Erhard, wäre sie ein Mitglied jener »nächsten Generation« gewesen, für sich selber mehr erreicht als den zweifelhaften Ruhm, nichts weiter als »die Frau an seiner Seite« gewesen zu sein.

Zweifellos war sie eine ungewöhnliche Frau mit herausragenden Begabungen – Begabungen, von denen sie, ob nun aus Bescheidenheit oder Selbstbewußtsein oder beidem, öffentlich nichts hermachte.

Luise Erhard, geborene Lotter, verwitwete Schuster, ist am 18. April 1893 in Fürth auf die Welt gekommen. Die Lotters sind eine alte Fürther Familie, die schon in Urkunden um 1400 erwähnt wird. Und seit Generationen sind die Lotters Lebküchner gewesen. Als die Lebkuchen-Fertigung um 1900 überall auf Maschinen-Betrieb umgestellt wird, verlieren die Eltern den Geschmack am alten Gewerbe und gründen eine Ziegelei. Luise hat noch zwei jüngere Geschwister, einen Bruder und eine Schwester. Der Vater stirbt früh, die Mutter steht mit den drei halbwüchsigen Kindern allein da. Aber sie ist eine starke Frau und führt die Ziegelei weiter.

In späteren Jahren gehören Anekdoten über die Großmutter zu den beliebtesten Geschichten unter den Lotter-Kindern. Die Geschichte vom Streik zum Beispiel. Als eines Tages die Ziegelei-Arbeiter beschlossen zu streiken, soll Großmutter Lotter gesagt haben: »Ja, wenn die nicht arbeiten wollen, dann machen wir das halt selber.« Und dann soll sie mit den drei Kindern in den Betrieb gegangen sein und sich an die Brennöfen gestellt und geschuftet haben. Den draußen herumstehenden Arbeitern sei das ziemlich unangenehm gewesen – am nächsten Tag hätten sie jedenfalls alle wieder an ihrem Arbeitsplatz gestanden.

Luise besucht das Mädchengymnasium in Nürnberg. Sie liebt diese Schule, sie lernt gern, auch als erwachsene Frau spricht sie noch viel und gut über die Schulzeit, die Lehrer und die Klassen-Reisen, das sei eine wunderschöne Zeit gewesen, die schönste ihres Lebens, sagt sie später immer wieder.

Bald nach dem Abitur lernt Luise den promovierten Juristen Friedrich Schuster kennen. Im April 1914 – Luise ist 21 Jahre alt – heiraten die beiden. Kurz nach Ausbruch des Krieges wird Schuster eingezogen und fällt noch im selben Jahr an der Westfront. Im Mai 1915 wird das Kind der beiden geboren, das Töchterchen Eleonore, genannt »Lore«.

Eleonore hat offenbar viel von der seelischen und körperlichen Robustheit geerbt, die Großmutter und Mutter auszeichneten. Noch 1997 erinnert sich die 82jährige lebhaft der Mutter, schildert sie plastisch und drastisch, mit Zuneigung und Respekt, aber auch mit einer gewissen kritischen Distanz.

Luise hat in ihrer kurzen Ehe in Würzburg gelebt. Nach dem Tode Friedrich Schusters kehrt sie zusammen mit dem Baby zurück zur Mutter nach Fürth. Die Lotters haben ihr Haus in der Sternstraße, gegenüber wohnt die Familie Erhard. Tochter Lore: »Es wurde ja immer geschrieben, daß das schon eine Kinderfreundschaft mit Ludwig Erhard gewesen sei. Das ist Quatsch. Er war ja vier Jahre jünger, und Kinder mit einem Altersunterschied von vier Jahren, die spielen kaum miteinander. Paul, der jüngere Bruder meiner Mutter, der hat mit dem Lulu gespielt. Und meine Mutter war mit Lulus Schwester Rosi befreundet, die sind auch zusammen zur Schule gegangen.«

Luise, die junge Witwe und Mutter, will wieder lernen. Sie läßt Lore in der Obhut der Großmutter Lotter und geht nach Nürnberg, wo sie sich auf der Handelshochschule anmeldet. Dort nun trifft sie Ludwig Erhard wieder, der den Ersten Weltkrieg von 1916 bis 1918 als Artillerist mitgemacht hat und bei Ypern verwundet wurde. Gemeinsam absolvieren sie die fünf Semester, 1923 machen sie zur selben Zeit ihr Diplom.

In einem Zeitungsbericht aus dem Jahr 1963 über die Ehefrau des neuen Bundeskanzlers wird Luise Erhard mit den Worten zitiert: »Oft konnte ich die Arbeiten und Referate des Studienkollegen bewundern, die nicht nur von Fleiß, sondern auch von eigener Denkarbeit zeugten.«

Sollten diese gestelzten Worte wirklich gefallen sein, so stellen sie ein etwas zweifelhaftes Kompliment dar. Tochter Lore weiß: »Meine Mutter hat ein viel besseres Examen gemacht, das hat sie oft lachend erzählt. Aber es stimmt, sie hat den Lulu immer bewundert, weil er das alles so intensiv in sich aufgenommen hat – und sie, naja, sie hat das so nebenbei gelernt und trotzdem das bessere Examen gemacht. Aber damals gab es nur sehr wenige Frauen auf der Uni, und es hat den Professoren sehr imponiert, daß meine Mutter als Kriegerwitwe sich nochmal auf die Schulbank setzte. Sie hat immer erzählt, daß die Professoren schrecklich nett zu ihr waren und sie sehr bevorzugt haben.«

Kurz nach dem Examen heiraten Luise und Ludwig. Die Familie Lotter ist alles andere als entzückt über diese Ehe. In ihren Augen ist Ludwig Erhard immer noch der Nachbarsjunge – und mit seinen 26 Jahren sowieso viel zu jung für die 30jährige Luise. Zur Zeit der Eheschließung ist er nichts anderes als ein Habenichts mit Diplom. Familie Erhard war mit ihrem Textilwarengeschäft nämlich pleite gegangen, Anlaß genug, daß sie von den anderen Fürther Geschäftsleuten geschnitten wurden. Ludwig Erhard allerdings hat diese Pleite immer als großes Glück seines Lebens bezeichnet – nur durch den Zusammenbruch des väterlichen Weißwarenhandels habe er den Mut gehabt, eine andere Laufbahn als die eines kleinen Kaufmanns einzuschlagen.

Luises Tochter Lore ist zur Zeit der Heirat acht Jahre alt – auch sie hat so ihre Vorbehalte gegen den neuen Mann ihrer Mutter: »Ja, ich fand ihn nett und mochte ihn gern. Aber er war ja so furchtbar jung! Ich habe mir schon einen Vater gewünscht damals, aber ich hatte da ganz andere Vorstellungen: ein Vater mußte einen Bart haben und was Besonderes sein! Erhard als ›Vater‹ ansprechen – also, das war mir was Furchtbares.«

Das junge Ehepaar geht nach Frankfurt am Main, wo Ludwig Erhard Betriebswirtschaft, Nationalökonomie und Soziologie studiert und 1924 seine Studien mit der Promotion abschließt. Titel seiner Doktorarbeit: »Die Bedeutung der Welteinheit.«

Die Zeiten sind schlecht, Erhards schlagen sich mit dem kümmerlichen Gehalt von 150 Mark im Monat durch, das er als kaufmännischer Angestellter verdient. Lore: »Zum Glück bekam ich eine Halbwaisenrente. Ludwig Erhard hat mich ja nie adoptiert – wahrscheinlich aus diesem Grund.«

Es geht aufwärts, als Erhard 1928 Assistent am »Institut für Wirtschaftsbeobachtung der deutschen Fertigware« wird, dem er bis 1942 treu bleibt. Aber das Familienleben bleibt bescheiden. 1926 ist die Tochter Elisabeth geboren worden, an eine Berufstätigkeit Luises ist nicht zu denken – für eine Ehefrau und zweifache Mutter wäre das auch ganz und gar unüblich gewesen. »Das waren ganz andere Zeiten, da war auch diese furchtbare Arbeitslosigkeit, und da hatte es ja Ludwig Erhard schon schwer, etwas zu kriegen«, erzählt Lore. Und wenn es einem pekuniär schlecht geht, dann hat die Frau ja genug zu Hause zu tun. Meine Mutter hat zum Beispiel alle meine Kleider genäht, ich war ja schon in dem Alter, wo ich ein bißchen nett aussehen wollte – das hat sie fabelhaft gemacht!« Ob es der Mutter leid getan habe, nicht berufstätig sein zu können, das wisse sie nicht, das sei kein Thema gewesen. »Allerdings Großmutter Lotter – die war immer sehr dafür, daß meine Mutter sich in der Ziegelei betätigt hätte!« Aber das sei für die Mutter nicht in Frage gekommen, und Luise habe immer das getan, was sie für richtig hielt. Sie sei stark gewesen und »sehr energisch. Wir hatten alle sehr großen Respekt vor ihr – auch der Ludwig Erhard! Das weiß niemand, aber das war so.«

Ja, Luise ist offenbar der dominierende Partner in dieser Verbindung. Aber sie ist auch loyal – und mehr als das. Sie akzeptiert Erhards Überzeugung, für eine akademische Laufbahn bestimmt zu sein, sie widerspricht deshalb auch nicht, als er verlockende Angebote ausschlägt, als er zum Beispiel ablehnt, Lehrer an einer Handelsschule zu werden, was die wirtschaftliche Bedrängnis der Eheleute sehr gemildert hätte. »Erhard wußte immer genau, was er wollte, und meine Mutter hat ihn niemals zu etwas anderem gedrängt, sie hat ihm im Gegenteil den Rücken gestärkt«, weiß Lore.

Im Institut rückt Erhard zum Abteilungsleiter auf, die Lage der kleinen Familie bessert sich. Allerdings erfüllt sich Erhards Erwartung, nach dem Rückzug des Instituts-Leiters Prof. Wilhelm Vershofen dessen Nachfolger zu werden, nicht – im Unfrieden verläßt Erhard 1942 das Institut. Mit Unterstützung der Industrie gründet er ein eigenes Forschungsinstitut, das allerdings nur aus ihm selbst und seiner Sekretärin besteht und das im wesentlichen von der Leitung der »Reichsgruppe Industrie« finanziert wird. Luises Tochter Eleonore hat wenig präzise Erinnerungen daran, was die Eheleute Erhard über das Nazi-Regime sprachen. Aber »sie waren hundertprozentig dagegen«, meint sie pauschal. Sie selber sei als junges Ding von der braunen Bewegung begeistert

Luise und Ludwig Erhard an ihrem oberbayerischen Wohnsitz Rottach-Egern am Tegernsee, 1963.

gewesen und hätte »gerne mitgemacht«. Die Mutter aber habe das verboten, sie und Ludwig Erhard seien davon überzeugt gewesen, »daß das mit Hitler schief gehen würde.«

1944 verfaßt Erhard die berühmte Denkschrift, die der Ausgangspunkt seiner späteren Karriere wird. Es geht dabei um die Finanzierung des Krieges und die daraus resultierenden währungspolitischen Folgen. Erhard-Biographen weisen darauf hin, daß der Autor in seiner Denkschrift zwar von einem verlorenen Krieg ausgeht, aber keineswegs vom Ende der braunen Diktatur.

Die Denkschrift fällt 1945 den Amerikanern in die Hände – sie machen Erhard in Nürnberg zu ihrem Berater für den wirtschaftlichen Wiederaufbau. Im Oktober 1945 wird Erhard im Kabinett Hoegner bayerischer Staatsminister für Handel und Gewerbe und 1947 Honorarprofessor an der Uni München.

Die Familie zieht nach München-Großhesselohe. Als Erhard von den Amerikanern noch im selben Jahr in die Zweizonenverwaltung für Wirtschaft in Frankfurt am Main berufen wird, wo er als Vorsitzender der «Sonderstelle Geld und Kredit» die Währungsreform vorbereitet, bleibt seine Frau zunächst in der bayerischen Metropole, Ludwig Erhard wohnt in Frankfurt im Hotel. Eleonore, die Tochter aus der ersten kurzen Ehe, hat sich frühzeitig von der Mutter abgenabelt. Sie hat an der Nürnberger Fröbel-Schule eine Ausbildung als Kindergärtnerin absolviert und 1936 im Alter von 21 Jahren den promovierten Diplomingenieur und Volkswirt Eduard Böhner geheiratet. Lore ist nicht oft in dem Münchner Haus der Erhards, aber sie erlebt – wenn auch von außerhalb – mit, daß ihre Mutter so etwas wie einen «Salon» gründet. Im neuen Heim in der Marienstraße 10 gibt es einen sehr schönen großen Raum, in dem nun oft musiziert wird. Namhafte Künstler gehen hier ein und aus, zu ihnen gehört auch die weltberühmte Pianistin Elly Ney.

Erhard habe sich nicht sehr für den Kreis interessiert, den seine Frau da um sich versammelte, berichtet Lore. »Er war aber musikalisch, er konnte sehr gut Klavier spielen. Eigentlich wollte er etwas in dieser Richtung werden, aber sein Vater hat's nicht erlaubt. Das war vielleicht auch ganz gut so.« An noch etwas erinnert sich Lore aus dieser Zeit: Ihr Mann Eduard sei ein begabter Pianist gewesen. Irgendwann habe er im Hause Erhard gespielt, und von Stund an habe Hausherr Ludwig nie wieder eine Taste angerührt. »Da hat der Lulu wohl eine Konkurrenz gesehen. Das war ein bißchen schwierig. Aber meine Mutter war von meinem Mann sehr angetan. Er war sehr musisch und ein fröhlicher Mensch – das mochte sie.«

Erhard-Tochter Elisabeth – elf Jahre jünger als Eleonore – studiert in Tübingen, später in München. Als Kind ist sie vom Vater arg verwöhnt und verzärtelt worden, auch zur Mutter hat sie ein ungewöhnlich enges Verhältnis. Elisabeth ist still und fügsam, ganz anders als ihre Halbschwester, die – wie sie selber lachend bekennt – oft »wider den Stachel gelöckt« hat. Elisabeth möchte am liebsten an der Hochschule für Leibesübungen studieren und Sportlehrerin werden, aber der Vater drängt sie energisch zu einem »ernsthaften« Studium. Als gehorsame Tochter läßt sie sich für Volkswirtschaft einschreiben, es fehlt ihr aber an wirklichem Interesse für diese Disziplin, sie schafft das Examen nicht und flüchtet sich in die Ehe mit Hans Klotz, den sie an der Uni kennengelernt hat. Die Ehe scheitert nach einigen Jahren.

Lore kann sich nicht erinnern, daß Luise der jüngeren Tochter beigestanden, daß sie ihr geholfen hätte, sich den väterlichen Wünschen zu widersetzen. Es scheint eher so, als habe die Mutter – sie, die ihrerseits mit Anfang 20 ihre Lebensplanung energisch selbst in die Hand genommen hatte – ganz selbstverständlich erwartet, daß sich ihre Jüngste auch noch als junge Frau nach dem Willen der Eltern richte.

Das Jahr 1949 ist für Erhard das Jahr der Schicksalswende. Er hat sich von Konrad Adenauer für die CDU gewinnen lassen, kandidiert für den Bundestag, wird gewählt – und wird Bundeswirtschaftsminister. Das Ehepaar Erhard gibt das Haus in München auf, stellt die Möbel vorübergehend ein und zieht nach Bonn.

Luise Erhard beklagt sich später in Interviews über die unzulänglichen Wohnverhältnisse jener ersten beiden Bonner Jahre: Erhard hatte darauf gerechnet, daß der Bund ein repräsentatives Haus für den Wirtschaftsminister ankaufen würde, aber daraus wird nichts. Erst Ende 1951 werden komfortable Häuser auf dem Bonner Venusberg fertig, die den Ministern zu günstigen Mieten zur Verfügung gestellt werden. Zwölf Jahre lang leben die Erhards dort in der Schleichstraße 8, in sechs Zimmern auf großzügigen 200 Quadratmetern. Hier fühlt Luise Erhard sich wohl, erst hier freundet sie sich mit Bonn an, hier, auf der Höhe, leidet sie auch nicht so sehr wie unten in der Stadt unter dem stickigen Klima des Rheintals.

In diesen zwölf Jahren taucht Luise, Ehefrau von »Mr. Wirtschaftswunder«, so gut wie gar nicht in den Gazetten auf. Sie ist eine gesellige Natur, aber an Repräsentation liegt ihr herzlich wenig. Sie führt ein nicht-öffentliches Leben, in engem Kontakt mit allen Familienmitgliedern, vor allem aber mit der jüngeren Tochter und den beiden Enkelinnen. Hin und wieder ist in den Zeitungen zu lesen, daß Luise wie ihr Mann gern Skat spiele und sich wie er für Fußball begeistere, daß sie an der Politik lebhaften Anteil nehme und daß sie »zu den aufmerksamsten Kritikern ihres Mannes« gehöre ... Ob sich diese Kritik auch auf wirtschaftliche Themen beziehe, wird die Frau des Wirtschaftsministers von dem Journalisten Sigmund Chabrowski für DIE ZEIT gefragt. »Auf

Luise und Ludwig Erhard beim Kartenspiel, 1965.

diesem Gebiet maße ich mir Kritik an meinem Mann nicht an«, entgegnet sie kühl und demontiert auch hier ein von der Presse geschaffenes Klischee. »Natürlich diskutieren wir auch wirtschaftliche Themen. Wenn ich etwas nicht verstehe, frage ich ihn und bitte ihn um eine Aufklärung. Aber Kritik? Nein, dazu gibt es, wenn überhaupt, sicherlich Berufenere als mich.« Wenn überhaupt...

Dieses zurückgezogene Leben – zurückgezogen, gemessen an der Funktion ihres Mannes – ändert sich, als die Frage der Adenauer-Nachfolge immer eindeutiger auf Erhard hinausläuft. Erhard selber hält sich für den richtigen Mann in diesem Amt – allerdings sieht Adenauer das ganz anders. Die anfängliche Hochachtung zwischen beiden hat sich längst in Abneigung verwandelt. Adenauer will vor allem eines: seinen Wirtschaftsminister als Regierungschef verhindern.

Die zweite Amtszeit des Bundespräsidenten Theodor Heuss läuft im September 1959 aus, Adenauer fragt im Frühjahr bei Erhard an, ob er für das Bundespräsidenten-Amt zur Verfügung stünde. Nach einer Woche sagt Erhard ab. Er hätte mit 62 Jahren, auf der Höhe seines Erfolges und Ansehens, in das höchste Amt der Bundesrepublik wechseln können, und zwar mit der sicheren Aussicht, es ein ganzes Jahrzehnt auszuüben. Er hätte seinen Neigungen entsprechend geruhsamer leben, viele schöne Reden halten und viele ausgedehnte Reisen unternehmen können – aber er lehnt ab.

Wie stellt sich Luise Erhard dazu, sie, die Journalisten gegenüber von ihrem Mann als ihrer »Aufgabe« spricht, was heißen soll, daß sie es als ihre selbstverständliche Pflicht ansieht, nicht nur für Ludwig zu sorgen, sondern ihn auch in allem zu stützen, ihm zu helfen, die richtigen Entscheidungen zu treffen?

Der Wirtschaftswissenschaftler Volker Hentschel schreibt, Erhard habe diese Chance vertan, »nicht um Wirtschaftsminister zu bleiben, natürlich. Wenn es nur darum gegangen wäre, hätte er sich nicht lange besonnen. Er hatte sie ausgeschlagen, um Bundeskanzler zu werden. Es gab jemanden, der das wirklich bedauerte. Das war Luise Erhard, wie andere auch in Erhards Umgebung mit der Einsicht in die Fähigkeiten und Beschränktheiten ihres Mannes begabt.« Luise Erhard habe sich von allen anderen in Erhards Umgebung dadurch unterschieden, daß sie keine Ambitionen hatte. Sie habe ja nicht, wie andere, in Erhards Windschatten Karriere machen wollen, sie habe nichts werden wollen, schlechthin nichts: »Deshalb hatte sie recht.« Erhard habe das wohl auch geahnt, jedenfalls habe er Heuss ein paar Tage später gesagt, daß seine Frau »die Sache liebend gern gemacht hätte.« Soweit Hentschel – in dessen 700 Seiten starker Erhard-Biographie sich übrigens alles in allem nur rund eine Seite Anmerkungen zu Luise Erhard findet, ein weiteres Indiz dafür, daß es diese Frau geradezu darauf angelegt hatte, im Hintergrund zu bleiben.

Dieses nicht-öffentliche Leben ist vorbei, als Erhard als Adenauer-Nachfolger feststeht. Am 16. Oktober 1963 tritt er das Amt an. Luise Erhard ist 70 Jahre alt – ihre Abneigung gegen die öffentliche Selbst-Darstellung hat in der Zwischenzeit keineswegs abgenommen, sondern ist eher gewachsen. Bonn ist nicht zur Heimat geworden – die hat sie sich ganz woanders geschaffen.

Im Sommer 1951 gibt es im bayerischen Landtag eine kurzlebige »Affäre Erhard«: Der Innenminister wird gefragt, ob es zutreffe, daß im Naturschutzgebiet Ackerberg am Tegernsee ein Stück Wald gerodet worden sei, weil sich der Bundeswirtschaftsminister dort ein Haus bauen wolle. Nicht Ludwig Erhard, sondern seine Frau Luise habe – wie drei weitere Käufer auch – ein Grundstück erworben, lautet die Auskunft. Die Käufe seien genehmigt, die Baugenehmigungen erteilt worden – unberechtigt zwar, aber dafür könnten die Käufer ja nichts. Denen sei Vertrauensschutz zu gewähren. Ende der Affäre.

Auf dem Grundstück, das also Luise Erhard erworben hat, entsteht ein Haus, das am Tegernsee und darüber hinaus Kopfschütteln auslöst. Nichts Uriges mit tiefgezogenem Dach und holzgeschnitzten Balkonen, sondern ein streng gegliederter Flachdach-Bau aus Stahl und Glas, mit riesigen, vom Fußboden bis unter das Dach reichenden Fenstern. Der Architekt, dessen Arbeiten damals als »nüchtern« und »kalt« geschmäht werden, ist Sepp Ruf, der Präsident der Münchner Akademie der Bildenden Künste. Biograph Hentschel weiß, wer hinter dem eigenwilligen Projekt steht: »Erhard, rund von Gestalt und arabesk im Duktus, schätzte unter dem starken Einfluß seiner Frau in der Architektur (nicht mehr so sehr in der Ausstattung seiner Häuser) Geradlinigkeit und Strenge, raffinierte Nüchternheit und kunstfertige Simplizität. Und er sagte, daß dergleichen seiner Wesensart und seiner Weltsicht gemäß sei.« Wenn Ludwig Erhard solches wirklich gesagt haben sollte, dann hat er mit hoher Wahrscheinlichkeit nicht von seiner, sondern von seiner Ehefrau Wesensart und Weltsicht gesprochen.

Zurück nach Bonn. Adenauer hatte mit seiner Villa im nahen Rhöndorf eine sehr repräsentative Residenz. Zeitzeugen wollen wissen, daß »der Alte« nur deshalb Bonn zur Hauptstadt gemacht habe, weil es von Rhöndorf aus viel schneller zu erreichen ist als

Frankfurt. Das gemietete Reihenhaus der Erhards auf dem Venusberg kann gewachsenen Repäsentationspflichten aber nicht mehr genügen. Der Plan wird geboren und intensiv verfolgt, dem neuen Kanzler, dem »Maßhalte«-Kanzler, eine neue Dienstvilla zu bauen. Sie wird neben dem im Palais Schaumburg untergebrachten Kanzleramt errichtet, im weitläufigen Park mit seinem alten Baumbestand, mit Blick auf Rhein und Siebengebirge.

Der neue Kanzler ist populär und angesehen, aber 2,3 Millionen Mark Baukosten für eine Dienstvilla, weitere 300 000 Mark für die Innenausstattung, 300 Quadratmeter Wohnfläche und ein Schwimmbad für ein betagtes Ehepaar, darüberhinaus 500 Quadratmeter Repräsentationsräume – das erregt nicht nur die berufsmäßigen Kommentatoren, darüber debattieren auch Lieschen und Fritz Müller. Der »Kanzler-Bungalow«, wie er fortan heißt, hat einen berühmten Architekten: Sepp Ruf. Und wieder entsteht ein streng gegliedertes Gebilde aus Stahl und Glas, mit Flachdach, bar jeder »Gemütlichkeit«.

Erhard besteht darauf: Dies sei die ihm gemäße Wohnform. Offenbar hat er, der in allen Karikaturen als ein zigarrenrauchender dicker Vater barocken Gepräges dargestellt wird, das Bedürfnis, als ein »moderner« Politiker mit »modernem« Geschmack gesehen zu werden.

Kanzler-Gattin zu sein, ist zu dieser Zeit noch kein Rund-um-die-Uhr-Beruf, wie ihn die Ehefrauen heutiger Regierungschefs ausüben. Aber Elly Heuss-Knapp mit sozialem Engagement, Wilhelmine Lübke, die Adenauer-Töchter und Brigitte Gerstenmaier, die Frau des Bundestagspräsidenten, haben mit der Übernahme von Repräsentationspflichten bereits Beispiele geschaffen, hinter denen Luise Erhard nicht zurückbleiben kann.

An welche karitativen oder gesellschaftlichen Bereiche sie denn denke, wo doch diese Gebiete von den anderen Damen an der Seite hoher Politiker schon weiträumig besetzt seien, will »ZEIT«-Korrespondent Chabrowski wissen. »Das frage ich mich auch«, lautet die verblüffende Antwort Luise Erhards.

Selbstredend finden sich Aufgaben. Noch bevor Ludwig Erhard sein neues Amt offiziell antritt, wird Luise Schirmherrin des »Colloquiums der Damen im Colloquium humanum«. Das »Colloquium der Damen« widme sich der Aufgabe, »die Fühlungnahme von Bonner Damen untereinander und die Begegnung mit den Damen der Diplomatischen Missionen und den zahlreichen im Bonner Raum lebenden Ausländerinnen herzustellen«, heißt es in einem Zeitungsbericht aus dem Oktober 1963. In einem anderen Artikel steht, daß Luise Erhard, »Gattin des designierten Bundeskanzlers Professor Ludwig Erhard«, vor dem Colloquium eine Rede – ihre erste öffentliche Ansprache – gehalten und gesagt habe: »Das Colloquium ist eine gute Sache«, und es sei besonders geeignet, den Kontakt zwischen Deutschen und Ausländern herzustellen. Viel mehr über die Bedeutung und das Wirken dieser Damen-Veranstaltung ist der Presse jener Tage nicht zu entnehmen.

Die Kanzler-Gattin sucht sich aber auch ernsthafte Betätigungen auf sozialem Gebiet: Sie übernimmt den Vorsitz im Kuratorium «Tagesstätte für spastisch gelähmte Kinder« und engagiert sich in der Kinderdorf-Bewegung. Bei beiden Aufgaben läßt sie sich nicht nur als prominentes Aushängeschild benutzen, sondern ist selber aktiv und sammelt mit beachtlichem Erfolg Spendengelder.

Es ist kein Zufall, daß sich Luise Erhard um Kinder kümmert – sie ist eine Kindernärrin, die Enkelinnen Sabine und Susanne, die beiden Töchter Elisabeths, sind ihr ganzes Glück und ihr ganzer Stolz. Elisabeth ist mit den beiden Mädchen aus Stuttgart nach Bonn gezogen. Luise Erhard ist selig, die Familie in der Nähe zu haben – eine Nähe, die für die Tochter aber wohl hauptsächlich Enge und Bevormundung bedeutet. Elisabeth Klotz hat ihren geschiedenen Mann, dem Luise nie sehr wohlgesonnen war, wieder geheiratet. Einige Familienmitglieder wissen davon, aber der Mutter hat Elisabeth zunächst nichts von der neuerlichen Heirat zu sagen gewagt.... Auch diese zweite Ehe geht schief.

Luise wird von ihrer Familie sehr geliebt, sie wird aber auch – mehr noch vielleicht – gefürchtet. »Sie hat uns sehr beherrscht – den Lulu, uns Kinder, auch die Enkelkinder. Alles mußte sich nach ihr richten«, erinnert sich Lore. Auf Luises Geheiß hatte sich die Familie regelmäßig um sie zu versammeln, Weihnachten wurde immer im großen Familienkreis am Tegernsee gefeiert, das haben alle sehr genossen, manchmal aber auch als lästig empfunden. Lore: »Mein Mann hatte viel in Ägypten zu tun, und einmal wollten wir beide über Weihnachten nach Ägypten reisen. Ich hatte mich mit meiner Mutter zum Essen in einem Kölner Lokal getroffen und habe ihr das ganz unbefangen erzählt. Da hat sie plötzlich angefangen, laut zu weinen und war ganz schrecklich empört: Weihnachten nach Ägypten! Also haben wir die Buchung rückgängig gemacht und sind wieder brav an den Tegernsee gefahren.«

Nach drei Jahren Kanzlerschaft wird Ludwig Erhard von seiner eigenen Partei gestürzt. Sein Nachfolger wird Kurt Georg Kiesinger. Der muß nun wohl oder übel in den Kanzler-Bungalow ziehen, nach seinem Geschmack ein scheußliches Bauwerk. Erhards haben das Reihenhaus auf dem Venusberg an Tochter Elisabeth weitervermietet und müssen sich nach einer Bleibe umtun. Sie ziehen in ein kleines Haus in der Johanniterstraße 8 am Rande des Regierungsviertels.

Ludwig Erhard bleibt Abgeordneter des Bundestages und ist für das politische Geschehen bedeutungslos. Er klammert sich an seine verblassende Reputation und an Bonn. Luise Erhard hält sich immer öfter und immer länger am Tegernsee auf. Ludwig Erhard bleibt in der Johanniterstraße, er bringt die ihm verbleibenden zehn Lebensjahre fast ausschließlich in der Bundeshauptstadt zu.

Die Eheleute, das »Musterehepaar«, hat sich, so scheint es, in den späten Ehejahren einander entfremdet. Lore kann sich nicht erinnern, wann das einsetzte, sie weiß aber, daß Ludwig Erhard Gegenstand weiblicher Anhimmelei war: »Wenn einer die Macht hat, dann sind manche Frauen ja ziemlich penetrant...« Jedenfalls hat sich Luise oft ausgegrenzt und zurückgesetzt gefühlt und wurde anfällig für eifersüchtige Regungen. Hinzu kommt in den letzten Jahren eine zunehmende Empfindlichkeit gegen das Bonner Klima und eine wachsende Scheu, sich in der Öffentlichkeit zu zeigen. Luise Erhard hat nämlich ein Hüftleiden, das sie zwingt, an Stöcken zu gehen. Sie, die Uneitle, die zum Verdruß ihrer Töchter »nichts aus sich machte«, mag sich nicht mit ihren Gehhilfen den allgegenwärtigen Bonner Fotografen aussetzen, also bleibt sie lieber am Tegernsee.

Ludwig Erhards 78. Geburtstag am 4. Februar 1975 wird, wie alle seine Geburtstage, groß gefeiert – in Bonn natürlich. Luise Erhard bleibt am Tegernsee. Aber Tochter Elisabeth nimmt am Geburtstagsempfang teil. In Deutschland wütet eine Grippeepidemie, Lore rät der Mutter, sich impfen zu lassen. Aber sie lehnt ab: »Das ist ja lächerlich. Ich kriege sowas nicht. Wo soll ich mich denn auch anstecken? Ich komme doch nirgendwohin.« Aber Elisabeth kommt vergrippt aus Bonn zurück und infiziert die Mutter. Luise erkrankt schwer und erholt sich nur sehr langsam – richtig gesund wird sie nicht mehr. Acht Wochen lang liegt sie im Krankenhaus, am 9. Juli 1975 stirbt sie dort. Sie ist 82 Jahre alt geworden.

Als einer ihrer letzten Wünsche wird bekannt: Man möge ihr keine Kränze und Blumen aufs Grab legen, sondern stattdessen Geld für behinderte Kinder spenden. «Ihre Güte war stärker als der Tod», schreibt Bundespräsident Walter Scheel an den Witwer.

Etwa 800 Menschen versammeln sich auf dem Friedhof in Gmund am Tegernsee, als Luise Erhard zu Grabe getragen wird, unter ihnen Ex-Kanzler Kurt Georg Kiesinger, Bundestagsvizepräsident Kai-Uwe von Hassel und Baden-Württembergs Ministerpräsident Hans Filbinger. Ludwig Erhard verabschiedet sich mit einem Riesenbukett roter Rosen von Luise. Sie waren 52 Jahre miteinander verheiratet.

Ludwig Erhard ist zu dieser Zeit bereits selber recht krank. Er leidet unter Kreislauf- und Herzrhythmusstörungen. Bald hält er sich nur noch tagsüber in seinem Bonner Haus auf und verbringt die Nächte im Krankenhaus. Dort stirbt er , 80 Jahre alt, am 5. Mai 1977, knapp zwei Jahre nach dem Tod seiner Frau.

Es sei alles in allem eine gute Ehe gewesen, sagt Tochter Lore. Ja, die letzen Jahre hätten die beiden mehr oder weniger getrennt voneinander gelebt. Aber der überaus größte Teil dieser Ehe sei ein sehr gutes Miteinander gewesen, ein nie abbrechendes Gespräch.

Als die beiden Töchter noch junge Mädchen waren, da habe die Mutter manchmal gesagt: »Das wichtigste ist, daß man sich miteinander unterhalten kann. Kannst du dich mit diesem Mann bis an dein Lebensende unterhalten? Das ist es, was eine Frau vor der Ehe bedenken muß.«

Es sei manchmal «hart auf hart gegangen» – aber Luise und Ludwig Erhard hätten sich immer etwas zu sagen gehabt.

Ob sich Luise Erhard vielleicht ein anderes Leben gewünscht hätte? Das glaube ich nicht, sagt Tochter Lore. »Aber so genau kann das niemand wissen.«

Marie-Luise Kiesinger

Von Alois Rummel

Sie war immer schön, die Studentin Marie-Luise Schneider. Schon als Berliner Oberschülerin fiel sie durch ihre Grazie, ihre feinen Gesichtszüge und ihren Glanz von innen auf. Aber die Entfaltung ihrer Schönheit begann sozusagen auf den Tag genau am 5. Februar 1927 im damaligen Landwehrkasino in Berlin. Die Studentenverbindung ihres späteren Mannes, die katholische »Askania« (KV), feierte dort ihren Rosenmontagsball. Und nun muß man Kurt Georg Kiesinger, den 24jährigen, hochgewachsenen, schlanken, mit wallendem Haar versehenen, flott daherkommenden Jurastudenten, selbst erzählen lassen, wie sich seine große Liebe Blüte um Blüte, Blatt um Blatt wie eine Orchidee entfaltet hat. Die Überschrift des Kapitels in seinen »Erinnerungen 1904 bis 1958 – Dunkle und helle Jahre« (Deutsche Verlags-Anstalt Suttgart 1989) heißt ganz schlicht »Marie-Luise« und liest sich dann so: »Mein Eintritt in die «Askania» hatte eine ebenso unerwartete wie glückliche Folge. Unsere Verbindung veranstaltete regelmäßige Tanzabende und von Zeit zu Zeit auch einige größere Feste. Das erste, an dem ich teilnahm, war ein Rosenmontagsball im Februar 1927, den wir im damaligen Landwehrcasino am Zoologischen Garten feierten. Wir erschienen in Kostümen; das meine, ein Troubadourgewand, war mir von zwei in der Verbindung tanzenden Damen (also zwei Verehrerinnen, d.A.) geschneidert worden. Ich dankte es ihnen aber schlecht, denn ich verliebte mich Hals über Kopf in eine schöne Eisfee, unter deren weißer Lockenperücke zwei große dunkle Augen hervorblickten, gegen die es schlechterdings keine Abwehr gab. In einem Anfall rosigen Wahnsinns machte ich der Schönen noch am selben Abend einen Heiratsantrag, und sie nahm ihn offenbar in ähnlicher Gemütsverfassung, ohne sich zu zieren, an. Das war nun alles andere als eine bürgerliche Verlobung, denn dafür war unser Entschluß zu verwegen. Was lag vor uns? Meine 18jährige Eisfee bereitete sich auf ihr Abitur vor, und ihr Troubadour hatte das seine eben erst, mühsam genug, bestanden, und ich gehörte ganz und gar nicht zu den eifrigen Brotstudenten, die sich zielstrebig auf ihr Examen und auf einen Beruf vorbereiteten, in welchem der Schornstein rauchte. Ich hatte nicht vor, mein Vagabundieren an der Universität und in der Metropole zu ändern, und wundervollerweise schien dies meine Achtzehnjährige nicht im geringsten zu kümmern.«

Das war der ein Meter neunzig große, lebenslustige Kurt Georg

Kiesinger, der gern Dichter geworden wäre, in seinen Berliner Studienjahren, wie er leibte und lebte. Beschämt fügt er hinzu: »Wir wußten wohl, daß wir Marie-Luises Eltern keinen geringen Schrecken einjagen würden, wenn wir ihnen unser Abenteuer bekannt hätten. Daher behielten wir es vorerst für uns...«

Das lustige Studentenleben Kurt Georg Kiesingers mit seinem neu erwählten Bräutle ging weiter: Sie trafen sich, so oft es möglich war, zu Spaziergängen im Tiergarten, im Schloßcafé neben der Staatsbibliothek, bei Kranzler am Kurfürstendamm, oder »wir ließen uns in den zahlreichen Berliner Theatern von den großen Regisseuren und Schauspielern gemeinsam verzaubern.«

Aber das Liebespaar hatte ein schlechtes Gewissen und wollte sich nicht mehr nur heimlich treffen. Kurt Georg Kiesinger schildert dies so: »Ich stellte mich daher bei Marie-Luises Eltern vor und bat sie mutig um die Hand ihrer Tochter.« Man kann sich diese Situation heute noch gut vorstellen: der schlaksige, hochgeschossene Kurt Georg Kiesinger mit Anspruchsblick und angelerntem Selbstvertrauen, sowie die kleine, zarte und scheue Marie-Luise an seinem Arm. Marie-Luises Vater, der Rechtsanwalt und Notar Peter Schneider, ein Saarländer von Geburt, unterhielt in Karlshorst, einem der östlichen Vororte Berlins, eine solide juristische Kanzlei. Seine Barbara, die er während des Studiums in München kennengelernt hatte, war eine temperamentvolle Bayerin, die sich daran erinnerte, daß auch ihre Ehe unter ähnlichen Umständen zusammengekommen war. Und mit der Kurt Georg eigenen gespielten Selbstsicherheit und Selbstgefälligkeit stellte er fest: »Ich muß ihr nicht übel gefallen haben, nur, so äußerte sie sich im Familienkreis auf meine immer noch große Magerheit anspielend: Er muß sich halt noch zammwachsen.«

Sein späterer Schwiegervater, ein ruhiger und würdevoller Mann, nahm ihren Entschluß zwar mit einiger Skepsis zur Kenntnis. Zur Erleichterung von Kurt Georg Kiesinger und Marie-Luise aber erhob er »keinen ernsthaften Einwand. Er mochte sich des alten Sprichworts, Kommt Zeit, kommt Rat, erinnert haben.« Naseweis und weitsichtig fuhr Kurt Georg Kiesinger in seinen Erinnerungen fort: »Uns beiden fiel auch nichts besseres ein. Wir brauchten viel Glück, wenn wir durchhalten wollten, und es war gut, daß wir im Februar 1927 nicht voraussehen konnten, welch schlimme Zeiten bald anbrechen würden. Nach fast sechs Jahren, an Weihnachten 1932, wurden wir dann Mann und Frau und sind es in guten und in bösen Tagen geblieben.«

Marie-Luise und Kurt Georg Kiesinger galten in Berlin von Stund an als ein ausgesprochen schönes Paar. In Berliner Kreisen, in Verbindungen, in der katholischen Studentengemeinde, bei Freunden und Verwandten, in akademischen Gesellschaften sowie in beruflichen und künstlerischen Zirkeln nannte man Marie-Luise, sozusagen unter vorgehaltener Hand: »Das Bild«. In der Tat: Sie war das »Bild einer Frau«, wie man so schön im Schwäbischen sagt. Nicht nur in der für sie ungewohnten Öffentlichkeit, sondern auch zu Hause mit übergestülptem »Schaffschurz« wirkte Marie-Luise Kiesinger so, als sei sie, wie ganz selbstverständlich, von morgens bis zum Abend im »Geburtstagshäs« gekleidet, womit man in Schwäbisch-Tübingerisch meinte: immer picobello angezogen. Ihren Besuchern blickte sie freundlich distanziert ins

Marie-Luise Kiesinger kurz vor ihrer Hochzeit im Jahr 1932.

Auge, sich dabei stets hinter der Größe (im doppelten Sinn) ihres Mannes wohlgeborgen fühlend. Sie trat ohne Anspruch auf besondere Geltung auf und war dabei doch immer fähig, eine gute Figur zu machen. Nach außen hin wirkte es, als würde sie nie von einem überschäumenden Temperament beunruhigt. Meist trat sie so auf, als stehe sie unter dem Eindruck, gleich fotografiert oder gemalt zu werden. Ihre leise Würde vermittelte keinerlei Anspruch auf Öffentlichkeit, also weder in Bonn noch in Stuttgart, an der Seite eines Bundeskanzlers oder eines Ministerpräsidenten, eine Rolle spielen zu wollen. Sie wirkte wie ein »Bild«, das jederzeit aus dem Rahmen steigen kann, wenn es die Pflicht verlangt. Ihre öffentliche Wirkungsweise als erste oder zweite Frau im Staat – weder in Stuttgart noch in Bonn ist sie als Landesmutter durch besondere Aktivitäten aufgefallen – war, ob dieser gewollten Bescheidenheit, stets Ausdruck ihrer inneren Zufriedenheit, die nie ein Kommando, sondern immer nur Unterordnung unter ihren Mann und seine Aufgaben angestrebt hat. Ohne ihren Einfluß wäre Kurt Georg Kiesinger möglicherweise kein bedeutender Politiker der deutschen Nachkriegsgeschichte geworden ... Aber: Sie stand gern in seinem Schatten.

Dabei muß man ihrem Mann zugestehen, was sie selbst auch in manchen Gesprächen mit dem Autor gesagt hat: Er strebte im eigentlichen Sinne nie nach einem Amt. »Aber er war immer bemüht, das Beste aus der jeweiligen Aufgabe zu machen«, sagte sie 1962 im Südwestfunk. Dabei weiß der Eingeweihte: Kurt Georg Kiesinger wäre als CDU-Abgeordneter gerne Bundesaußenminister geworden. Aber Adenauer hat dies verhindert. Er sollte in den fünfziger Jahren Justizminister werden. Aber Adenauer zögerte. Er sollte Botschafter in Washington werden; Adenauer war nicht dagegen, doch Kiesinger war zu zögerlich. Aber auch dies: Er wurde 1959 Ministerpräsident in Baden-Württemberg. Und: er wurde 1966 Bundeskanzler, u.a. deshalb, weil alle Fraktionsmitglieder der CDU/CSU frohlockten, mit ihm im selben Jahr mit Sicherheit wiedergewählt zu werden.

Auch dies gehört zur Charakterisierung von Marie-Luise Kiesinger: Sie betrat die politische Bühne aus Anlaß Dutzender öffentlicher Veranstaltungen und Auftritte immer mit leicht zögerlicher Ungezwungenheit. Ihr Erstaunen über »so viel Aufmerk-

Marie-Luise und Kurt Georg Kiesinger, der Bundeskanzler der Großen Koalition von CDU und SPD, vor dem Palais Schaumburg, 1969.

samkeit« reagierte sie immer mit eher schmunzelndem Lächeln ab, so, als sei ihre Unsicherheit stets in das Erstaunen über »so viel Technik der Macht« gebettet. Ihr Mann charakterisierte sie so: »Ihr innerseelischer Verarbeitungsmechanismus, der ihr eben durch mein Wirken abverlangt wurde, hat nahezu perfekt funktioniert.«

Sie selbst hatte nie den geringsten politischen Ehrgeiz. Dies zeigte sich schon in jungen Jahren, als Kurt Georg Kiesinger vor seiner Berufswahl stand. In seinen Erinnerungen beschreibt er dies so: »Gymnasiallehrer wollte ich nicht werden, aber was sonst? Universitätsprofessor? Journalist? In der Askania machten mir die Juristen Eindruck und ermutigten mich zum Übertritt. Auch Marie-Luise riet dazu ...«.

In seinen persönlichen Dingen war sie immer mitentscheidend. In seinen Erinnerungen macht Kurt Georg Kiesinger nicht weniger als 44 Anmerkungen zu seiner Frau Marie-Luise und ihren Kindern Viola (geb. 1940) und Peter (geb. 1942). Nicht einmal

Konrad Adenauer wird öfter zitiert. Dies sieht dann u.a. so aus: Kurt Georg Kiesinger unterzog sich dem letzten, mündlichen Teil des Referendarexamens. »Marie-Luise hat mich an dem dafür festgesetzten Vormittag zum Kammergericht begleitet. Wir saßen vor Beginn der Prüfung in einem kleinen Café, wo ich sie darauf vorzubereiten suchte, daß ich die Prüfung möglicherweise nicht bestehen würde...«. Man darf sicher sein, daß Marie-Luise händchenhaltend ihrem geliebten Riesen mit eigenem Herzklopfen ermunternd zugesprochen hat. Genau so liebevoll beschreibt er seine Hochzeitsreise mit Marie-Luise am 24. Dezember 1932: »Im Schnellzug nach München waren wir am Weihnachtssonntag die einzigen Gäste im Speisewagen. In Partenkirchen, wo wir die Ferien bei schönstem Winterwetter begannen, standen die Hotels gähnend leer, denn die meisten Reisenden hatten sich wohl wie wir billigere Pensionen ausgesucht. Meine Frau hatte Partenkirchen vorgeschlagen, weil sie dort als junges Mädchen ihre schönsten Sommerferien verbracht hatte... Da sie wußte, daß ich, außer bei der Fahrt nach Italien, noch nie in den Alpen gewesen war, hatte sie mir ein großes Erlebnis versprochen, und sie behielt recht...«. Immer also spricht er liebevoll von »Marie-Luise«, ohne schwärmerisch seine Gefühle preiszugeben.

Kurt Georg Kiesinger beschreibt in seinen Erinnerungen auch seinen Eintritt in die NSDAP: Es muß Ende Februar 1933 gewesen sein. »Zunächst«, so beschreibt er, »war ich fest entschlossen, das nicht zu tun.« Aber, so fügt er hinzu: »Es sollte nicht lange dauern, bis ich feststellte, wie naiv ich mit diesem Entschluß gehandelt hatte.« Aber auch: »In die NSDAP nicht aus Begeisterung oder aus Opportunismus einzutreten, sondern in der Hoffnung, darin von innen heraus auf eine Wende ihrer Ideologie hinzuwirken, das mußte genau so erfolgreich sein, wie den Teufel zur Taufe bekehren wollen.« Und gleichsam erklärend stellt er fest: »Am 27. Februar 1933 nahmen meine Frau und ich zum ersten Mal in unserer jungen Ehe an einem Ball des Katholischen Kaufmännischen Vereins im Hotel Bristol Unter den Linden teil. Während man tanzte, ertönte plötzlich der Ruf: ›Der Reichstag brennt‹ ... Wir blickten in verstörte Gesichter, hörten ratlose Vermutungen und gingen mit dem bangen Gefühl nach Hause, ein Fanal künftigen Unheils gesehen zu haben.«

Auch der spätere Kurt Georg Kiesinger, als er bereits Ministerpräsident von Baden-Württemberg oder Bundeskanzler der Großen Koalition war, verhehlte nie seinen Stolz, wenn seine Frau Marie-Luise bei ihren Einkäufen auf dem Tübinger Markt mit »Frau Professor« angesprochen wurde. Das hat ihm, der ohne Zweifel gerne Professor geworden wäre, im Herzen gut getan. In Gesprächen mit dem Autor ist dies von Kiesinger immer wieder wie folgt geschildert worden: »Stellen Sie sich vor, meine Frau war nie die Frau eines Professors, und trotzdem ist sie in Tübingen nie als Frau Ministerin, sondern immer als Frau Professor angesprochen worden.« Diese schwäbische Schmeichelei war natürlich immer mit einer Einkaufsermunterung versehen. Frau Kiesinger hat es wie folgt geschildert: »Frau Professor Kiesinger, was wellet se?« oder: »Heit hennd se aber ä guets Wetter mitbrocht, und deswegä muesset se emol mei schene Salat oguckä, und neue Krombiere hemer au.« Diese Mischung von Respekt und Anbiederung schmeichelte Kiesinger mehr als seiner Frau.

Da Marie-Luise Kiesinger eine hochgebildete Frau war – übrigens ein Pfund, mit dem sie nach außen hin nie wucherte –, hat sie den Vorschlag ihres Mannes auch im familiären Kreis intensiv unterstützt, in Konstanz eine Universität zu gründen. Seine damalige große Rede, bei der er diesen Vorschlag machte, ist auf ein gewaltiges Echo gestoßen. Ergebnis: Die Gründung der Universität Konstanz gehört zu den großen landespolitischen Leistungen von Kurt Georg Kiesinger. (Dabei hat er es immer abgelehnt, sich von den verschiedenen Fakultäten zum Doktor h.c. ernennen zu lassen. Er wollte nicht einmal Honorarprofessor werden.)

Als Bundeskanzler der Großen Koalition zwischen CDU/CSU und SPD legte seine Außenpolitik die Grundlagen für die später so genannte Ostpolitik der Regierung Brandt/Scheel. Zwar war es für ihn persönlich ein großer Schock, als er nach der Bundestagswahl im Herbst 1969 von Willy Brandt als Bundeskanzler einer sozialliberalen Koalition abgelöst wurde; auch hat er während der Auseinandersetzungen im Bundestag um die Ostpolitik »einseitige Vorleistungen« von Willy Brandt an die DDR und an die Sowjetunion heftig kritisiert. Aber in seinen großen Reden, zum Beispiel aus Anlaß seiner »Berichte zur Lage der Nation«, hat er geistige und politische Grundlagen für eine neue Ostpolitik gelegt. Frau Kiesinger saß manchmal auf der Diplomatentribüne und hat nicht nur die Eloquenz ihres Mannes bewundert, sondern ihm auch aus tiefem Herzen zugestimmt.

Zu den stärksten Waffen von Marie-Luise Kiesinger zählte immer ihre schon damals sprichwörtliche Gelassenheit. Kiesinger selbst antwortete auf Befragen, wie seine Frau denn all die vielfältigen Turbulenzen und Widersprüchlichkeiten eines Politikerlebens in höchsten Rängen verkraftet habe, mit der Bemerkung: »Sie hat all das mit der ihr eigenen heiteren Gelassenheit hingenommen und überstanden, mit der sie stets mein ganzes Leben begleitet hat.« Marie-Luise Kiesinger hat sich immer, obwohl sie gar keine gebürtige Schwäbin war, wie eine Schwäbin verhalten: abwartend, bescheiden, zielstrebig, geprägt von verschwiegener Intelligenz und mit einem Gemüt ausgestattet, das sich nicht so leicht aus der Ruhe bringen ließ. Sie hat immer abgewartet, beobachtet, zunächst andere reden lassen und dann erst ihre Meinung gesagt. Dabei sagte sie in einem Gespräch mit dem Südwestfunk im Jahre 1960: »Die besten Jahre meines Lebens habe ich in Berlin verbracht. Bevor die Nationalsozialisten kamen, bot dieses Berlin einfach alles, nämlich Kultur, Bildung, schöne Umgebung, romantische Wälder und Seen. Wir waren jung und glücklich. Erst der Anbruch des Dritten Reiches hat eine Zäsur gebracht. Mein Mann hat sehr schnell erkannt, daß seine anfängliche Zustimmung ein Irrtum war. Auch er hat sich in gewisser Weise angepaßt. Aber immer mit Widerwillen. Er hat auch ziemlich schnell die Konsequenzen gezogen. Aber trotzdem: in Berlin waren wir unbeschwert, und wenn es die Umstände zugelassen hätten, wären wir auch in Berlin geblieben.«

Das junge Paar Kiesinger nahm seine erste Wohnung in der Berliner Bleibtreustraße, nahe dem Kurfürstendamm, der natürlich längst nicht die Rolle spielte wie nach 1945. Damals war die Flanier- und Paradestraße noch »Unter den Linden«. Aber mit Freuden erzählte sie immer wieder: »Wir hatten eine richtige Berliner Wohnung mit sechs Zimmern, hohen Wänden, den berühmten Doppelfenstern, die sommers und winters ausgetauscht wurden, mit einem riesigen Treppenaufgang und mit einem schönen Blick auf die Nachbarschaft. Und als noch unsere beiden Kinder geboren wurden, Viola und Peter, war unser Glück vollkommen.«

Etwa zwei Jahre vor dem Zusammenbruch des Dritten Reiches hat sie mit ihrer Familie die damalige »Reichshauptstadt« verlassen. Die Wohnung Kiesingers wurde ausgebombt. Die Familie verlor ihr gesamtes Hab und Gut. In Ebingen, einer kleinen Stadt in Südwürttemberg, der Heimat ihres Mannes und ihrer Schwiegereltern, fand die Familie wieder zusammen.

Ihre nächste Wohnung fanden die Kiesingers in Rottenburg am Neckar, der kleinen Bischofsstadt in der Nähe der Universitätsstadt Tübingen: »Wir lebten damals mit gemieteten Möbeln, die gedrechselte Füße und wassersüchtige Bäuche hatten, also ausgesprochen unschön, aber gemütlich behäbig waren. Und wenn wir zum Fenster hinausschauten, sahen wir die schöne Wurmlinger Kapelle, die uns immer an das Gedicht von Ludwig Uhland erinnert hat: Droben steht die Kapelle, schauet still ins Tal hinab. Bereits in der Schule in Berlin mußten wir dieses Gedicht auswendig lernen, und jetzt stand diese Kapelle in ihrer ganzen schönen Größe vor uns. Für mich und unsere Kinder hat sich damit ein richtiges Heimatgefühl entwickelt.«

Als ihr Mann dann in Tübingen Landesgeschäftsführer der südwürttembergischen CDU unter dem damaligen Staatspräsidenten Gebhard Müller wurde, zog die Familie nach Tübingen. Kiesinger war in der Zwischenzeit Bundestagsabgeordneter des Kreises Ravensburg geworden. In Tübingen bewohnte die Familie Kiesinger nach der Berufung von Professor Butenandt, dem Nobelpreisträger für Biochemie, nach München dessen Wohnung in der Goethestraße, ein spitzgiebliges Haus der zwanziger Jahre mit Veranden und steilen Treppen; das Haus lag im sogenannten Professorenviertel auf halber Höhe in Richtung des alten Zisterzienserklosters Bebenhausen. Dort, in dem Refektorium aus dem zwölften Jahrhundert, hat der erste Landtag von Südwürttemberg-Hohenzollern getagt. Weitere Aufmerksamkeit erwuchs Bebenhausen durch die Tatsache, daß die letzte Tochter des württembergischen Königs Wilhelms II., die Herzogin von Wied, dort ihren Lebensabend verbrachte. Kiesinger hatte hier das kleine Logis eines Freundes gemietete, und von dort aus unternahm er zusammen mit seiner Frau und Freunden stundenlange Wanderungen durch die unvergleichlich schönen Wälder des Schönbuchs.

Auch als Kiesinger in Stuttgart Ministerpräsident geworden war, blieb die Familie in Tübingen, im später eigenen »Häusle« auf der Waldhäuser Höhe, mit einem herrlichen Blick auf das Tübinger-Rottenburger Neckartal und die Schwäbische Alb; dort lugte fern am Horizont bei guter Sicht auch der Hohenzollern hervor. Und bei der Einrichtung dieses eigenen Häusles konnte sich der subtile Geschmack von Marie-Luise Kiesinger erst voll entfalten. Die gute Stube war ausgestattet mit zierlichen Biedermeiermöbeln. Dort stand auch »das meistfotografierte Sofa der Republik«, denn von dort aus führte Kurt Georg Kiesinger alle seine Gespräche mit hochgestellten politischen und kulturellen Persönlichkeiten, ein von Fotografen immer bevorzugtes Sujet. Die Tapeten paßten in der Farbe zu den abgestimmten Blumenarrangements. Die Kerzen standen in feinem Kontrast zu den Tischdecken oder der Farbe der Fußböden. Kurz, Frau Kiesinger legte allergrößten Wert auf eine schwäbisch-gemütliche, kultivierte Atmosphäre. Aber nichts war übertrieben oder bombastisch: »Auch meine Kinder sollten darin tollen können und sich wohlfühlen.«

Großen Wert legten die Kiesingers auf die Gestaltung des Gartens, in dem eine herrliche Weide wuchs. Kiesingers Lieblingsplatz war unter einem Apfelbaum, von dem aus der Blick auf die Schwäbische Alb frei blieb.

Als die Kiesingers 1966/67 in Bonn in den von Ludwig Erhard erbauten Kanzlerbungalow einzogen, war Marie-Luise traurig, weil sie nur einen geringen Teil ihrer schönen Biedermeiermöbel mitnehmen konnte. Sie hat sich in diesem kalten, modernistischen Bungalow nie wohlgefühlt. Ihre heimatliche Wohnung blieb immer in Tübingen.

Ihr soziales Engagement geschah in der Regel ohne großes Aufhebens, ohne Sucht nach Publicity. Zum Beispiel hat sie im Dezember 1968, also vor Weihnachten, in der Bonner Argelanderstraße eine Tagesstätte des Deutschen Roten Kreuzes besucht, um spastisch gelähmten Kindern mit ihren Weihnachtsgaben eine Freude zu machen. »Ich hätte nicht geglaubt, hier einen so frohen Kreis zu finden«, sagte Frau Kiesinger mit dem Hinweis auf die vorbildhafte Betreuung durch die jungen Frauen des Roten Kreuzes. Sie ließ sich von dem zuständigen Oberarzt über alle Einzelheiten informieren, sie nahm am Unterricht, an der Beschäftigungstherapie und an der Kindergymnastik teil, so daß sie sich über alle Nöte und Sorgen ein Bild machen konnte. Im übrigen hat sie sich bei solchen Besuchen von ihrer Vorliebe für eleganten Perlenschmuck nie abbringen lassen, um immer so zu erscheinen, wie sie war: elegant, liebenswürdig, teilnahmsvoll und mütterlich.

Wer die Kiesingers in ihrem Haus in Tübingen besuchte, mußte gelegentlich warten, bis sich die Dame des Hauses bereit fand, sich dem Gast zuzuwenden. Es gab dafür einen ganz einfachen Grund: Aus dem ersten Stock drang vergnügtes Kindergeschrei, und jeder Gast war so lange unwichtig, wie die kleine Cecilia, ihr Enkelkind, nicht ruhiggestellt oder versorgt war. Großvater Kiesinger nannte Cecilia auf schwäbisch nur das »Fröschle«. Das Fröschle war die Tochter von Viola, sozusagen ein amerikanisches Baby, denn Violas Mann ist ein amerikanischer Bildjournalist deutscher Abstammung. Oft genug war das Fröschle zwei oder drei Monate lang Ferienkind im Hause Kiesingers. Und jedesmal, wenn die Zeit um war, herrschte große Trauer bei den Großeltern. Das Fröschle war der Sonnenschein, und Kurt Georg Kiesinger konnte, auch bei seinen Besuchen in Amerika, nicht oft genug mit stolzgeschwellter Brust das Kind auf den Schultern spazierentragen. Ein Bild, das sich die Fotografen aus aller Welt natürlich nicht entgehen ließen. Es gab kaum eine Illustrierte, die den hochwürdigen Herrn Bundeskanzler nicht in dieser menschlich so sympathischen Pose veröffentlicht hat. Und wer als nicht Familienangehöriger besonders angesehen war, der durfte sogar einen Blick ins Spielzimmer werfen, wo Kiesinger mit dem Fröschle auf dem Rücken auf allen Vieren hin- und herrutschte. Die Kiesingers also waren eine ganz normale Familie ohne jeden Geltungsanspruch, nur darauf bedacht, dem Mann eine gute häusliche Atmosphäre und den Kindern ein glückliches Elternhaus zu bieten.

Marie-Luise Kiesinger gab immer freimütig zu, daß sie ein bißchen altmodisch sei und daß sie zum Beispiel bei der Auswahl von Bildern nicht gerade die künstlerische Avantgarde bevorzugte. Aber mit altmodisch meinte sie auch: Wir sind gerne Angehörige der katholischen Kirche. »Sie war und ist der Urgrund unserer religiös-kulturellen Verankerung«, sagte sie einmal in einem Interview mit dem Südwestfunk. Der regelmäßige Kirchenbesuch der ganzen Familie gehörte damals noch zur Selbstverständlichkeit. Und wenn ihr Mann in seinen Memoiren darüber berichtet: »Einige kunstgeschichtliche Vorlesungen besuchten wir gemeinsam und setzten uns auch beide gelegentlich in den einen oder anderen Hörsaal, um hervorragende Gelehrte wie Eduard Spranger, Romano Guardini und andere zu hören«, so wird daraus deutlich, in welchem geistigen Umfeld sich auch die Studentin Marie-Luise bewegt hat. Zu nennen ist hier vor allem der Berliner katholische Theologe und Sozialreformer Carl Sonnenschein, der auf Marie-Luise und Kurt-Georg Kiesinger großen Eindruck gemacht hat. Nach einer studentischen Vertreterversammlung im Jahre 1927 in Fulda hielt Carl Sonnenschein im Dom die Festpredigt. »Sonnenschein war ein mitreißender Redner und Prediger von großer, ganz eigentümlicher Sprachgewalt. Wir standen, wie es die Studentensprache wollte, in vollem Wichs, mit Samtjacken, weißen Hosen und Stulpenstiefeln, Käppchen und federgeschmückten Baretten, die Schläger an der Seite, im Kirchenschiff. Die ersten Sätze der sonoren Stimme fielen von der Kanzel: ›Legt Eure Barette ab, stellt Eure Hellebarden in die Ecke‹. Dann stürzte ein Katarakt einander jagender beschwörender Appelle auf uns nieder: heraus aus der trügerischen Idylle, der falschen Studentenromantik. Hinein in die Wirklichkeit der Zeit, der Großstädte, der religio depopulata, des sozialen Elends, der Vermassung, des Auseinanderdriftens der Arbeiter und des Bürgertums! Ich sehe noch das Bild des Bischofs vor mir, wie er sich im Fortgang der Predigt immer weiter in seinem Thronsessel vorbeugte, um kein Wort des Redners zu verlieren«. Angeregt durch diesen gewaltigen Eindruck, hat sich Kiesinger damals vorgenommen, in Berlin mit diesem profilierten Studentenseelsorger Verbindung aufzunehmen. Sonnenschein führte von dort einen unermüdlichen Feldzug, in dem er milde Gaben für seine Schützlinge sammelte. Offensichtlich war Sonnenschein ein gefürchteter Bettler, über den sich viele Leute auch gründlich ärgerten. Aber seine Bettelei hatte immer Erfolg. Kurt Georg Kiesinger blieb sein ganzes Leben von den Grundideen Sonnenscheins beeindruckt. Und noch im späten Alter, auf einem Festkommers seiner katholischen Studentenverbindung Alamania in Tübingen, an der der Autor teilnahm und die Laudatio auf Kiesinger hielt, hat er in seiner Dankesrede seine unauslöschlichen Berliner Eindrücke geschildert. Auch Marie-Luise Kiesinger hat, unter dem Einfluß ihres Mannes, Sonnenscheins soziale Gedanken ihr Leben lang nicht vergessen. In diesem Zusammenhang muß noch eine kleine Charakterisierung des Studenten Kurt Georg Kiesinger vorgenommen werden. Auf der oben erwähnten studentischen Vertreterversammlung in Fulda beteiligte sich Kurt Georg Kiesinger intensiv auch an den Diskussionen. Und in freundlicher Selbstcharakterisierung berichtete er: »Was ich da vorbrachte, war vermutlich recht utopisch; jedenfalls hörte ich einen der alten Herren irritiert ausrufen: ›Dieser junge Mann wirft mit Speeren nach Sternen‹. Und er hatte wohl recht.

Auf ähnliche Weise hat auch Marie-Luise Kiesinger ihren späteren Mann geschildert: »Seine Bildung wurde immer wieder überwölbt von irgendwelchen Utopien, etwa im Bereich einer gerechten Sozialordnung oder im Blick auf eine weltweite Friedensordnung. Aber ganz schnell hat er sich dann wieder von der Realität einholen lassen.«

Marie-Luise Kiesinger war wohl in Bereichen der Rechtsphilosophie oder der Rechtsgeschichte nicht so umfassend «gebildet» wie ihr Mann. Aber auch sie besaß einen tiefen Fundus an Bildung und Wissen. Die englische und die deutsche Literatur der Klassik beherrschte sie. Einer ihrer Lieblingsautoren war Theodor Fontane, auch las sie gerne Novalis, Hölderlin, Jean Paul und Goethe. Weniger anfangen konnte sie mit dem Landsmann ihres Mannes, Friedrich Schiller. Shakespeare und andere englische Autoren las sie im Original. Auch ihr Mann sprach fließend englisch und französisch. So konnte das Ehepaar Kiesinger ohne jede Schwierigkeit mit den Staatsmännern aus aller Welt charmant und sachkundig diskutieren, was besonders die Ehefrauen mit Freude honorierten.

Marie-Luise Kiesinger selbst legte ganz sicher keinen Wert darauf, als eine »bedeutende« Frau unter den deutschen Politikergattinnen in die Geschichte einzugehen. Aber Marie-Luise Kiesinger ist für ihre Kinder und Enkel, auch für ihren Mann in zum Teil schweren und turbulenten Vorkriegs-, Kriegs- und Nachkriegsjahren ein Vorbild an Charakterstärke, Zuverlässigkeit und Mütterlichkeit gewesen. Ihr leiser Charme, ihr so unaufdringlich und sympathisch entwickeltes Selbstwertgefühl, ihre sensible Glaubenskraft – all das kennzeichnet diese Politikerfrau in den 50er und 60er Jahren der Bundesrepublik Deutschland. Als ihr Mann, damals Bundeskanzler der großen Koalition, zu seiner Überraschung nach einem erfolgreichen Bundestagswahlkampf 1969 im

Parlament die Mehrheit an eine SPD/FDP-Koalition verlor, tröstete sie ihn mit den Worten: «Du hast Deinem Vaterland treu gedient, Du kannst auf Deine politische Lebensleistung stolz sein, und unsere Kinder und ich halten auch künftig zu Dir. Und jetzt machen wir uns gemeinsam einen schönen Lebensabend. Hör also auf, verärgert zu sein.» Marie-Luise Kiesinger zeigte also auch in dieser für ihren Mann so schwierigen und deprimierenden Situation Gleichmut und Gelassenheit.

Als die Große Koalition nach der Bundestagswahl im Herbst 1969 sozusagen ein abruptes Ende fand – obwohl die FDP nur knapp über die Fünf-Prozent-Hürde springen konnte, koalierte sie mit der SPD, und Willy Brandt wurde Bundeskanzler –, war naturgemäß auch die Kanzlerschaft von Kurt Georg Kiesinger beendet. Zum ersten Mal in der deutschen Nachkriegsgeschichte wurde ein SPD-Politiker zum Regierungschef gewählt, und zum ersten Mal wurden die Unionsparteien auf die harten Bänke der Opposition gedrängt. Die politische Landschaft in der Bundesrepublik Deutschland hatte sich damit von Grund auf geändert. Der Regierungswechsel war ein ganz normaler demokratischer Vorgang. Doch während die SPD triumphierte, fielen CDU/CSU in eine tiefe Depression, wovon sie sich jahrelang nicht erholten. Es war für sie gänzlich ungewohnt, nicht mehr an den Krippen der Macht zu sitzen. Erst unter der späteren Führerschaft von Rainer Barzel, dem Vorsitzenden der CDU und CDU/CSU-Bundestagsfraktion, wurde ein Umdenkungsprozeß eingeleitet, der die Unionsparteien zwang, sich in die Rolle der Opposition einzuüben.

Diese ganze Entwicklung war auch für den Kanzler der Großen Koalition Kurt Georg Kiesinger eine schwere Enttäuschung und eine tiefe Erschütterung. Noch in der Wahlnacht war er vom amerikanischen Präsidenten Nixon in einem Telegramm zum Wahlerfolg beglückwünscht worden, was sich rasch als sehr voreilig herausstellte. Denn hinter den Kulissen waren sich noch in der Wahlnacht die Sozialdemokraten und die Freien Demokraten einig geworden. Alle politisch Denkenden in Bonn wußten dies – mit Ausnahme von Kurt Georg Kiesinger. Es war im Bonner Adenauerhaus eine geradezu dramatische Situation, als ihm sein Sprecher, Staatssekretär Günter Diehl, schonend, aber wahrheitsgemäß, beibrachte: »Herr Kiesinger, Sie sind nicht mehr Bundeskanzler.« Der Verfasser er war damals Bonner Korrespondent des

Südwestfunks, hat am nächsten Tag von der ARD den Auftrag erhalten, Kurt Georg Kiesinger zu interviewen. Fahl und blaß, mit großem Zorn im Gemüt, saß Kurt Georg Kiesinger auf dem Sofa im Kanzlerbungalow und gab mit Ingrimm die Parole aus: »Wir werden die FDP aus sämtlichen Parlamenten herausschleudern.« Das Ergebnis ist bekannt: Über ein Jahrzehnt lang haben die Freien Demokraten mit den Sozialdemokraten in Bonn regiert.

Kurt Georg Kiesinger hat sich als guter Demokrat schnell wieder gefaßt und mit dem Verlust der Macht abgefunden. Die Familie Kiesinger, vorrangig seine Frau, haben diese ganze Entwicklung mit großer Gelassenheit zur Kenntnis genommen. Marie-Luise Kiesinger, die nie gern im Kanzlerbungalow gewohnt hat, sagte fast heiter: »Jetzt kehren wir wieder in unser geliebtes Tübingen heim.« Der Umzug aus dem Kanzlerbungalow fand dann auch bald statt.

Die Kiesingers zogen in die Tübinger Ehrenfriedhalde, gelegen auf halber Höhe zwischen Tübingen und Bebenhausen. Frau Kiesinger war wieder in ihrem heimatlichen Elment. Sie lud hin und wieder zum Damentee ein. Nach Bonn hatte sie nicht das geringste Heimweh, auch nicht nach den wenig geschätzten Repräsentationsaufgaben. Der langjährige persönliche Referent von Kurt Georg Kiesinger, Hans Neusel, später Staatssekretär im Bundesinnenministerium, charakterisiert Frau Kiesinger in einem Brief an den Verfasser sehr zutreffend: »Mit feiner Ironie machte sie sich gelegentlich über ihren Mann lustig, wenn er sich gar zu großartig gebärdete.« Sie war es vor allen anderen, die dem gestürzten Kanzler Hilfe und Trost und ein familiäres Auffangnetz bot. Gern und oft begleitete sie ihn auf großen Wanderungen durch den Schönbuch oder die Schwäbische Alb. Dies auch im Bewußtsein, einen Mann neben sich zu haben, der in der Politik der deutschen Nachkriegsgeschichte Hervorragendes geleistet und als Kanzler der Großen Koalition einen Platz in der Geschichte der Bundesrepublik Deutschland hatte.

Die Verfasser des Buches: »Die vergessene Regierung – die Große Koalition 1966–1969 und ihre langfristigen Wirkungen«, Reinhard Schmoeckel und Bruno Kaiser (Bouvier-Verlag Bonn 1991) schreiben zu Recht: »Die drei Jahre der Großen Koalition waren eine Periode tiefgreifender und lang wirkender Reformen.« Schmoeckel: »Vieles in dem großen Haus der Bundesrepublik Deutschland ist von dieser Regierung und dieser Koalition in sorgfältig überlegter Arbeit renoviert, modernisiert, verbessert worden, mit langfristigen Wirkungen bis heute. Gerade um dieser Leistungen willen – sie stellten vor allem dem Staat hochmoderne Instrumente zur Reaktion auf die immer komplizierter werdenden Vorgänge der Wirtschaft und des sozialen Lebens zur Verfügung – sollte die Große Koalition nicht vergessen werden.« Und Willy Brandt, der Nachfolger von Kurt Georg Kiesinger, schrieb in einem handschriftlichen Brief vom 09. 10. 1969: »Die künftige Regierung wird sich auf das zu stützen haben, was durch die Große Koalition konzipiert, angepackt und zu einem nicht geringen Teil ja auch verwirklicht wurde. Wir stehen, so oder so, in gemeinsamer Verantwortung. Auch deshalb kann dies kein politischer Abschiedsbrief sein. Aber ich wollte Ihren ... Rückblick doch nicht ohne Antwort lassen, in die der persönliche Respekt vor Ihrer Kanzlerschaft einbezogen ist. Ihr Willy Brandt.«

Kurt Georg Kiesinger hätte alle diese Fährnisse und Klippen seines politischen Lebens nicht so unbeschädigt überstanden, wäre ihm nicht seine Frau Marie-Luise gerade auch in den letzten Tübinger Jahren, da Kiesinger sein hohes Amt verloren hatte, fest zur Seite gestanden. Sie hat ihm geholfen, sein Alter in Würde zu bestehen.

Hilda Heinemann

Von Ursula Salentin

Als am 30. Juni 1974 das Motorschiff »Drachenfels« gegen Mitternacht in der Nähe der Kennedybrücke in Bonn anlegte, endete damit die offizielle Abschiedsparty für den dritten Bundespräsidenten Gustav Heinemann und seine Frau Hilda.

Anders als bei seinem Amtsvorgänger hatte man bewußt auf Feierlichkeiten und Pomp verzichtet. Weder die fernsehwirksame Kulisse des Brühler Schlosses, noch pseudomonarchische Attitüden und schon gar nicht der Große Zapfenstreich waren erwünscht. Statt dessen feierten Gustav und Hilda Heinemann mit ihren Nachfolgern Walter und Mildred Scheel inmitten von tausend Gästen aus Politik, Kirche, Kunst, mit Freunden und Familienmitgliedern in heiter gelöster Atmosphäre bei einer Bootsfahrt nach Andernach und zurück. Der betont schlichte Abschied des »Bürgerpräsidenten« verdeutlichte, daß sich während seiner Amtszeit äußere Formen verändert hatten und weiterreichend auch politische und gesellschaftliche Strukturen in Frage gestellt worden waren. Dennoch hatte das Protokoll für die letzten Minuten dieses Tages einen feierlichen Abend vorgesehen: »23.58 Uhr«, hieß es hier, »werden der Bundespräsident und Frau Heinemann an der Reling verabschiedet. 24.00 Uhr Trompetensignal. Der Bundespräsident und Frau Heinemann verlassen allein die ›Drachenfels‹ und fahren zur Villa.« Nichts dergleichen! Die Fotos zeigen es anders. Gustav und Hilda Heinemann stehen mit ihren Gästen an der Reling. Der scheidende und der zukünftige Präsident schütteln sich die Hände. Hilda Heinemann umarmt Mildred Scheel. Nur mühsam bahnen sich die Heinemanns den Weg zu ihrem Wagen. Was sonst meist verborgen blieb, wurde beim Abschied deutlich: Der distanzierte, oftmals abweisend wirkende Präsident und seine lebenszugewandte, aufgeschlossene Frau erfreuten sich nicht nur des Respekts, sondern geradezu der Verehrung und Freundschaft vieler Mitbürger.

An diesem Abend ließen die zahlreichen Bekundungen der Hochachtung und der Zuneigung Hilda Heinemann fast vergessen, daß nach ihrer Meinung die Lebensleistung ihres Mannes – ohne den es keinen Machtwechsel und damit das Ende der zwanzigjährigen CDU-Herrschaft, keine sozialliberale Koalition und damit keine Ostpolitik gegeben hätte – nach wie vor ungenügend erkannt und gewürdigt wurde, auch von der eigenen Partei. Hermann Schreiber vom »Spiegel« stellte einmal Hilda Heinemann als eine Frau dar, die ein wahrer Seismograph, Interpret, ja letztlich Korrektor der Befindlichkeiten ihres Mannes sei. Und sie selbst antwortete auf die Frage eines Journalisten nach ihrem Leben an der Seite des Politikers Heinemann, daß sie ihn in seinen Aktivitäten immer begleitet, seine Arbeit nicht nur respektiert, sondern mitgelebt habe. Die enge Verbundenheit des Ehepaars brachte es vermutlich mit sich, daß Hilda Heinemann ein besonderes Sensorium für Anerkennung oder Mißachtung entwickelte, die man ihrem Mann entgegenbrachte. Sein eigenwilliger politischer Lebensweg – vom CDU-Innenminister unter Adenauer (1949/50) zum Mitbegründer der Gesamtdeutschen Volkspartei (1952) und schließlich SPD-Justizminister unter Kiesinger (1966/69) – führte zu manchen Mißdeutungen.

In diesen bewegten Jahren, in denen Gustav Heinemann sowohl Zustimmung als auch Ablehnung, vor allem aber Unverständnis entgegengebracht wurde, hat Hilda Heinemann immer eindeutig auf seiner Seite gestanden. Sie war sich sicher, daß ihr Mann aus christlicher Verantwortung und nur seinem Gewissen verpflichtet so und nicht anders handelte. Daher hat sie es als besonderes Unrecht empfunden, daß seine Beweggründe oft angezweifelt, er verleumdet und im Stich gelassen wurde und man seine Warnungen und Voraussagen in den Wind schlug, um sich später oft erfolgreich mit seinen Ideen zu schmücken. Die Wahl zum Bundespräsidenten sah sie deshalb als eine Bestätigung an und als sinnvolle Krönung seines bewegten Lebens, ja mehr noch: als einen Hinweis darauf, daß sich das demokratisch-republikanische Bewußtsein in der Bundesrepublik allmählich festigte.

In der Tat wurde die Wahl Gustav Heinemanns am 5. März 1969 zum ersten sozialdemokratischen Präsidenten nach Friedrich Ebert von einem Großteil der Bundesbürger als ein Signal zum Wandel des politischen Klimas angesehen. Vor allem die aufbegehrende Jugend, aber auch weite Kreise der Sozialdemokratie standen in diesen Jahren den politischen, moralischen und wirtschaftlichen Errungenschaften der ersten zwanzig Aufbaujahre der Bundesrepublik und ihrer konservativen Führung kritisch gegenüber. Sie begrüßten in Gustav Heinemann einen Politiker, der seine Sympathie für Veränderungen zeigte, das Ende des Obrigkeitsstaates und den mündigen Bürger forderte und in seinem Leben bewiesen hatte, daß er sich nur seinem Gewissen verantwortlich fühlte und unerschrocken seinen Weg ging. Hilda Heinemann konnte sich bestätigt fühlen.

Hilda Heinemann als »First Lady«.

In seinen Jahren als Bundespolitiker hatte Gustav Heinemann die Woche über in seinem Bonner Appartement gewohnt und das Wochenende bei Frau und Kindern in Essen verbracht. Lange also lebte Hilda Heinemann mit ihren heranwachsenden Kindern und später allein im Haus Schinkelstraße 34 in Essen. Das Haus, in der Nähe der Essener Altstadt gelegen, war eine Villa der »Rheinstahlwerke«. Heinemanns wohnten dort zur Miete. Bonn kannte die zukünftige Präsidentenfrau mehr aus den Erzählungen ihres Mannes oder der Gäste, die er zum Wochenende oft mit nach Hause brachte, als durch eigene Anschauung. Kinder, später Enkel – vor allem Söhne ihrer Tochter Uta, die sich in diesen Jahren beruflich profilierte – hatten sie in die Pflicht genommen.

Als Gustav Heinemann im dramatischen Kopf-an-Kopf-Rennen mit dem CDU-Kandidaten, dem damaligen Bundesverteidigungsminister Gerhard Schröder, in der Ostpreußenhalle in Berlin die Bundespräsidentenwahl knapp gewann, gab Hilda Heinemann den Reportern bereitwillig Auskunft über ihren Gemütszustand. »Ja, für den Sieg gibt es keinen Ersatz«, sagte sie und fügte hinzu: »Ich freue mich«. Kurz zuvor hatte die Presse damit begonnen, über die mögliche »first lady« – eine Bezeichnung, die ihr mißfiel, sie wurde lieber »Frau Heinemann« genannt – erste Berichte zu veröffentlichen. Noch wußte man wenig. Doch Art und Ausstrahlung der großen, schlanken, weißhaarigen älteren Dame gefielen, und man konnte sie sich gut auf dem Bonner Damenthron vorstellen. In der »ZEIT« vom 26. Dezember 1969 findet sich von Manfred Sack eine Charakteristik Hilda Heinemanns, in der es heißt. »Diese Frau erinnert sehr lebhaft an ihr Hochzeitsbild, will sagen, sie ist heute noch sehr jung, sie ist unglaublich modern, ohne es zu betonen, und sie reagiert wahrscheinlich in jeder Situation, sagen wir: vollkommen natürlich und ein wenig scheu.« Daß die damals Dreiundsiebzigjährige so aufgeschlossen und jugendlich wirkte, zeigte sichtbar nicht nur ihr Einverständnis mit ihrer neuen Situation, sondern machte auch deutlich, daß ihr die bisherigen Lebensumstände Kraft und Mut zum Neubeginn gelassen hatten.

Die neue Präsidentenfrau stammte aus einer Bremer Kaufmannsfamilie, die sich seit Generationen vom Getreide- und Salzhandel ernährt und es in der Bürgerschaft zu Ansehen und Wohlstand gebracht hatte. Anders jedoch als bei den Vorfahren der Familie Ordemann verlor sich in der Generation der Eltern Hilda Heinemanns das Interesse am Kaufmännischen. Ihr Vater Johann Anton Ordemann widmete sich mehr aus Pflichtgefühl, denn aus Neigung seinen Geschäften. Ihr Onkel, Pastor Ordemann, und ihre Tante Caroline Ordemann suchten in religiösen und musischen Bereichen ihre Lebensaufgaben. Die Heirat Johann Anton Ordemanns mit der aus schweizerischem Patriziat stammenden Hanna Rohr, Tochter des Berner Münsterpfarrers, bestätigte einmal mehr diese neue Lebensrichtung. Für die damals junge Generation verlor merkantiles Denken an Wichtigkeit, rückte die

Beschäftigung mit sozialen und künstlerischen Problemen in den Lebensmittelpunkt. Die Kinder aus der Verbindung des norddeutschen Kaufmanns mit der schweizerischen Pastorentochter – Hilda Heinemann, ihre ältere Schwester und ihr jüngerer Bruder – wuchsen also in einer vornehmlich an geistigen und musischen Fragen orientierten Umgebung auf. Die materielle Sicherheit ermöglichte die volle Hinwendung zum geistigen Leben.

Der Lebenszuschnitt der Ordemanns, die in einer Jugendstilvilla wohnten, war betont schlicht. Gediegener Reichtum verbarg sich hinter Bescheidenheit und Zurückhaltung. Ideale der Kaiserzeit, wie konservativ-liberale und nationale Gesinnung, ausgeprägte Ehr- und Pflichtvorstellungen, aber auch Bremer Tugenden wie Zurückhaltung, Zuverlässigkeit und nüchterner Sinn wurden hochgehalten. Entscheidender aber als alle diese weltlichen Maximen war die streng protestantische Erziehung, die zum unveräußerlichen Besitz in Hilda Heinemanns Leben wurde. Die Fotos der Konfirmandin zeigen ein großes, schlankes Mädchen mit klaren, offenen Gesichtszügen. Schon damals hätte sie auf die Frage nach ihrem Wesen vermutlich geantwortet: »Ich bin… ja,…ich bin, wie ich bin!« Hilda Heinemann war gern eine Ordemann und fühlte sich in der sie umgebenen Bürgerwelt wohl. Daß sie dennoch Leid und Ungerechtigkeit zu begreifen lernte und ihr soziales Umfeld mit kritischem Blick sah, verdankte sie ihrer Schwester Gertrud, die sich bereits als junges Mädchen in linksprotestantischen Kreisen engagierte, religiöse Sozialistin wurde und später in Berlin bei der Gefangenenfürsorge an herausragender Stelle mitwirkte. Hilda Heinemanns Hinwendung zum Mitmenschen, ihre Anteilnahme am Leid der Benachteiligten, Unterdrückten, den Randgruppen der Gesellschaft – ihren Standpunkt links von der Mitte – hat sie nie mehr aufgegeben und als Präsidentenfrau vielfach bewiesen.

Die Schulausbildung Hilda Heinemanns entsprach den Gepflogenheiten ihrer Gesellschaftsschicht. Bis zum zehnten Schuljahr, der Selecta, besuchte sie die Anna-Vietor-Schule, eine Privatschule für Höhere Töchter, anschließend war die Ausbildung in einem Pensionat vorgesehen.

Als Hilda Ordemann achtzehn Jahre alt war, brach der Erste Weltkrieg aus. Die altersgemäß zu ihr passende Generation fiel in den Schlachten an der Marne oder in Masuren. Auch für diese Generation junger Frauen wurde die Frage nach einer sinnvollen

Staatsbesuch in Großbritannien 1972. V. l. Prinz Philip, Hilda Heinemann, Königin Elizabeth II. und Gustav Heinemann.

Lebensgestaltung zur Frage nach dem adäquaten Beruf. Von 1914 an besuchte Hilda Ordemann deshalb für anderthalb Jahre das Töchterheim der Mathilde-Zimmer-Stiftung in Kassel. Die 1907 gegründete Ausbildungsstätte für junge evangelische Frauen gab den Mädchen die Möglichkeit, sich in Hauswirtschaft und einem frauenspezifischen Beruf auszubilden, um beruflich selbständig zu werden. Die hier erworbenen Befähigungen wurden aber immer auch als Verpflichtung begriffen, sie nicht nur im Beruf oder der eigenen Familie, sondern auch in der Gemeinde wirken zu lassen. Während dieser Ausbildungszeit muß in Hilda Ordemann der Entschluß gereift sein, das Abitur zu machen, zu studieren, Lehrerin zu werden. Ab 1916 lebte sie also wieder in ihrem Elternhaus und bereitete sich privat in Mathematik, Latein und Griechisch auf die Aufnahme in die Unterprima des Alten Gymnasiums in Bremen vor. Sie war eines von drei Mädchen, die in dieses humanistische Gymnasium als erste aufgenommen wurden, und bestand 1918 mit guten Noten das Abitur. Die Wirren der unmittelbaren Nachkriegszeit verzögerten den Studienbeginn. Doch 1921 war Hilda Ordemann endlich Studentin im ersten Semester in München. Die damals Fünfundzwanzigjährige belegte Vorlesungen in Germanistik und Geschichte. Bereits nach zwei Semestern wechselte sie 1922 an die Universität Marburg. Nun befaßte sie sich bevorzugt mit Theologie. Sie wurde Schülerin von Rudolf Bultmann. Seine Interpretationen theologischer Fragen faszinierten sie. Seine Aussagen, daß der Mensch seiner eigentlichen Bestimmung nach von Gott zur Freiheit von Angst, Sünde, Vergänglichkeit bestimmt sei und der Glaube Unabhängigkeit von der Welt bedeute, entsprach ihren Vorstellungen vom Wesen und Ziel des Menschen und der Kraft des Glaubens.

Bei einer studentischen Adventsfeier im Herbst des Jahres 1922 lernte dann die Sechsundzwanzigjährige den erst dreiundzwanzigjährigen Gerichtsreferendar Dr. rer. pol. Gustav Heinemann kennen. Von Anfang an verbanden Hilda Ordemann und Gustav Heinemann neben spontaner Zuneigung gleiche Interessen an sozialen, politischen und kulturellen Fragen der Zeit. »Wir laufen auf einem Gleis«, nannte sie später oft diese Übereinstimmung. Dennoch gab es gerade in dieser frühen Zeit entscheidende weltanschauliche Unterschiede zwischen den beiden jungen Menschen. Der strenggläubigen Protestantin begegnete in Gustav Heinemann ein freisinnig aufgewachsener Mann, der sich dem Monisten-Bund angeschlossen hatte und davon überzeugt war, daß in der freien Selbstbestimmung unter der Herrschaft der Vernunft der entscheidende Fortschritt des Menschengeschlechts zu finden sei. Gustav und Hilda Heinemann heirateten am 26. Oktober 1926 in der Liebfrauenkirche in Bremen. Pastor Groscurth, der Hilda Ordemann schon konfirmiert hatte, vollzog die Trauung.

Zuvor aber hatte Hilda Ordemann ihre Referendarprüfung in Theologie, Deutsch und Geschichte abgelegt, und Gustav Heinemann hatte die Assessorprüfung bestanden und war in Essen in die renommierte Anwaltskanzlei Niemeyer eingetreten. Das gegenseitige Verhältnis der beiden jungen Leute gründete sich auf Achtung, Vertrauen und Liebe.

Es ist vermessen, von einem anderen Menschen zu behaupten, er habe ein glückliches Leben geführt. Doch beim Blick auf Hilda Heinemanns Lebensweg drängt sich diese Beurteilung auf. In einer Zeit, in der der Gang der deutschen Geschichte ein negatives Ereignis nach dem anderen präsentierte und die Generation der um die Jahrhundertwende Geborenen beutelte, blieb ihr privates Dasein im Windschatten der zerstörerischen Kräfte. Wären nicht die politisch-moralischen Herausforderungen der NS-Zeit und des Zweiten Weltkrieges, könnte man behaupten, daß sich das private und berufliche Leben der Familie Heinemann in den Jahren zwischen 1926 und 1945 geradezu modellhaft glücklich entwickelte. Dr. rer. pol. Dr. jur. Gustav Heinemann machte eine beispielhafte Karriere. Vom Justitiar und Prokuristen der »Rheinischen Stahlwerke« 1928 avancierte er – im Krieg nicht eingezogen, weil in einem kriegswichtigen Unternehmen unabkömmlich – zum stellvertretenden Vorstandsmitglied und nach 1945 zum Vorstandsvorsitzenden. In dieser Zeit wurden der Familie vier Kinder geboren: zwischen 1927 und 1933 die Töchter Uta, Christa und Barbara und 1936 der Sohn Peter. An der klaren Rollenaufteilung innerhalb der Familie gab es kein Rütteln. Gustav Heinemann, dessen Autorität unangezweifelt galt, war für die äußere Lebensgestaltung zuständig, Hilda Heinemann dagegen für das Familienleben, die Atmosphäre, den Zusammenhalt. Die Kinder fügten sich ein, ohne in einen ernsthaften Konflikt mit diesem Ordnungssystem zu geraten. Eine typische Szene beschrieb die jüngste Tochter Barbara folgendermaßen:

»Das Arbeitszimmer Gustav Heinemanns und das Familienwohnzimmer waren durch eine Schiebetür voneinander getrennt. Gustav Heinemann sitzt beschäftigt an seinem Schreibtisch, Hilda Heinemann mit ihren Kindern um den Wohnzimmertisch. Die Schiebetüre zwischen beiden Räumen ist offen, Hilda Heinemann begutachtet Arbeiten der Kinder, gibt Anregungen und sucht gemeinsam mit ihnen Lesestoff, der Alter und Anlagen der Kinder entsprechen soll. Es entspinnt sich eine Unterhaltung zwischen Mutter und Kindern über die zukünftige Lektüre, in die plötzlich auch Gustav Heinemann vom Nebenzimmer ratgebend eingreift. Bei höchster fachlicher Konzentration war es ihm dennoch möglich, familienspezifische Fragen mitzubedenken und zu bestimmen.«

Gustav Heinemann verdankte seinen beruflichen Erfolg sicher auch seiner Frau, die ihm stets den Rücken frei hielt und von der er wußte, daß sie im häuslichen Bereich eigenverantwortlich handelte. Daß sie sich weniger für Küche und Vorratswirtschaft begeistern konnte, störte niemanden. Gustav Heinemann schätzte vor allem an seiner Frau – »Madamchen«, wie er sie nannte –, daß sie sich mit philosophischen, theologischen und künstlerischen Fragen befaßte, immer für Neuerscheinungen der Literatur aufgeschlossen und eine ausgesprochene Musikliebhaberin war; kurzum, daß ihr das geistige Leben ebenso existenznotwendig war wie ihm.

Der äußere Lebenszuschnitt im Hause Heinemann war sehr einfach, um nicht zu sagen spartanisch. Verschwenderischer Umgang mit Geld und Gut, zur Schau getragene Wohlhabenheit war allen fremd. Bremisches Understatement verband sich hier mit der Sparsamkeit des aus Aufsteigerkreisen stammenden Gustav Heinemann.

Was letztlich Gustav Heinemann Ende der Zwanziger Jahre zum bewußten Protestanten werden ließ, läßt sich heute nicht mehr ganz klar zurückverfolgen. Sicherlich haben ihn das praktizierte Christentum seiner Frau und die Kraft, die ihr der Glaube für das Alltagsleben gab, zur Revision der eigenen Position angeregt.

Hilda Heinemann verdankte er in jedem Fall die Bekanntschaft mit Pfarrer Friedrich Graeber, dem evangelisch-reformierten Gemeindepfarrer von Essen-Altstadt, der den Heinemanns Trost und praktische Hilfe während der schweren Erkrankung ihrer ältesten Tochter zukommen ließ. Das beherzte Christentum dieses Pfarrers, das sich sowohl im mutigen Wort als auch im Verhalten während der NS-Zeit manifestierte, wurde zum Ausgangspunkt des Mitwirkens beider Heinemanns in der Gemeindearbeit: bei der Organisation von Bibelkursen, bei Vorträgen und praktischer Arbeit für den Nächsten. Während aber diese Arbeit für Hilda Heinemann von Jugend an vertraut war und sie sie auch kritisch sah, wurden Christentum und kirchliche Arbeit für Gustav Heinemann erst fortan zur Lebensaufgabe. Mit Enthusiasmus wandte er sich Fragen der Theologie, des Kirchenlebens und, damit verbunden, der Politik zu. Dieser Weg führte ihn vom Presbyter der Gemeinde Essen-Altstadt seit 1930 zum bekannten Synodalen der »Bekennenden Kirche« während der Nazi-Zeit und von 1945 bis 1967 zum Mitglied des Rates der Evangelischen Kirche Deutschlands sowie zum Präses der Gesamtdeutschen Synode von 1949 bis 1955. Sowohl die »Barmer Erklärung« von 1934 als auch die »Stuttgarter Schulderklärung« von 1945 wurden von ihm mitverantwortet und entsprachen in Gedanken und Formulierung auch Hilda Heinemanns Überzeugung. Während der NS-Zeit war die »Bekennende Kirche« die Bekenntnisfront gegen den Nationalsozialismus. Sie verwahrte sich gegen das Machtmonopol der Nationalsozialisten und der »Deutschen Christen«, forderte zum Widerspruch gegen die Abschaffung des Alten Testaments auf, wandte sich gegen die Einführung des Arierparagraphen im Raum der Kirche und verweigerte die Bejahung des Nationalsozialismus als Offenbarung Gottes in der Geschichte. Wer wie Gustav und Hilda Heinemann hier von Anfang an mitarbeitete, setzte sich Verfolgung und Inhaftierung aus.

Im Keller des Hauses Heinemann wurden längere Zeit die sogenannten »Grünen Blätter« hergestellt, die als »Briefe zur Lage« über die herausragenden Ereignisse der »Bekennenden

Kirche« berichteten. Ein Bruderrat, zu dem auch Gustav Heinemann gehörte, sorgte mit diesen Nachrichten für den Zusammenhalt unter den Gemeinden. Während in der Schinkelstraße 34 also nachts die Abzüge von den Matrizen rollten, sorgte Hilda Heinemann für Kaffee und Verpflegung bis zum frühen Morgen. Eines Tages stellte eines der Heinemann-Kinder die Frage, was eigentlich, während sie schliefen, im Keller passiere. Eine Schulfreundin, Tochter eines hohen NS-Funktionärs, habe erzählt, ihr Vater sei dabei, herauszufinden, was bei den Heinemanns abends geschehe. Der Druckapparat erhielt unverzüglich einen neuen Standort.

Doch obwohl Hilda und Gustav Heinemann sich während des Dritten Reichs gegen den Nationalsozialismus engagiert haben, beruhigte dies ihr Gewissen nicht. Sie empfanden die »Stuttgarter Schulderklärung« von 1945 auch als ihre Wahrheit: »Wohl haben wir lange Jahre hindurch im Namen Jesu Christ gegen den Geist gekämpft, der im nationalsozialistischen Gewaltregime einen furchtbaren Ausdruck gefunden hat, aber wir klagen uns an, daß wir nicht mutiger bekannt, nicht treuer gebetet, nicht fröhlicher geglaubt und nicht brennender geliebt haben.« Später haben Heinemanns die zwölf Jahre des Dritten Reichs nicht verdrängt. Vielmehr erhöhten diese Erfahrungen ihre Sensibilität gegenüber den Fragen der Moral in der Politik und sind letztlich der Grund, weshalb sich Gustav Heinemann der Nachkriegspolitik zuwandte.

Für Hilda Heinemann waren die Jahre der Präsidentenschaft ihres Mannes zweifellos der Höhepunkt ihres Lebens. Zum einen erlebte sie die Genugtuung, ihren Mann im höchsten Staatsamt zu sehen, für das er ihrer Meinung nach alle Voraussetzungen mitbrachte, zum anderen eröffnete ihr seine Position die Möglichkeit, ihre eigenen Ideen von einer gerechten Welt, wenn auch im bescheidenen Rahmen, zu verwirklichen.

Als Hilda und Gustav Heinemann am 1. Juli 1969 an ihrem offiziellen Wohnsitz, der Villa Hammerschmidt, eintrafen, mußten sie sich noch vier Monate mit dem Leben im seitlich gelegenen Palmenhaus arrangieren. Nach zwanzig Jahren Nutzung wurde die Villa Hammerschmidt umgebaut und modernisiert. Nach der Renovierung bat der Bundespräsident die Journalisten zu einer Open-house-Aktion. Persönlich führte er sie vom Keller bis zum

Dach. Um späteren Vorwürfen der Geldverschwendung vorzubeugen, hatte man Fotos vom alten, renovierungsbedürftigen Zustand des Hauses angefertigt.

Es entsprach dem Geschmack Hilda Heinemanns, dem Haus, ähnlich wie in Essen, eine helle, heitere Note zu geben. Die Wände wurden in ungebrochenem Weiß gestrichen; viele moderne Lampen und auch Kristallüster gaben strahlendes Licht, für die Bezüge der Stühle, Sessel und Sofas wählte sie leuchtende Farben wie Grün, Rot und Weiß. Auch die Teppiche waren hellgrundig. »Gemütlich, gut bürgerlich, nicht aufgedonnert, aber mit gedämpfter Modernität«, urteilte die Presse. Mit Hilfe der befreundeten Essener Architektin Erny Haas war es gelungen, ein Heim zu schaffen, das sowohl den privaten Bedürfnissen als auch den Repräsentationspflichten des Bundespräsidenten entsprach.

Einige Zeit später veranlaßte Hilda Heinemann, daß eine Reihe der noch seit der Amtszeit Theodor Heuss' hängenden Gemälde und Gobelins in den Repräsentationsräumen durch Bilder der Klassischen Moderne ersetzt wurden. Hatte sie in ihrem Essener Heim Lithographien von Chagall und Picasso bevorzugt, bemühte sie sich jetzt erfolgreich um Leihgaben aus Museen und Privatsammlungen, so zum Beispiel von Baumeister, Grieshaber, Jawlensky, Kandinsky, Klee, Nay, Nolde.

Nach anfänglicher Unsicherheit, nach Zögern und Zweifel, aber auch ernsthafter Erkrankung wandte sich Hilda Heinemann ab Frühherbst 1969 täglich intensiver ihrer neuen Aufgabe zu. Die Dreiundsiebzigjährige, die nie einen Beruf ausgeübt und sich in der Rolle der »Frau an seiner Seite« wohlgefühlt hatte, lernte in kürzester Zeit ihre neuen Pflichten mit ganzem Engagement zu ergreifen, in den Mittelpunkt ihres Denkens und Handelns zu stellen und sich mit ihnen zu identifizieren. In einem Alter, in dem sich andere Frauen meist nicht mehr mit neuen Herausforderungen belasten, stellte sie sich völlig in deren Dienst. Lernfähigkeit, Unerschrockenheit, Durchsetzungsvermögen wurden jetzt von ihr gefordert. Vor allem aber mußte sie lernen, daß gutem Wollen nicht immer gute Taten folgen, daß das Streben nach Gerechtigkeit nicht unbedingt belohnt wird und auch der Hilfsbereitschaft der Frau des Bundespräsidenten Grenzen gesetzt sind.

Die Amtszeit Gustav Heinemanns fiel in die ersten fünf ereignisreichen Jahre der sozialliberalen Koalition. Gesellschaftliche

Reformvorhaben, erste Energiekrise, neue Ostpolitik und politischer Terrorismus bewegten und erschütterten die Bundesrepublik. In diesen stürmischen Zeiten erwies sich der Präsident als ein Anwalt des Maßes und der Vernunft, der für Humanität und Toleranz plädierte und die Bürger aufforderte, sich auf ihre Selbstverantwortung, aber auch Mitverantwortung für den Nächsten zu besinnen. Gustav Heinemann konnte und wollte keine heile Welt repräsentieren. Unerschrocken wies er auf die schmerzhaften Ereignisse der Vergangenheit und Gegenwart hin. Er wollte das demokratisch-republikanische Bewußtsein bei seinen Landsleuten vertiefen. Vor allem wendete er sich denjenigen zu, die in unserer Wohlstandsgesellschaft zu kurz gekommen waren.

Hilda Heinemann engagierte sich von Anfang an ganz in seinem Sinne. Auch sie wollte denjenigen zu Recht verhelfen, denen man es vorenthielt, auch sie handelte aus dem Empfinden heraus, für das Recht des anderen eintreten zu müssen.

»Türen öffnen« nannte sie ihre Tätigkeit, der sie kein festes Programm zugrunde legte. Sie wollte vielmehr für alle Fragen mitbürgerlicher Not offen sein, ansprechbar dort, wo Hilfe erforderlich war. Deshalb bat sie um neue Formen bei den sogenannten »Damenprogrammen«. Anstelle der bisher üblichen Besichtigungen machte Hilda Heinemann auf die Elendsecken der Gesellschaft aufmerksam. Immer wieder bemühte sie sich, mit Behinderten, Kranken, Drogenabhängigen, Strafgefangenen ins Gespräch zu kommen. Immer wirkte sie voll Anteilnahme, bewegte sie sich selbstverständlich und natürlich in dem fremden Milieu. Selbst als sie von aufgehetzten Jugendlichen bei einem Besuch der Eltern-Kind-Gruppen in »Bethanien« im Jahre 1973 in Berlin-Kreuzberg mit Eiern beworfen wurde, bemühte sie sich noch um Worte des Verständnisses.

Mit Hilfe der einfallsreichen Journalistin Ruth Bahn-Flessburg und zweier Sekretärinnen wurde das Büro der Frau des Bundespräsidenten bald ein Zentrum der Initiativen für die Hilflosen unserer Gesellschaft, für geistig und körperlich Behinderte, weibliche Gefangene und Drogensüchtige, für Fürsorgezöglinge und jugendliche Obdachlose.

All diese Aktivitäten kamen Hilda Heinemanns Wesen sehr entgegen. Sie war ein erlebnisbereiter Mensch, sie war ein mitfühlender Mensch, und sie wuchs mit ihren Aufgaben zu einem durchsetzungsfähigen Menschen, der seine Erkenntnisse in Taten zu verwandeln wußte, wenn auch nicht immer mit Erfolg.

Das bekannteste Werk des »Staatssekretärs ehrenhalber«, wie Gustav Heinemann seine Frau nannte, war die Gründung der »Hilda-Heinemann-Stiftung – Wohnstättenwerk für geistig Behinderte«. Zur Gründung dieses Werkes kam Hilda Heinemann durch einen Zufall. Es war üblich, daß die Frau des Bundespräsidenten an Weihnachten die Kinder der in Bonn akkreditierten Diplomaten ins Theater einlud und ihnen anschließend Süßigkeiten schenkte. Frau Heinemann fand, daß Diplomatenkinder an Süßigkeiten keinen Mangel litten, und brach mit dieser Tradition. Sie schrieb den Kindern einen freundlichen Brief und bat um Verständnis dafür, daß das bislang für Schleckereien ausgegebene Geld künftig Kindern zugute kommen sollte, die in Heimen lebten: Behinderten, Blutern, Spastikern, Tauben und Blinden. Aber diese Kinder wurden nun nicht mit den üblichen Spielsachen oder Süßigkeiten beschenkt. Statt dessen ließ Frau Heinemann Erkundigungen darüber einholen, welche therapeutischen Hilfsmittel fehlten. Und so gab es als Weihnachtsgeschenk für ein Kinderheim eine Kletterwand, für ein anderes einen Zuschuß zum Schwimmbad, für ein drittes Hörgeräte. Als sie einmal Geschenke in einem Heim für geistig Behinderte überreichte, erfuhr sie, daß die meisten Jugendlichen nur bis zu ihrem achtzehnten Lebensjahr in einem solchen Heim leben können. Danach bleibt ihnen, falls ihre Familie sie nicht wieder aufnimmt, nur die Wahl zwischen der Nervenheilanstalt und dem Siechenheim.

Hilda Heinemann erkannte die dringliche Aufgabe, sich für diese Gruppe junger Erwachsener einzusetzen. Die »Hilda-Heinemann-Stiftung« förderte den Bau von Wohnstätten und Werkstätten und versuchte, letztere in Industriebetriebe einzugliedern. Ein Begleitprogramm sollte die Öffentlichkeit über Vorurteile, Mängel in der Betreuung und die Möglichkeit der persönlichen Entfaltung der Behinderten aufklären.

Im Laufe der ersten vier Jahre wurden mit Hilfe der Stiftung vier Wohnheime eröffnet, elf weitere waren 1974 im Bau. Die Stiftung, die nicht von den öffentlichen Haushalten finanziert wurde und auch nicht durch die großen Fersehlotterien wie «Ein Platz an der Sonne» oder »Aktion Sorgenkind« abgesichert war, ging nach Gustav Heinemanns Tod im Jahre 1976 in die »Bundesvereinigung Lebenshilfe für geistig Behinderte e. V.« über.

Hilda Heinemann hatte Alltagsverpflichungen wie seit Elly Heuss-Knapps Zeiten jede Präsidentenfrau. Nicht ausweichen konnte sie der täglichen Post (meist über hundert Briefe), den Verpflichtungen gegenüber Verbänden und Organisationen, den Festen und Empfängen, den Staatsbesuchen als Gast oder Gastgeber, den Schirmherrschaften für Unicef oder Müttergenesungswerk und der Last, von früh bis spät eine Person des öffentlichen Interesses zu sein.

Schon in den ersten Wochen ihrer neuen Tätigkeit hatte Hilda Heinemann erkannt, daß es wenig Sinn hat, Gutes im Verborgenen zu tun, wenn man eine Wirkung erhofft. Deshalb trat sie möglichst nur in Begleitung von Presse und Fernsehen auf, wenn sie Mißstände anprangern wollte. Meist verpflichtete sie sich als Zeugen auch noch die jeweiligen Landespolitiker. Ihre Beanstandungen wurden fast immer umgehend aufgegriffen. Kaum jemand wagte es, der Präsidentenfrau keine Erfolgsmeldung zu machen.

Doch haben diese ständigen Hinweise auf die Schattenseiten der bundesdeutschen Realität ihr nicht nur Anerkennung oder Freundschaft gebracht. Stets »den Finger in die Wunde zu legen«, mobilisierte auch Abwehr, wenn nicht sogar Spott und Hohn. Vielfach wurden ihre Anstrengungen als »linkes Getue«, auch als »späte Profilierungssucht« eingestuft. In Erinnerung bleibt ein Foto, das durch die Medien ging und für Aufruhr sorgte. Es zeigte Hilda Heinemann beim Besuch eines senatseigenen Berliner Heimes für vierzehn- bis einundzwanzigjährige weibliche Jugendliche. Hier hatte eine Rauschgiftsüchtige, die ins Krankenhaus verlegt werden sollte, um den Besuch Frau Heinemanns in ihrem Zimmer gebeten. Nun saß sie auf der Bettkante, streichelte unablässig ihre beiden Katzen und flehte im weinerlichen Ton: »Im Heim bleiben! Im Heim bleiben!« Hilda Heinemann saß bei ihr, die Kameras klickten. Auf der vollgepflasterten Wand im Hintergrund stand auch der Spruch: »Zerschlagt den Staat mit dem Joint in der Hand«.

Verwirrung in Bonn! Zur monatlichen Mittagseinladung brachte der Parlamentarische Geschäftsführer der CDU/CSU-Bundestagsfraktion, Olaf von Wrangel, der Gastgeberin den Brief eines Bundestagsabgeordneten: CDU-Mitglieder seines Wahlkreises hätten sich mißbilligend über das Foto von Frau Heinemann mit einer Rauschgiftsüchtigen geäußert. Die Frau des Bundespräsidenten habe eine Aufnahme geduldet oder sogar arrangiert, die sie unter einer staatszerstörenden Parole zeige. Hilda Heinemann konnte nicht fassen, was ihr in die Schuhe geschoben werden sollte: «Ich würde mich vom Herrn der Geschichte und des Lebens lieber bei den Ausgestoßenen finden lassen als bei den Gerechten».

Letztendlich entmutigten Hilda Heinemann derartige Anwürfe nicht. Sie gaben ihr aber oftmals Anlaß zum kritischen Hinterfragen der eigenen Position und des Nutzens ihres Tuns. Die innere Sicherheit, die selbstgewählte Aufgabe vor dem Gewissen verantworten zu können, blieb jedoch unerschüttert.

Fast ein Jahr, nachdem Hilda und Gustav Heinemann Abschied von Bonn genommen hatten, ehrte am 23. Juni 1975 die Stadt Kiel Hilda Heinemann mit ihrem Kulturpreis. In der Urkunde heißt es: »Sie ehrt damit eine Frau, die unterwegs war und ist zu den Ratlosen, die die Möglichkeit ihrer Stellung unerschrocken genutzt hat im Dienst für den Mitmenschen und die daneben durch ihr persönliches Eintreten für den künstlerischen Menschen beispielhaft die Öffentlichkeit darauf hingewiesen hat, welche Bedeutung der Kunst in einer vorwiegend von ökonomischen und technologischen Interessen bestimmten Gegenwart zukommt.«

In ihrer Erwiderung zog Hilda Heinemann Parallelen zwischen ihrem sozialen Engagement und der Förderung moderner Kunst: »Wie die Kunst uns hilft und erfreut in unserem Leben, so macht sie auch Aussagen über die gegenwärtige Zeit, oft sehr krasse und befremdliche. Ich kann solche Aussagen nicht nur ästhetisch zur Kenntnis nehmen. Sie weisen hin auf große Nöte unserer Zeit ... Ich wollte Mut machen den künstlerisch Schaffenden wie auch den durch Krankheit, Umwelt, eigenes oder fremdes Unglück Benachteiligten. Das war mein Versuch, die mir durch das Amt meines Mannes gegebene Chance wahrzunehmen.«

Hilda Heinemanns Verhalten der modernen Kunst gegenüber war nicht nur rezeptiv. Sie wagte es vielmehr, nach persönlichem Geschmack junge Künstler zu fördern. Diese besuchte sie in ihren Ateliers, traf eine Auswahl und öffnete die Türen der Villa Hammerschmidt für Ausstellungen. Von 1970 an fanden hier alle zwei Monate Kunstausstellungen statt mit Exponaten, die Hilda Heinemann ausgesucht hatte. Materiell waren diese zwanzig Ausstellungen sehr bescheiden ausgestattet, es wurden nur die Transportkosten übernommen. Doch waren sie für manchen jungen Künstler ein Sprungbrett.

Natürlich gab es gerade unter den Künstlern viel Kritik an der persönlichen Auswahl Hilda Heinemanns. Die Öffentlichkeit hingegen urteilte meist positiv. Die zum Ende der Amtszeit in der Beethovenhalle in Bonn und im Schloß Bellevue in Berlin gezeigte Zusammenschau war gut besucht. Der Maler Max Oppermann dankte Hilda Heinemann im Namen aller vertretenen Künstler für ihren Mut »eine persönliche Auswahl zu repräsentieren«, und war der Meinung, daß ihr Beispiel andere anrege, »ein persönlich selbständiges Verhältnis zur Malerei und Bildhauerei zu finden: ein Stück mehr Freiheit«.

Auch lud das Präsidentenpaar des öfteren zu Konzerten moderner Komponisten wie Karl Heinz Stockhausen und Wilhelm Killmeyer ein.

Ganz allgemein stand in diesen Jahren die Villa Hammerschmidt den Bestrebungen der modernen Kunst offen. Eine sensible und aufgeschlossene Präsidentenfrau hatte es vermocht, der staatlichen Repräsentation etwas vom Geist und den künstlerischen Strömungen unserer Zeit mitzugeben.

Hilda Heinemann war gern die Frau des Bundespräsidenten, und sie hätte ihren Mann – obwohl sie zu Ende seiner Amtszeit achtundsiebzig Jahre alt war – auch in eine zweite begleitet. Pflichtbewußt, mit Charme und Würde, hatte sie sich von Jahr zu Jahr mehr in ihr Amt, das, genau genommen, keines ist, eingelebt und hatte neue Maßstäbe gesetzt.

Als man sie am Ende fragte, ob ihre Aufgaben Spaß gemacht hatten, antwortete sie: »Spaß ist nicht das richtige Wort. Ich habe die Aufgabe an der Seite meines Mannes gern erfüllt. Ich hoffe, weitgehend zufriedenstellend.«

Im offiziellen Bonn hat man Hilda Heinemanns Wirken, wie eine Formalie beweist, richtig bewertet: Das Protokoll gestattete ihr als erster Frau eines Bundespräsidenten, an der Seite ihres Mannes und nicht auf der Zuschauertribüne der Amtseinführung des neuen Präsidenten beizuwohnen.

Rut Brandt

Von Heilwig Ahlers-von der Mehden

Im Frühling 1997 erzählte Rut Brandt einigen Freundinnen, die sich in unregelmäßigen Abständen im ehrwürdigen Godesberger Weinhaus Maternus zu versammeln pflegen, gerade an diesem Tag seien es fünfzig Jahre her, daß sie nach Deutschland gekommen sei. Sie kam mit einem der damals im Schneckentempo verkehrenden Züge nach Deutschland, dreizehn Gepäckstücke um sich herum aufgestapelt, darunter Wolldecken und Salzfleisch von der fürsorglichen Mutter, und hat es nie wieder wirklich verlassen. Fünfzig Jahre! Und es spricht nichts dafür, daß sie für die Zukunft die Absicht hege, diesem Land den Rücken zu kehren.

In den letzten Jahren ist es ein wenig still geworden um Rut Brandt, was immer wieder zu der Frage veranlaßt: »Was macht eigentlich Frau Brandt da oben in Norwegen?« Die Leute sind dann höchst verwundert, wenn sie hören, daß sie keineswegs in ihre norwegische Heimat ausgewandert ist, sondern in einem kleinen Ort bei Bonn am Fuße des Vorgebirges wohnt, der durch seinen vorzüglichen Spargel jedem Bonner bekannt ist. In Norwegen allerdings macht sie oft und gern Urlaub in ihrer »Hütte«, die eigentlich ein recht komfortables kleines Haus ist, umgeben von niedlichen Gästehäusern, die man mit mehr Recht Hütten nennen könnte. Aber für einen Norweger ist nun einmal sein Haus für die Ferien seine »Hütte«.

Als Rut Brandt 1947 mit 27 Jahren nach Deutschland kam, um den damaligen norwegischen Presseoffizier und deutschen Emigranten Willy Brandt zu treffen, war es noch die viergeteilte Stadt Berlin, wo sie mit ihren dreizehn Gepäckstücken landete, um ungefähr zwanzig Jahre lang zu bleiben.

Berlin bot in dieser Zeit nicht nur für jemanden, der aus dem relativ unversehrten Skandinavien kam, einen trostlosen Anblick mit seinen kilometerweiten Trümmerwüsten, mit seinen Behelfswohnungen, seinen notdürftig geräumten Wegen zwischen einsturzgefährdeten Ruinen und den Menschen, die von Hunger und Elend gezeichnet waren. Trümmerfrauen – überall als Muster von Tapferkeit und Überlebenswillen gerühmt – schufteten allerorten und waren von der rauhen Wirklichkeit abgearbeitet, überanstrengt von der harten Männerarbeit, wie sie unverdrossen mit ihren Schubkarren, Hämmern und Schaufeln Millionen Kubikmetern Trümmer zu Leibe rückten. Der Tiergarten und andere Parks und Grünflächen waren von den frierenden Berlinern gna-

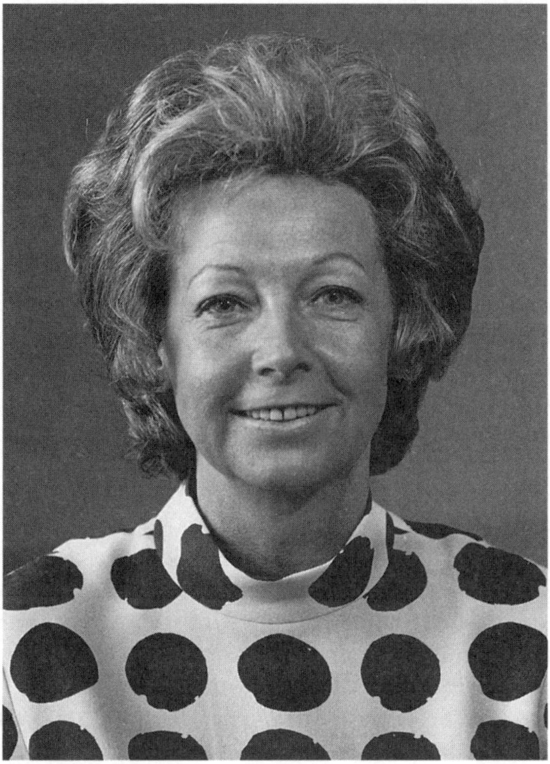

denlos abgeholzt und zu großen Teilen in Kartoffeläcker umgewandelt worden.

Außer der Liebe natürlich, die Rut Brandt in Berlin festhielt, waren es ein gewisser Abenteuergeist und das Gefühl, in einen Brennpunkt der Nachkriegsgeschichte geraten zu sein, die sie nicht losließen. Auch eine starke Sympathie für die standhaft dem Leid trotzende Berliner Bevölkerung hielt sie in der von politischen Krisen geschüttelten Stadt fest. Und so blieb sie ein Jahr ums andere, an der Seite Willy Brandts, der sie heiratete und dem sie drei Söhne schenkte.

Es waren ereignisreiche Jahre, in denen Rut Brandt den weiten Weg von der Sekretärin des norwegischen Presseoffiziers bis zur Frau des Berliner Regierenden Bürgermeisters zurücklegte.

Übrigens hatte die Sekretärin des Presseoffiziers den Rang eines Fähnrichs. Als Gefreite hätte sie nicht mit ihrem Chef, dem

Major Willy Brandt, im Offizierskasino Westberlins essen dürfen. Natürlich gab es eine Uniform, die wenig geliebt wurde – wies sie doch die Trägerin als das aus, was sie aufgrund ihrer Erfahrungen während des Krieges am allerwenigsten sein wollte: als Mitglied der privilegierten Besatzungsmacht. Sie spürte versteckte Abneigung und war sensibel genug, darunter zu leiden.

Schon 1947 wurde klar, daß Willy Brandt seinen Posten als norwegischer Presseoffizier aufgeben würde, da es ihn in die aktive deutsche Politik zog. Zunächst machte ihn die Führung der Sozialdemokratischen Partei in Hannover zu ihrem Verbindungsmann zu den Alliierten in Berlin. Rut beschloß in Berlin zu bleiben und die Stellung bei der Norwegischen Militärmission aufzugeben. Später kommentierte sie diesen Entschluß: »Und so wurde ich – trotz der Warnungen von Freunden, norwegischer Beschwörungen, schwedischer Bekreuzigungen und dänischer Bitten – eine deutsche Hausfrau.«

Der »deutschen Hausfrau« ging es zwar aufgrund eines stattlichen Vorrates an Zigaretten und treuer skandinavischer Freunde besser als den Schicksalsgenossinnen, aber auch sie mußte lernen, sich mit den Lebensmittelkarten herumzuschlagen und im eigenen Garten Gemüse zu ziehen. Die inzwischen längst zur Historie gewordene Berliner Blockade bedeutete einen zusätzlichen Härtetest, zumal in dieser entbehrungsreichen Zeit bei Notbeleuchtung und Stromsperre Peter, der erste Sohn, geboren wurde. Nicht allzu lange vorher fand in der Norwegischen Mission die Trauung durch den Feldpfarrer statt.

Trotz Intrigen und Anfeindungen, die das Ehepaar viele Jahre begleiten sollten, trotz abstruser Verleumdungen, die zum Teil zwischenparteiliche, zum Teil innerparteiliche Kämpfe waren und die, obwohl sie jeder Grundlage entbehrten, dennoch schmerzten, stieg Willy Brandt, nicht ohne bittere Rückschläge zu erleiden, im Laufe der Jahre auf. 1954 wurde er Präsident des Berliner Abgeordnetenhauses, und am 3. Oktober 1957 wählte man ihn als Nachfolger Dr. Otto Suhrs zum Regierenden Bürgermeister von Berlin. Besonders in den Jahren des Mauerbaues wurde er in ganz Deutschland populär. Für Rut Brandt bedeutete die Karriere ihres Mannes, daß nun ihr einfaches Dasein als »deutsche Hausfrau« sein Ende finden würde. Sie mußte aus der Geborgenheit ihres Haushaltes auftauchen und repräsentieren. Mit ihrer Freundlichkeit und geselligen Art hatte sie immer viel Freunde um sich versammelt und nach besten Kräften ein gastliches Haus geführt – aber nun stand sie vor ganz neuen Aufgaben, die der sonst eher unerschrockenen Frau etwas angst machten.

Man begann sich ernstlich für sie zu interessieren. Und es war nicht nur freundliches Interesse, das man ihr entgegenbrachte. Ein Nachahmen der damals ungeheuer populären Jackie Kennedy wurde ihr vorgeworfen und – genau entgegengesetzt – eine Vergangenheit als militante Kommunistin in Norwegen und Schweden. Auf letzteres angesprochen, meinte sie nur lachend: »Ich würde es ja zugeben, wenn ich es gewesen wäre – aber ich war es nun einmal nicht!« Sie hat nie begriffen, wie fest diese Vorstellung in den Köpfen mancher Leute saß und wie bedenkenlos sie weiterverbreitet wurde.

Wie aber war ihre norwegische Jugend wirklich gewesen? Woher stammte sie? Wie waren ihre Eltern, ihre Freunde? Womit hatte sie als junger Mensch ihr Brot verdient?

Die Eheleute Brandt hatten einen sehr sympathischen Charakterzug gemeinsam: eine unantastbare persönliche Würde. Beide waren nach den damals noch weitverbreiteten Vorstellungen von äußerst schlichter Herkunft, wobei Willy der Makel einer unehelichen Geburt anhaftete. Beide haben ihre Herkunft weder verschleiert noch nachträglich aufgeputzt. Sie haben aber auch nicht – wie es manchmal, vor allem in Politikerkreisen, üblich ist – aus den Anfängen ihrer Biographie eine verehrungswürdige Legende gestaltet – oder gestalten lassen. Sie waren, beziehungsweise sind Persönlichkeiten, die weder das eine noch das andere nötig haben.

Rut allerdings hatte es leichter, weil sie aus einem grunddemokratischen Land stammt, wo gar nicht so selten der Bauer den König duzt und man als Fremder den Eindruck nicht loswird, irgendwie seien alle Norweger miteinander verwandt.

Sie nennt sich selbst »ein Arbeitermädchen aus Hamar«. Hamar, mit ungefähr fünfzehntausend Einwohnern, liegt nördlich von Oslo am Ostufer des Mjösasees. Von 1152 bis 1527 war es der Sitz eines Bischofs, wovon noch die ehrwürdige Ruine der Kathedrale kündet. Vielleicht erinnert sich der eine oder andere Literaturfreund daran, daß Kristin Lavranstochter barfüßig über die Berge nach Hamar pilgerte, um für ihre Sünden Vergebung zu finden – Rut Brandt, das Mädchen aus Hamar, kennt das Buch, mit dem sich seine Verfasserin, Sigrid Undset, den Nobelpreis erschrieb.

Ruts Vater Andreas Hansen war ein wunderbarer Mensch. Er war stattlich anzusehen und trug auch nicht, wie andere Väter, Arbeitszeug, sondern eine Livree mit blanken Knöpfen und lederne Handschuhe. Er kam nicht am Zahltag betrunken nach Haus wie andere Väter, vor denen sich die Kinder vorsorglich in Sicherheit brachten. Er kaute nicht Tabak und rauchte auch nicht. Eigentlich stand er wie eine Märchengestalt in der rauhen Wirklichkeit. Was ihn aber auch von anderen Väter unterschied: Er lebte nicht mehr lange. Er starb an Tuberkulose, als Rut drei Jahre alt war, und ihr Bild des Vaters erwuchs aus den Erzählungen der Mutter, die ihn sehr geliebt hatte und die er mit vier kleinen Mädchen allein auf dieser Welt ließ.

Es gehörte eine große Tapferkeit dazu, angesichts dieser Situation nicht mit dem Schicksal zu hadern und nicht zu verzweifeln, aber Ruts Mutter setzte nicht nur ihren ganzen Stolz darein, durchzukommen, ohne um etwas zu betteln; sie bereitete ihren Töchtern auch ein schönes Zuhause, an das sie später gern zurückdenken konnten. Wenn sie abends und nachts an der Nähmaschine saß und für ihre Töchter – aber auch für Fremde gegen Bezahlung – nähte, dann sang sie dazu. Das Summen der Maschine und der Gesang waren friedliche Geräusche zum Einschlafen. Man war arm, aber man lebte harmonisch in der kleinen Wohnung. Und kurz vor Weihnachten besuchte man die bedauernswerten Waisenkinder, die keine Mutter mehr umsorgte, und brachte ihnen Geschenke.

Alle Feste wurden gefeiert – auch in neuen Kleidern, wie es sich gehörte. »Wir lernten früh, daß es wichtig war, hübsch gekleidet zu sein. Arm war man nur, wenn man in zerlumpten Sachen herumlief und wenn man dreckig war.« Diese Maxime aus ihrer frühen Jugend hat sich offenbar tief eingeprägt und wurde im späteren Leben beherzigt. Da ging es dann allerdings nicht mehr um einen Kampf gegen Dreck und Lumpen, sondern um jene Eleganz, die Rut Brandt vor allen deutschen Politikergattinnen auszeichnen sollte.

Andreas Hansens Töchter, Hjoerdis, Tulla, Rut und Olaug, waren noch sehr jung, als sie mit der Mutter, die damals Mitte dreißig zählte, allein zurückblieben. Die Älteste war sieben Jahre alt, während die kleine Olaug gerade ihren ersten Geburtstag gefeiert hatte. Ein neuer Vater war für alle Kinder ein Schreckgespenst, indes die Mutter ihrem unvergeßlichen Andreas nach-

Rut und Willy Brandt mit dem neugeborenen Mathias im Oktober 1961 und den beiden Söhnen Peter (hinten) und Lars.

trauerte. Man blieb also unter sich und bedurfte in all den kommenden, auch schwierigen Jahren nicht der starken Hand eines Hausherrn. Männerfeindlich eingestellt waren die allmählich Heranwachsenden aber keineswegs.

Diese Herkunft aus einer intakten, fröhlichen Familie, dieses schon frühe Fertigwerdenmüssen mit der Tatsache, daß das Geld immer knapp war und man sich mit manchem Verzicht abfinden mußte, ohne seine Lebensfreude einzubüßen, gaben Rut für ihr späteres Leben eine Stärke mit, die sie manchmal bitter nötig haben sollte. Mutter und Schwestern sollten ihr, solange sie lebten, unendlich viel bedeuten, und viele wechselseitige Besuche fanden in Berlin, Bonn und Hamar statt.

Mit fünfzehn oder sechzehn Jahren kam Rut zur Arbeiterbewegung. Auf der Suche nach einem Treffpunkt junger Leute in Hamar bot sich die Arbeiterjugend an, wenn man nicht einem

Sportverein beitreten oder dem Abstinenzlerverein bei seinem verdienstvollen Tun helfen wollte. Später schrieb sie über die Jahre vor dem Zweiten Weltkrieg: »Wir waren zusammen jung im Jugendverband, und das war auch der Zweck. Wir hielten regelmäßig politische Versammlungen ab, trafen uns, um zu feiern, wir spielten Theater und wir demonstrierten ... Im Sommer radelten wir, wanderten und fuhren in die Berge, im Winter machten wir lange Skitouren. Aber man war nicht jung in der zweiten Hälfte der dreißiger Jahre, ohne die grausige Zeit mitzuerleben – besonders, wenn man ein junger Sozialist war. Die politische Finsternis mitten in Europa warf lange Schatten. Mussolini in Italien, Hitler in Deutschland, Franco in Spanien. Wir hörten von Konzentrationslagern und Judenverfolgungen ... Unsere Theatergruppe zog durch Hedemark mit flammenden Appellen – Kampf gegen den Faschismus in allen seinen Verkleidungen.«

Bei allem Respekt vor solchem Kampfesmut und solch ehrlicher Begeisterung mutet es einen heute, nachdem man den Gang der Geschichte leidvoll erfahren hat, ein wenig rührend an: die Arbeiterjugend von Hamar im Kampf gegen den Weltfaschismus. Und doch sollte das alles ein todernstes Gesicht bekommen, als der Krieg über Norwegen hereinbrach und viele von denen, die antifaschistische Sprechchöre und Theaterstücke eingeübt hatten, jetzt versuchten, einem gefährlich überlegenen Feind zu schaden, wo es nur ging.

Als die Hoffnung, die Besatzungsmacht werde mit Hilfe der Engländer bald vertrieben, begraben werden mußte, begann sich überall in Norwegen der Widerstand zu regen, trotz immer schärferer Gegenmaßnahmen. Zahllose Verbote engten alle ein, wozu auch gehörte, daß das Abhören »feindlicher« Sender streng bestraft und nicht besatzungstreue Druckerzeugnisse beschlagnahmt wurden. Als das alles nicht recht half, durften keine Zeitungen mehr erscheinen, und die Radios wurden beschlagnahmt.

Nun begann für Rut und ihre Freunde von der Arbeiterjugend eine ernsthafte und gefährliche Arbeit. Sie fahndeten nach versteckten Radios (das waren unter anderem die, deren Besitzer nie Gebühren bezahlt hatten und die infolgedessen nicht erfaßt waren), hörten zu nächtlicher Stunde oder an abgelegenen Orten verbotene Sender wie die BBC ab; sie sammelten Nachrichten aus der Bevölkerung, schrieben alles auf Matrizen, zogen es ab und verteilten es an Menschen, die nach unzensierten Nachrichten dürsteten. Und das waren eigentlich alle, denn nur wenige hatten sich der Besatzungsmacht angeschlossen und infolgedessen ihr Radio behalten dürfen.

Diese Tätigkeit – zuerst noch dilettantisch, später immer professioneller –, für die die Todesstrafe drohte, konnte der Gestapo auf die Dauer nicht verborgen bleiben. Sie fahndete nach den Nachrichtensammlern, und eines Tages wurde nach den Mitarbeitern Arthur, dem Mann der Schwester Tulla, und Brum, Ruts Freund, der aussah wie Clark Gable, polizeilich gesucht. Ein halbes Jahr etwa hatte das Nachrichtenblatt sich halten können, ehe seine Mitarbeiter – außer Arthur und Brum waren es drei weitere – verschwinden mußten. Und wie erwartet, kamen bald darauf Männer der Gestapo zum Schneidermeister Sponberg in die Werkstatt, wo Rut mit Ausbesserungen und Änderungen aller Art beschäftigt war, und nahmen die Verschreckte mit, die im Gefängnis auch Tulla vorfand. Sei es, daß die Denunziationen nicht überzeugend waren, sei es, daß die Mädchen mit ihren vorher abgesprochenen Aussagen glaubhaft wirkten – auf jeden Fall wurden sie nach Hause geschickt. Rut erzählt: »Zu Hause waren sie noch wach und völlig aufgelöst. Mutter explodierte nach ausgestandener Angst und schimpfte fürchterlich: Wenn ihr nicht so groß wärt, würde ich euch grün und blau schlagen.«

Man hörte Bedrohliches: daß die Angelegenheit nicht mit der einen Nacht im Gefängnis abgeschlossen sei, sondern daß ein Prozeß drohe – auch den Mädchen. Sie würden aber mit ein paar Monaten KZ davonkommen. Doch auch diese vergleichsweise milde Strafe, im Gegensatz zu möglichen lebensbedrohenden Urteilen, wollten die Schwestern nicht in Kauf nehmen.

Und so finden wir eines Tages die beiden auf dem Weg nach Schweden. Natürlich wollten sie die Grenze illegal im Gebirge überschreiten. Ihre Ausrüstung war mehr als dürftig, ihre Verpflegung bestand in der Hauptsache aus Brot und einer Büchse Ölsardinen. Den Weg nach Schweden sollte ihnen eine gezeichnete Karte weisen, die sie sich einprägen und dann in den Mjösa-See werfen wollten, und ein Kompaß, den sie aber vergaßen.

Von dem Zeitpunkt an, als man die Eisenbahn verlassen mußte, gestaltete sich die Wanderung über die Berge zu einer Odyssee. Tagelang wanderten sie durch das Gebirge. Es regnete und sie froren. Nachts schliefen sie in Scheunen und Höfen. Schließlich verirrten sie sich hoffnungslos, und die Frage quälte sie immer mehr: Wo ist bloß Schweden? Da sie aber immer wieder auf hilfreiche Menschen stießen, nahm das Abenteuer ein glückliches Ende. Man lieferte sie schließlich beim schwedischen Zöllner ab.

Mehr als fünfzehn Jahre später, als Frau des Berliner Regierenden Bürgermeisters, bekam Rut Brandt eine Postkarte: »Falls Du die Dame bist, die sich zusammen mit einem anderen Mädchen aus Hamar in Engedal-Trysil verlief, als Du Dich während des Krieges nach Schweden davonmachtest, falls Euch – in verkommenem Zustand, ohne Essen und Ausrüstung – zwei Knechte auf norwegischer Seite geholfen haben (als Ihr euch schon auf schwedischer Seite in Sicherheit glaubtet) – ja, dann wäre ich dankbar für eine Bestätigung, denn ich nehme an, so ist es.« Die Bestätigung wurde umgehend gegeben.

Mit der Flucht, die ein großes Erlebnis und auch eine wichtige Selbstbestätigung war, ging die Hamarer Jugendzeit zu Ende. Eingebettet in eine Umgebung, wo jeder jeden kannte und einzuschätzen wußte, und aufgewachsen mit fröhlichen Schwestern unter dem Regiment einer liebevollen Mutter und in einer Gemeinschaft gleichgesinnter Freunde, die auch in einer schweren Zeit das Lachen nicht verlernt hatten, stand Rut nun allein mit Schwester Tulla, ohne Geld und ordentliche Kleidung, in Schweden, bereit, ihr Leben selbst in die Hände zu nehmen. Wie gut, daß es auch hier Freunde gab – vor allem emigrierte Norweger, denen man von schwedischer Seite mancherlei Hilfe zukommen ließ. Das Nachbarland mit der Möglichkeit, alles, was das Herz begehrte, zu kaufen, wurde von den Mädchen aus dem verarmten Norwegen sehr genossen, wenn auch vieles zunächst wegen der geringen Mittel nur angeschaut werden konnte.

Norwegische Freunde kamen und gingen – nach England, nach Norwegen in den Widerstand. Von der Haushaltshilfe beim Norwegischen Gesandten in Stockholm stieg Rut auf in die Presseabteilung der Botschaft. Gespräche mit norwegischen Exilschriftstellern erweiterten ihren Horizont.

Als in Tullas winziger Wohnung Ruts Hochzeit mit dem Hamarer Freund Brum gefeiert wurde, sah sie zum erstenmal Willy Brandt, der mit seiner Frau Carlota unter den Gästen war. Rut erinnert sich, daß er umschwärmt wurde von den Damen und offenbar nichts dagegen hatte. Jedoch: »An diesem Abend deutete nichts darauf hin, daß wir zueinanderfinden würden für den größten Teil eines langen Lebens.«

Rut Brandt, der sowjetische Generalsekretär Leonid Breschnjew und Willy Brandt im Oktober 1973 in Bonn.

Ruts Ehe mit Brum war kein Glück beschieden. Ein «Raucherhusten» entpuppte sich als schwere Tuberkulose. Aufenthalte in Sanatorien außerhalb von Stockholm und verschiedene Operationen konnten nicht mehr helfen. Brum starb nach langem Leiden Weihnachten 1946. Rut hatte ihn wiederholt besucht – und war jedesmal mit erheblichen Gewissensbissen zurückgekehrt.

Denn aus dem flüchtigen Treffen mit Willy Brandt hatte sich längst mehr als eine Bekanntschaft entwickelt. Zunächst war es eine Freundschaft unter Einschluß von Brandts Frau Carlota gewesen. Aber bald traf das Paar sich häufiger, ging aus, zum Essen oder zum Tanzen. Sie fühlten sich, wie Willy später schrieb, «zueinander hingezogen und blieben beieinander». So einfach, erinnert sie sich, sei es nicht gewesen. Denn auch er hatte ein schlechtes Gewissen: gegenüber seiner Frau und seiner kleinen Tochter. Also machten sie Schluß – und fanden wieder zueinander. Und eines Tages wurde es auch Carlota klar: Sie hatte Willy an Rut verloren. (Es gelang den Frauen, bis zu Carlotas Tod einen freundschaftlichen Kontakt zu halten, unter Einschluß der Tochter.)

Mai 1945: endlich Frieden! Rut und Willy blieben vorerst in Stockholm, lebten nun auch zusammen in einer Pension, erst im Herbst gingen sie zurück nach Oslo. Und im November reiste Willy nach Deutschland, zum Nürnberger Prozeß. (Auf dem Weg dorthin sah er in Lübeck seine Mutter wieder, zum erstenmal seit zwölf Jahren.) Über Monate verkehrten Rut und Willy nur in langen Briefen miteinander, die Wochen brauchten für den Weg in das zerstörte Deutschland oder von dort nach Norwegen. Nur in der Weihnachtspause der Gerichtsverhandlungen war er kurz in Oslo. Schließlich nahm er das Angebot an, norwegischer Presseattaché in Berlin zu werden.

Und Rut folgte ihm, nunmehr entschlossen und mit ihren dreizehn Gepäckstücken, in ein abenteuerliches, ungewisses Leben, in dem sie jedoch langsam an der Seite ihres Mannes ans helle Licht der Öffentlichkeit treten sollte.

Das hatte sie nie gewünscht. Im Gegenteil: sie hatte es immer gehaßt, Gegenstand öffentlichen Interesses zu sein. Grundsätzlich lehnte sie es ab, auch die kleinste öffentliche Rede zu halten. Eine spektakuläre Schirmherrschaft – wäre sie auch noch so wohltätig und verdienstvoll gewesen – hat sie nicht übernommen. Für Talkshows und andere Fernsehauftritte stand sie niemals bereit – und doch war sie populärer als andere Kanzlergattinnen vorher und nachher.

Das lag sicher nicht nur an ihrer Liebenswürdigkeit und ihrem unbestritten guten Aussehen, sondern wohl auch daran, daß sie ein wenig Glanz in diese Bundesrepublik gebracht hat.

Nach seinem ersten Auftritt beim Berliner Presseball erntete das Ehepaar Brandt offene Kritik aus den Reihen der Sozialdemokratie. Willy Brandt hatte einen Smoking getragen und Rut ein weißes Seidenkleid nach der neuesten Mode. Wenn auch Sozialdemokraten ordentlich gekleidet sein sollten, so schloß damals die traditionelle Arbeitergesinnung Eleganz in der öffentlichen Repräsentation aus. Später gewöhnten sich auch die Genossen daran, von einer eleganten Frau bei allen festlichen Anlässen vertreten zu werden, bei den zahllosen ausländischen Staatsbesuchen und den Reisen ins Ausland. Wenn man heute in alten Photos kramt und Bilder findet von Rut Brandt mit Jackie Kennedy, Claude Pompidou, Farah Diba und anderen Damen der großen Welt, die mit schöner Selbstverständlichkeit Pariser Haute Couture trugen, so kann sich Rut Brandt durchaus sehen lassen.

Um übrigens mit einem weitverbreiteten Vorurteil aufzuräumen: Sie bekam nichts geschenkt. Im Gegensatz zu den französischen Couturiers, die sich darum rissen, Claude Pompidou für eine US-Reise auszustatten, um die Überlegenheit der französischen Mode unter Beweis zu stellen, hatte die deutsche Modebranche nicht diesen Ehrgeiz. Sie verdiente gut in jenen Jahren, als die Einnahmen etwas reichlicher flossen und die Sehnsucht nach Glanz groß war. Ein wenig hat auch das Beispiel Rut Brandts bewirkt, daß man nicht nur im schlichten Gewand ernst genommen wurde und daß Geld auszugeben für schöne Kleidung keine Sünde war.

In den Jahren, als Rut Brandt an der Seite ihres Mannes, des Regierenden Bürgermeisters von Berlin, zu stehen hatte, geriet die Stadt immer wieder in Krisen, die sie in den Mittelpunkt des Weltinteresses rückten. Der Regierende Bürgermeister von Berlin war eine politisch weit wichtigere Figur als sonst ein Bürgermeister einer Großstadt, und entsprechend waren seine Aufgaben. Neben den städtischen Belangen handelte es sich vor allem um die Werbung von Freunden und Bundesgenossen, die die Stadt in ihrer immer wieder höchst prekären Lage nicht im Stich ließen.

Da manche Aktivität von gesellschaftlichen Veranstaltungen eingerahmt war, wurde die Frau des Bürgermeisters gefordert, die, wie sie selbst erzählt, manches Mal Angst und Unbehagen verspürte. Das ließ sie sich aber niemals anmerken, genau wie die Antipathie gegen einige Gäste oder den Widerwillen gegen eine Veranstaltung. Strahlend und elegant erschien sie an der Seite ihres Mannes, ging freundlich und unbefangen auf die Leute zu. Sie hat mit ihrem Charme manchen Politiker bezaubert und mit ihrem stets wachen Interesse manche ursprünglich ablehnende Politikerin beeindruckt. Falls sich ihre Gesprächspartner an solche Berliner Veranstaltungen erinnern, so haben sie sicher noch Rut Brandts Lachen im Ohr, wenn sie sich über etwas amüsierte und eine Situation entschärfte.

Natürlich war Rut inzwischen längst in der deutschen Politik sachkundig. Man kann nicht an der Seite eines Politikers leben, ohne informiert zu sein. Aber wie es so üblich war: Damals fragte man die Damen zunächst nach den Kindern, dem Garten, dem

Urlaub und – wenn es hochkam – nach der letzten Theateraufführung. Wenn sie auch nie politisch an die Öffentlichkeit getreten ist und sich an der verdienstvollen, wenig spektakulären Arbeit im Ortsverein kaum beteiligte, so war sie doch wie eh und je leidenschaftlich interessiert und hat die Berliner Jahre bewußt und wach miterlebt – den Aufstand der Ostberliner Arbeiter, die Demonstrationen nach der Niederschlagung des Ungarnaufstandes 1956 und, alles andere überragend, den Bau der Mauer mit seinen Folgen und dem Strom der Besucher, der daraufhin einsetzte. Oft war sie an der Seite ihres Mannes, der mehr und mehr zu einem reisenden Botschafter Berlins wurde – allerdings zu Lasten des Familienlebens.

Kurz nach dem Mauerbau bekam Rut Brandt ein drittes Kind, wieder einen Jungen, Mathias. Sie war langsam zu einer Persönlichkeit des öffentlichen Interesses geworden, was nicht immer leicht zu ertragen war. Wildfremde Leute schauten über den Zaun, Fototermine mußten eingehalten werden, Premieren – früher ein besonderes Vergnügen, jetzt obligatorisch – mußten wahrgenommen werden. Es trafen Körbe voller Briefe ein mit verschiedenstem Inhalt. Wenn auch die meisten von Liebe und Verehrung geprägt waren, gab es doch auch unfreundliche Kritik und anonyme Anwürfe. Sie bekam auch gute Ratschläge, wie Willys Husten wirksam zu behandeln sei, und eine strenge Dame teilte ihr mit, es schicke sich nicht für die Frau des Regierenden Bürgermeisters, ohne Hut auf dem Kopf einkaufen zu gehen.

Wildfremde Leute sprachen sie auf der Straße an und, was sie auf gar keinen Fall wollte: Ihre Söhne wurden zum Gegenstand öffentlichen Interesses, vor dem man sie nicht immer schützen konnte. Doch lief alles relativ friedlich, bis die beiden Ältesten, Peter und Lars, in einem Film mitspielten, der geeignet war, bei vielen, vor allem bei Älteren, nationale Gefühle zu verletzen. Es handelte sich um ein Ritterkreuz, mit dem Lars im Film respektlos herumhantierte. Ein Sturm der Empörung brach los.

In den Berliner Bürgermeisterjahren lebten sie in einem schönen Haus mit Hunden, Katzen, Kaninchen, Schildkröten und anderen Tieren unter dem liebevollen Regiment von Frau Litzl, der Rut Brandt die Führung des Haushalts weitgehend anvertraut hatte. Rut Brandt hielt nichts von strenger Erziehung und versuchte den Jungen Freiheit, Respekt vor anderen Menschen und Verantwortungsgefühl nahezubringen. So hatten sie auch letztendlich selbst entschieden, in besagtem Film mitzuspielen – welchen Teenager hätte das nicht gereizt? Und der Vater hatte nach einigen Bedenken, die übrigens nicht den Inhalt betrafen, zugestimmt.

Als die Familie nach Bonn ging, zog Peter nicht mit um, weil er in Berlin kurz vor dem Abitur stand. Er geriet immer mehr in den Sog der Studentenrevolution und unter den Einfluß Rudi Dutschkes. Wenn er auch geistig durchaus hinter den revolutionären Zielen der Bewegung stand, so waren doch dem sensiblen Jungen Lärm und Gewalt, Prügeleien mit der Polizei und Rempeleien mit Politikern in der Seele zuwider. Wenn er sich auch von seinen Genossen in die Pflicht nehmen ließ, so litt er doch darunter.

Rut Brandt war in ständiger Sorge um Peter, der immer wieder in die Schlagzeilen kam, mit seiner Teilnahme an verbotenen Demonstrationen, vorübergehender Festnahme und seinen Auftritten vor Gericht. Was nicht in den Zeitungen stand, waren seine häufigen Krankheiten und seine Auseinandersetzungen mit dem Vater, die sich äußerst quälend gestalteten. Der Sohn des Bundeskanzlers vor Gericht wegen Protestes mit unerlaubten Mitteln gegen eine Politik, für die sein Vater Verantwortung trug! Die Auseinandersetzung zwischen Vater und Sohn wurde aber nie in der Öffentlichkeit geführt.

Rut hat in dieser Zeit sehr gelitten und war oft in Berlin an Peters Seite. Sie verstand irgendwie, was ihn und die anderen jungen Leute zum Protest trieb, aber sie konnte und wollte die gewalttätige Form nicht billigen. Auch die Illoyalität gegenüber dem Vater war ihr zu bedenkenlos. Manchesmal hat sie Willys berechtigten Zorn besänftigt oder beide zu klärenden Briefen veranlaßt. Es war keine schöne Zeit für sie.

Von nun an traute man – zu ihrem Kummer, aber auch zu ihrer Belustigung – »Brandts Söhnen« die Vorbereitung einer Art Weltrevolution zu. Mal hieß es, sie studierten an der Universität von Moskau, mal in Peking. Und immer hatte der Kolporteur eine zuverlässige Quelle. Dabei stand Lars, der politisch überhaupt nicht von sich reden gemacht hatte, vor dem Abitur einer Bonner Schule. Und Mathias, der jüngste, wechselte gerade aufs Gymnasium, die Universitäten von Moskau und Peking hätten ihn also wohl kaum genommen. Peter ist in Berlin geblieben und hat sich in Geschichte habilitiert.

Rut Brandt hat immer bedauert, keine Tochter zu haben. Aber

wenn man drei Söhne aufzieht, macht man zwangsläufig zahllose Mädchenbekanntschaften. Sei es, daß die Söhne immer gut gewählt haben, sei es, daß die Mutter äußerst wohlwollend geurteilt hat: Sie schloß alle diese Mädchen und Schwiegertöchter (und gewesenen Schwiegertöchter) in ihr Herz. Und da blieben sie auch. Viele Schmerzen, die der Bruch einer Beziehung mit sich brachte, hat sie getreulich mitgelitten. Jahre nach dem Ende einer Beziehung sind die einstigen Freundinnen noch gern gesehene Gäste.

Am 25. November 1966 erfuhr Rut Brandt, daß ihr Mann Außenminister in einer Regierung der Großen Koalition unter dem Kanzler Kurt Georg Kiesinger geworden war. Das bedeutete: Man mußte nach mehr als zwanzig Jahren Berlin verlassen und nach Bonn umziehen. Der Abschied von dem Haus, in dem sie sich wohlgefühlt hatten, die Trennung von den Freunden – vor allem von den skandinavischen – und der Wechsel von einer Millionenstadt mit all ihren kulturellen Möglichkeiten ins kleine und trotz aller Anstrengungen eher provinzielle Bonn fiel ihr sehr schwer. Doch nach kurzer Zeit stellte sie zu ihrer Überraschung fest, daß sie sich in Bonn wohl fühlte. Neue Freunde und alte, die aus Berlin nachgefolgt waren, konnte man bei der Gemüsefrau treffen, und abends konnte man zu »Maternus« gehen, wo außer echten Bonnern und Kölnern Diplomaten, Politiker und Journalisten verkehrten. Hier galten parteipolitische Schranken nicht, und man konnte die erstaunlichsten Gesprächspartner beieinander sitzen sehen.

Natürlich nahm Rut Brandt die Pflichten der Gattin des Außenministers wahr, und das waren viele: Antritts- und Abschiedsbesuche ausländischer Botschafter, Essen, die sie geben und an denen sie teilnehmen mußte. Sie wurde Schirmherrin von Wohltätigkeitsveranstaltungen, sie mußte ausländische Gäste empfangen und begleiten und nahm an mancher hochpolitischen Auslandsreise ihres Mannes teil.

Ihre Vorgängerin Brigitte Schröder, eine intelligente und energische Person, übergab ihr gewissenhaft die Dienstvilla mitsamt dem Hausmeister, der in weißen Handschuhen servierte und mit der Anrede »Gnädige Frau« gegen Ruts skandinavisches Demokratiegefühl verstieß. Sie hätte auch gern den Vorsitz des Frauen- und Familiendienstes übergeben. Das war eine verdienstvolle Einrichtung, die Brigitte Schröder gegründet hatte, um Diplomatenfrauen das Einleben in Deutschland mit praktischen Hinweisen zu erleichtern.

Doch die Gattin des neuen Außenministers entschied: »Mitarbeit ja, Vorsitz nein!« – und wurde Ehrenvorsitzende. Ansonsten aber war das Auswärtige Amt, entgegen seinen Erwartungen, hochzufrieden. Besonders die Herren vom Protokoll, längst pensioniert, bekommen leuchtende Augen bei der Erinnerung an Frau Brandt. Viel haben sie mitmachen müssen mit launischen, unpünktlichen und anspruchsvollen hohen und höchsten Damen, die das so sorgfältig ausgearbeitete Protokoll umstießen, so daß Kinder mit ihren Blumen und Gedichten irgendwo stehen blieben und das deutsche Begegnungszentrum ganz umsonst neu tapeziert worden war. Dagegen Rut Brandt: Wenn sie einmal dem Protokoll zugestimmt hatte, dann war sie auch da; pünktlich, immer passend und elegant gekleidet, liebenswürdig und von beeindruckendem Charme. Man merkte ihr nicht an, wie müde sie manchmal war.

Was für die Frau des Außenministers galt, traf auch auf die Frau des Bundeskanzlers zu: Immer war sie bereit, wenn sie ihrem Mann helfen konnte. Aber in einem Punkt blieb sie hartnäckig: Sie ließ niemals ihre ganze Person einspannen. Mitten im politischen Bonn erhielt sie sich eine eigene Welt, in erster Linie für ihre Familie, aber auch für ihre Freunde. Rut ist die Gabe der Freundschaft in ganz besonderem Maße in die Wiege gelegt. Mit den Freunden wurde auch viel gelacht. Es war aber nicht immer ein gutherziges Lachen. Rut hat einen trockenen Witz, und auch Willy Brandt konnte zuweilen sarkastisch sein.

An sich hätten die Brandts umziehen müssen: von der Dienstvilla des Außenministers auf dem Venusberg in den vom Architekten Sepp Ruf für Bundeskanzler Ludwig Erhard erbauten Bungalow im Park des Palais Schaumburg. Aber der prominente Architekt hatte einfach nicht an einen künftigen Kanzler mit Kindern gedacht, wie aus der Anzahl der Schlafzimmer und Bäder hervorging. Außerdem wäre der Jüngste, Mathias, in dem wundervollen Park völlig isoliert gewesen ohne seine Spielkameraden in der Venusbergsiedlung – von Journalisten euphemistisch »Prominentenviertel« genannt. Auch war die nahegelegene Waldschule ideal. Also einigte man sich freundschaftlich: die Familie Brandt blieb in der Villa des Außenministers, während sich die Familie Scheel auf ein Verweilen in ihrem just auf das Köstlichste und Exklusivste renovierten Reihenhaus drei Straßen weiter einrichtete. Und der Bungalow? Er erlebte eine wahre Glanzzeit. Von der Erfahrung ausgehend, daß kaum ein Mensch nicht kommt, wenn ihn der Bundeskanzler einlädt, arrangierte Rut Brandt Abende mit Gästen, die ein breites Spektrum der geistigen und künstlerischen Welt der Bundesrepublik darstellten.

Es kamen berühmte Wissenschaftler und Theaterleute, Dichter und Publizisten, Musiker und Journalisten, Schauspieler, Bildhauer und Maler. Da war beispielsweise der greise Max Ernst aus Paris gekommen, und der große Cellist Rostropowitsch saß ganz zwanglos, erzählte von sowjetischen Schikanen, daß einem das Herz stehen blieb, und setzte sich dann hin und spielte überwältigend schön.

Die Atmosphäre dieser Abende war gelöst und ungezwungen. Jeder setzte sich nach dem Essen hin, wo er wollte, und wenn das Gespräch in einer Ecke des Raumes besonders lebhaft wurde, saß man schon einmal auf den Lehnen der Sessel oder Sofas. Natürlich waren auch einige Politiker geladen, Freunde des Hauses oder Leute, die besonders aufgeschlossen oder witzig waren. Und es war nicht das Parteibuch, das zu einer Einladung verhalf. Ungezwungen und herzlich war die Seele dieser Abende: Rut Brandt, die sich nicht in den Vordergrund drängte, war immer unauffällig präsent.

Auch der Park der Villa, bisher dem Bundeskanzler und einigen Beamten vorbehalten, wurde jetzt allen, die dort arbeiteten, zugänglich gemacht. Und zum erstenmal gab es im weitläufigen Park ein Sommerfest, zu dem man eine Art Querschnitt der Bevölkerung einzuladen versuchte. Das geschah zunächst noch ganz unprofessionell. Man machte große Listen, auf denen jeder notiert wurde, der einem einfiel: der Fußballer und die Gemüsefrau, Prominente wie Curd und Udo Jürgens, Abgeordnete und das Kabinett, die Kosmetikerin, Diplomaten, Bauarbeiter, Postboten und Krankenschwestern. Rut Brandt erzählt: »Im Park und im Bungalow wurde die Nacht hindurch getanzt, wie es nie vorher am deutschen Regierungssitz geschehen war.« Sie war selbst eine der eifrigsten Tänzerinnen, im Gegensatz zum Bundeskanzler, der eher das Gespräch suchte.

Das Sommerfest wurde eine ständige Einrichtung, bis es nach einigen Jahren unter anderen Kanzlern zunächst dem Terrorismus – man konnte in dem weitläufigen Park nicht mehr für

Sicherheit garantieren – zum Opfer fiel und dann dem allgemeinen Zwang zum Sparen. Heute kann man sich kaum noch vorstellen, daß es im Umkreis einer Regierung zuweilen so unbeschwert zuging, aber damals war der allgemeine, mittlerweile berechtigte Pessimismus noch nicht verbreitet.

Große Männer müssen keine vorbildlichen Ehemänner sein, und man muß hier die deutsche Presse loben, die im Gegensatz zur englischen und amerikanischen allzu Privates über ihre Politiker nicht druckte, es sei denn, die Betroffenen gingen selbst an die Öffentlichkeit. Das lag dem Ehepaar Brandt von jeher völlig fern. Aber als die DDR den Spion Günter Guillaume in die unmittelbare Umgebung des Bundeskanzlers plaziert hatte und in diesem Zusammenhang die Sicherheitsbeamten befragt wurden, kam manches, was mit der Rolle Guillaumes zu tun hatte, in die Zeitungen und konnte auch Rut nicht verborgen bleiben.

Willy Brandt trat als Bundeskanzler zurück, behielt aber das Amt des Parteivorsitzenden. Als er wenige Tage später in Berlin anläßlich der Aufhebung der Blockade vor fünfundzwanzig Jahren eine Rede halten mußte, beschloß Rut Brandt, an seiner Seite zu stehen. Und da stand sie und lächelte, selbst als Willy Brandt unter Beifall die Worte sprach: »Hier in Berlin weiß man ja, daß ich kein Säulenheiliger bin!« Sie sah es als ihre Pflicht an, in dieser schwierigen Situation ihren Mann nicht zu verlassen, auch des jüngsten Sohnes wegen, mit dem sie nach Norwegen fuhr, damit er nicht täglich mit neuen Zeitungsartikeln über seinen Vater konfrontiert würde.

Als Willy Brandt seiner Frau eröffnete, er würde als Kanzler zurücktreten, gehörte sie zu den ganz wenigen Leuten, die nicht versuchten, ihn von seinem Entschluß abzubringen. Im Laufe der nächsten Monate und Jahre, in denen er zuweilen dem hohen Amt nachtrauerte, nahm er ihr ihre damalige Stellungnahme bisweilen übel. Auch gehörte er zu den zahlreichen Männern, die nichts so sehr scheuen wie Aussprachen, so daß manches Ungesagte sich wie eine Mauer zwischen den beiden auftürmte. Außerdem ging er Menschen, denen gegenüber er eine Schuld empfand, am liebsten ganz aus dem Wege.

Die Ehe hielt noch einige Jahre, aber man sah das Paar nur selten gemeinsam in der Öffentlichkeit. Als Frau eines Parteivorsitzenden war man auch nicht mehr gefordert, und die Reisen in aller Herren Länder hatten an Reiz verloren. Ein Herzinfarkt

Willy Brandts, verbunden mit dem Gefühl, nunmehr mit dem geschenkten Rest seines Lebens noch etwas »Neues« anzufangen, und eine wesentlich jüngere, energische Dame brachten fertig, was niemand für möglich gehalten hatte: nach 32 Jahren Ehe eine Scheidung. Diese Scheidung war mehr als unpopulär. Man hatte die beiden auch als Paar geliebt. In guten und bösen Zeiten hatte Rut an der Seite ihres Mannes gestanden, und nun, mit siebenundsechzig Jahren, löste Willy Brandt diese Bindung. Von überall her bekam Rut Briefe, Blumen und Einladungen. Eine riesige Welle von Sympathie kam auf sie zu. Und gar so leicht fiel auch Willy der endgültige Abschied nicht, obwohl er – und das ist für diesen widersprüchlichen Charakter typisch – die Frau, mit der er zweiunddreißig Jahre zusammengelebt hatte, mit der er drei Söhne hatte und von der er sich in Frieden getrennt hatte, in den Jahren, die ihm noch zu leben vergönnt waren, nie mehr wiedergesehen hat.

Rut Brandt hat die Scheidung und alles, was damit zusammenhing, getroffen. Aber sie ist keinen Augenblick in Einsamkeit, Kummer und Selbstmitleid versunken. Das ließen ihr fröhliches Temperament und ihre Freunde nicht zu. Eine neue Wohnung mußte eingerichtet werden, eine Tätigkeit, die ihr immer Vergnügen bereitete und bei der sie viel Geschmack beweisen konnte. Auch sie mußte ein neues Leben anfangen, mit einem viel kleineren Haushalt, dem jetzt nur noch Mathias angehörte, der gerade sein Abitur gemacht hatte. Es wurde still um Rut Brandt, die sich, wie es nun mal ihre Art war, nicht ein einziges Mal in der Öffentlichkeit über das Ende ihrer Ehe äußerte. Schmutzige Wäsche wurde von keinem der beiden Partner gewaschen. 1992 überraschte Rut Brandt alle Welt mit einem Buch, dem sie den schönen Titel »Freundesland« gegeben hatte und in dem sie in unprätentiöser, aber eindrucksvoller und warmherziger Weise die Geschichte ihres Lebens erzählt. Allzu neugierige Leser, die erwartet hatten, die Autorin werde jetzt »auspacken«, blieben allerdings enttäuscht. Viele buntfarbige Erinnerungen an die Großen und Kleinen ihrer Zeit hat Rut zusammengefaßt. Und immer wieder leuchtet ihre Auseinandersetzung mit Deutschland auf, deren Resultat schließlich der Titel »Freundesland« ist. Das junge Mädchen, das vor den deutschen Feinden durchs Gebirge nach Schweden floh, sah nach vielen Jahren in Deutschland auch eine Heimat – und das Land ihrer Freunde.

Loki Schmidt

Von Reinhard Appel

Die schußsicher gepanzerte Eingangstür zum Hamburger Reihenhaus von Helmut und Loki Schmidt, die sich nur mit einigem Kraftaufwand bewegen läßt, erinnert auch noch fünfzehn Jahre nach dem Abschied aus dem Kanzleramt an die Terroristen-Zeit. Die RAF versuchte damals, durch Mord und Erpressung den deutschen Staat in die Knie zu zwingen, eine Provokation, der sich Helmut Schmidt als Bonner Regierungschef erfolgreich widersetzte. Seitdem wurden die Schmidts in die oberste Sicherheitsstufe eingeordnet und geschützt – er auch heute noch. Loki Schmidt, inzwischen achtundsiebzig Jahre alt, denkt in unserem Gespräch mit Schrecken an die damaligen unmittelbaren Gefahren und an die notwendigen Entscheidungen ihres Mannes zurück. »Die Terroristenzeit, die ja auch dazu geführt hat, daß unsere Tochter in England lebt, gehört zu den schlimmsten Erlebnissen in meinem Leben.«

Ob denn die Kanzlerjahre an der Seite ihres Mannes, die weiten, interessanten Reisen und die Begegnungen mit berühmten Persönlichkeiten der Höhepunkt ihres Lebens gewesen seien, will ich von ihr wissen. »Nein«, antwortet sie spontan und selbstbewußt und fährt fort, »ein Höhepunkt sehr wohl, denn es war eine unglaublich interessante Zeit, aber trotz vieler schöner und bewegender Erinnerungen war Bonn für uns stets nur der Arbeitsplatz, zuhause waren wir immer in Hamburg, in unserer Geburtsstadt, im Haus in Langenhorn, im Kreis der Familie und Freunde. Deswegen war es für uns auch kein Problem, aus dem Kanzlerbungalow wieder auszuziehen.«

Das im Bungalow-Stil gebaute Haus in Langenhorn wirkt von außen nicht luxuriös, sondern eher wie das Heim eines »leitenden Angestellten«, wie sich Helmut Schmidt ja selbst einmal in einem Fernsehgespräch mit mir eingestuft hat. Durch den Zukauf des Nachbarhauses und den dadurch ebenfalls vergrößerten Garten gewinnt das Anwesen einen großzügigeren Zuschnitt. Im Innern verliert sich der Eindruck von Einfachheit. Die zahlreichen, zum Teil auch wertvollen Gemälde und Stiche hauptsächlich deutscher Expressionisten, die Vitrinen, die Stein- und Stahlplastiken auf Fensterbänken und Kommoden, die Bücherwände, der geöffnete Steinway-Flügel, mit Noten bestückt wie zum Weiterspielen, die orientalischen Teppiche, die bequeme Ledergarnitur: Alles zusammen vermittelt eine sowohl einladend behagliche wie auch Respekt einflößende Atmosphäre. Ein Wohnstil, wie man ihn sich von Weltreisenden und Kunstliebhabern vorstellt, die nie große Reichtümer erwerben konnten, die sich jedoch mit Hilfe der Bausparkasse ein Siedlungshaus leisten konnten, genormt zwar, aber aus der obersten Kategorie.

Als Leonid Breschnew die Schmidts in Hamburg besuchte, fragte er den Gastgeber ungläubig: »Und wo wohnt die Politelite?« Helmut Schmidt: »Ich wohne hier, das ist mein Privathaus.« Breschnew: »Und wo ist die Schutzmauer?« Helmut Schmidt: »Eine Mauer gibt es nur in Berlin.«

Für die Arbeitertochter »Loki«, wie sie mit Vornamen genannt wird, war der »Fortschritt« aus der Hinterhofwohnung in der Hamburger Baustraße in das Viertel der Einfamilien-Reihenhäuser nach Langenhorn enorm, ein Fortschritt, den sie übrigens miterarbeitet hat. Dieser Weg war schon für sich genommen erstaunlich, aber der spätere Einzug in den Kanzlerbungalow in Bonn muß ihren Freunden wie ein Märchen vorgekommen sein. Für die Staatsoberhäupter, die Helmut Schmidt in seinem Hamburger Privathaus besuchten, mag der Vergleich des relativ schlichten Wohnhauses des Regierungschefs mit der Wirtschftsweltmacht Bundesrepublik symbolisch für die erfolgreiche deutsche Nachkriegsentwicklung gewirkt haben.

Loki Schmidt bewältigte die Strecke von der Arbeitersiedlung ins Zentrum der Regierungsmacht mit den weltweiten Repräsentationspflichten erstaunlich gelassen und mit einer bewundedungswürdigen Souveränität, einer selbstbewußten Schlichtheit und einer ihre Herkunft nie verleugnenden Würde. Keine Frau eines Bundespräsidenten oder Bundeskanzlers in Bonn kam aus so »einfachen« Verhältnissen wie Loki Schmidt. Doch ihre Popularität ging weit über die SPD-Klientel ihres Mannes hinaus. Ihre Neugier auf Menschen, ihre norddeutsche Nüchternheit, ihr Interesse für Kunst und Musik, aber vor allem ihr selbständiges Engagement für den Natur- und Pflanzenschutz, ihre botanischen Studien und Veröffentlichungen verschafften ihr den Ruf einer eigenständigen Persönlichkeit. Inzwischen braucht sie die Kontaktbrücken, die ihr das Amt ihres Mannes boten, nicht mehr, und die Respektsbekundungen vor der Frau des Bundeskanzlers sind längst hinter jene vor der wissenschaftlichen Botanikerin und einschlägigen Buchautorin zurückgetreten. Bei der Vorstellung ihres jüngsten Buches über »Die Botanischen Gärten in Deutschland« – eine umfassende Übersicht und eine Analyse der rund 70

Loki Schmidt.

botanischen Gärten im Land – erlebte ich in Bonn, mit welcher Sachkunde sie auf die vielen detaillierten Fachfragen antwortete und das Publikum der »Bonner Literaturbühne« für die Schönheiten der Natur- und Pflanzenwelt begeistern konnte. Inzwischen wird sie von Universitäten zu Vorträgen und Diskussionen eingeladen, und sie absolviert auch diese Phase ihres Lebens, obschon ihr das Alter Grenzen setzt, mit einer beispielhaften Hingabe an die Sache, pflichtbewußt und liebenswürdig zugleich. Eine Krönung ihres botanischen Engagements erlebte Loki Schmidt am 28. Juli 1997 in St. Petersburg, als ihr die russische Akademie der Wissenschaften für ihre private Initiative zur Realisierung eines Internationalen Gärtneraustauschs zwischen den Botanischen

Gärten in Hamburg, Jerusalem, St. Petersburg und Mérida (Venezuela), die Ehrendoktorwürde verlieh. Der Gärtneraustausch war von ihr 1987 ins Leben gerufen worden und hat bis 1997 weit über 50 gegenseitige Arbeitsaufenthalte bis zu drei Monaten möglich gemacht. Durch die Zusammenarbeit Botanischer Gärten wird die Erhaltung seltener und bedrohter Pflanzen gefördert.

Einladungen, die dem Ehepaar Schmidt gelten, können immer seltener gemeinsam wahrgenommen werden, weil Loki von den Naturfreunden im weitesten Sinne in Anspruch genommen wird und sich, nach den vielen Jahren des Zur-Stelle-Seins bei politischen Terminen, dafür auch gerne in Anspruch nehmen läßt. Helmut Schmidt nennt seine Frau »vom Instinkt her eine Naturschützerin«, und er räumt ein, daß ihre universalen biologischen Interessen auch ihn beeinflußt haben. Außerdem geben ihre botanischen Kenntnisse »einen unendlichen Stoff für Gespräche, Fragen und Antworten«. Wahrscheinlich ist das Interesse an der Pflanzenwelt bei Helmut Schmidt gesteigert worden, als es seiner Frau einige Male während der Kanzlerzeit gelang, mit ihm nachts ins Gewächshaus des Bonner Botanischen Gartens zu gehen, um beispielsweise die Blüte der »Königin der Nacht« zu sehen.

Schon als Kind wünschte sich Loki Schmidt, eines Tages Naturforscherin zu werden. Auf jeden Fall wollte sie Biologie studieren, aber daraus wurde nichts. Um den Eltern nicht auf der Tasche zu liegen – der Vater war sieben Jahre lang arbeitslos und die Mutter, gelernte Schneiderin, ging nähen –, absolvierte sie in vier Semestern ihr Studium zur Volks- und Realschullehrerin, wobei sie in einem Semester, um schnell voranzukommen, 48 Wochenstunden belegte. Eine Anstrengung, die sie nie bereut habe und nachahmenswert finde, wie sie auch die Zeit als Lehrerin in einer zweiklassigen Landschule als Berufserfahrung nicht missen möchte. Während Helmut Schmidt im Kanzleramt regierte, setzte sich Loki bisweilen in die Universität neben junge Studentinnen und Studenten und hörte Vorlesungen über die Systematik in der Botanik. Sicherheitsbeamte wachten an der Eingangstür. Ohne ihre protokollarischen Pflichten bei Staatsvisiten, etwa im Weißen Haus in Washington, im Kreml in Moskau oder im Kanzlerbungalow zu vernachlässigen, schuf sie ihre »eigene kleine Insel«. Sie unternahm Forschungsreisen mit jungen Wissenschaftlern der Max-Planck-Gesellschaft in zahlreiche Länder. Fast jedes Jahr, von 1975 an, brach sie zu botanischen Erkundigungen auf: 1975 nach

Israel, 1976 nach Kenia, 1977 nach Ecuador (Galapagos), 1978 nach Malaysia/Nordborneo, 1979 nach Peru, Brasilien, Ecuador, 1981 nach Argentinien (bis Feuerland), 1982 nach Brasilien (Manaus). Wegen des »konstruktiven Mißtrauensvotums« gegen ihren Mann unterbrach sie diese Reise, setzte jedoch 1983 ihre Studien der Tropen-Ökologie in Brasilien fort. 1984 reiste sie in den Kaukasus, 1985 und 1986 nach Israel zu Schildkrötenprojekten, 1989 im Sommer nach Spitzbergen und im Winter in die Antarktis mit den Meeresbiologen des Alfred-Wegener-Instituts. Auf einer ihrer Reisen in Lateinamerika entdeckte sie 1983 in Mexiko eine bis dahin in der Fachwelt unbekannte Pflanzenart aus der Familie der Bromelien oder Ananasgewächse. Nach einer wissenschaftlichen Prüfung gab man dieser neuentdeckten Pflanzenart 1987 den Namen »Pitcairnia loki-Schmidtii«. Die von Loki Schmidt mitgebrachte und dem Botanischen Garten in Bonn überreichte Pitcairnia hatte 1986 schon einen etwa eineinhalb Meter hohen Blütenstand entwickelt. Gartenmeister Roth vom Bonner Botanischen Garten war erstaunt, als er Anfang Dezember diese von Loki mitgebrachte Pflanze mit filigranen, weißen, nach Äpfeln duftenden Blüten zu mitternächtlicher Stunde aufblühen sah.

Loki Schmidt blieb in der Botanik aktiv. Sie schrieb 1979 ein Buch mit dem mahnenden Titel: »Schützt die Natur« und spendete den Bucherlös als Druckkostenzuschuß zu einer wichtigen wissenschaftlichen Bestandsaufnahme aller Pflanzen in Deutschland. Für das von ihr gegründete »Kuratorium zum Schutz gefährdeter Pflanzen« bemalte sie zwölf Rosenthal-Porzellanteller mit Blumenmotiven. Die F.v.S.-Stiftung Alfred Toepfers würdigte ihre Arbeit 1982 mit der Alexander-von-Humboldt-Medaille, und die Bonner Universität verlieh ihr 1996 die Universitätsmedaille.

Amüsant lesen sich die Schilderungen von Wanderungen, die zahlreiche bekannte Persönlichkeiten mit Loki Schmidt unternommen haben. Allesamt wurden sie und werden sie, heiter und streng zugleich, nach Pflanzen am Wegesrand befragt oder darüber aufgeklärt und mit dem Stammbaum vertraut gemacht. Ob Katzenminze, Mäuseklee, Kälberkraut oder Hühnerbiß, Reiherschnabel oder Ochsenauge: Loki kennt die Namen und Zuordnungen. Poetisch und einfühlsam schreibt beispielsweise Siegfried Lenz im Vorwort eines Buches über Loki Schmidt: »Die ungewöhnliche Geschichte einer Lehrerin namens Schmidt« den Ab-

Loki und Helmut Schmidt besuchen mit der Frau des ägyptischen Präsidenten Jehan Sadat (links) Ende 1977 das Tal der Könige und den Tempel der Königin Hatschepsut in Luxor.

lauf und die Wirkung derartiger Wanderungen: »Früher, da ließ ich bei manchem Spaziergang mein Stöckchen pfeifen, köpfte, was sich lang hervorgewagt hatte, zertrampelte, was unter meinen Schuh geriet, und ich fragte mich nie, was meine Sohle knickte, preßte, zermalmte. Nach Herzenslust ausschreiten zu können, so glaubte ich lange, ist schließlich auch ein Ausdruck der Freiheit. Doch nun«, schreibt Lenz weiter, »ist es vorbei mit aller Souveränität und selbstzensierter Rücksichtslosigkeit. Und Loki ist an allem schuld. Unbesorgtes Streifen gibt es nicht mehr. Mein Gang hat sich eigentümlich verändert – geradeso als unterliege er einer

Hemmung. Außerdem fühle ich mich einer Aufmerksamkeit verpflichtet, die ich vorher nicht gekannt habe ... Und all das hat Loki fertiggebracht, auf ihre eigene, auf Loki-Art, und das heißt nicht durch Warnung oder Drohung, auch nicht durch drastische Belehrung, sondern leise, indirekt und in anmutig aufklärerischer Weise.«

An diesen Beobachtungen läßt sich ablesen, daß die Botanik für Loki zuallerletzt Flucht war, um etwa das häufige, bis an die Zumutbarkeitsgrenze reichende Alleingelassensein einer Politikerfrau zu überbrücken, sondern vor allem einer Passion entsprach, die nach Ausfüllung verlangte, sobald sich Zeit und Raum dafür boten. Sie wollte neben den Verpflichtungen für ihren Mann, die sie sehr ernst nahm, ihr eigenes Leben entwickeln und hat es auch geschafft. So formte sie sich ihr Weltbild, das sich offenbart, wenn man auf das Thema der menschlichen Eingriffe in die Natur kommt: »Eines weiß ich, die Regenerationsfähigkeit der Natur, und da schließe ich den Menschen mit ein, ist riesengroß. Doch irgendwann sind die Eingriffe der Menschen und ihre Auswüchse lebensfeindlich und verursachen Katastrophen, die zu Konsequenzen führen werden. Auch die jungen Menschen werden sich auf lebenserhaltende Einstellungen besinnen und manches an Wunschvorstellungen beiseitepacken müssen. Da habe ich keine Zweifel. Auch wenn sich die Menschen alle umbringen, die Natur wird weiterexistieren. Dann spielen vielleicht die Insekten eine größere Rolle. Die Erde und die Natur kommen prima ohne uns Menschen aus, das sollten wir uns gelegentlich einmal deutlich machen. Wir kommen nicht ohne sie aus, aber die Natur sehr wohl ohne uns.« Sie spricht diese Sätze mit einer Sicherheit und Überzeugungskraft, die beeindruckt.

Hat sie ihren Mann in diesem Sinne politisch zu beeinflussen versucht? Sicher hat sie sich gewünscht, daß unter seiner Verantwortung der Naturschutz mehr gefördert würde, aber es war nach ihrer heutigen Einschätzung noch nicht der Zeitpunkt für die notwendigen Einsichten gekommen. Meine Frage, ob ihr Mann durch die Naturverbundenheit ein wenig grüner geworden sei, beantwortete sie ohne Zögern: »Grün – politisch gemeint – nein. Nein, ich übrigens auch nicht. Was ich bei Grünen, die ich kenne, nicht ausstehen kann, ist oft ihre Selbstgerechtigkeit und ihr Mangel an Toleranz. Damit kann man weder Politik machen noch der Natur helfen.«

Hatte Loki Schmidt, jahrelang im Zentrum der Macht lebend, niemals das Verlangen, dann und wann selbst Macht zu besitzen, um dieses oder jenes beeinflussen oder gar ändern zu können? Meine Frage scheint sie eher zu irritieren. »Ändern, niemals. Gewählt war mein Mann, nicht ich. Es ist unmöglich, daß jemand, der nur angeheiratet ist, versucht, Macht auszuüben oder Einfluß zu gewinnen.« Sie habe keine Funktion und sich deshalb auch nicht in die Politik einzumischen gehabt. Freilich durfte sie sich damals nicht verstecken, aber ihr war stets klar, wäre sie nicht die Frau des Bundeskanzlers gewesen, »hätte sich niemand für mich interessiert«. Die Trennung von ehelicher Bindung und politischem Mandat wurde bei Schmidts strikt beachtet. Die Tochter von Loki und Helmut Schmidt wurde deshalb auch aus jeder öffentlichen Rolle herausgehalten.

Natürlich war Loki Schmidt oft Zeitzeugin schwieriger politischer Stationen und nach einer Weile auch mehr und mehr Gesprächspartnerin vor weichenstellenden Entscheidungen. Die Zeit des RAF-Terrors gehörte dazu. Sie erinnert sich auch an andere Situationen, in denen sie in die Meinungsbildung einbezogen wurde. Als Willy Brandt 1969 bei der Bildung der sozialliberalen Koalition Helmut Schmidt das Verteidigungsministerium anbot, lehnte der Hamburger zunächst ab. Er wollte lieber Fraktionsvorsitzender der SPD im Bundestag bleiben, als sich in die Kabinettsdisziplin einer Koalitionsregierung einbinden zu lassen. Aber Loki bestärkte ihn darin, das Amt anzunehmen, da er in den Jahren zuvor der wehrpolitische Sprecher seiner Fraktion gewesen war, als erster Abgeordneter Wehrdienst als Reserveoffizier abgeleistet hatte und überhaupt nach Fritz Erler der herausragende Repräsentant sozialdemokratischer Wehrpolitik war. »Das Amt kannst Du nach dieser Vorgeschichte nicht ablehnen, habe ich ihm gesagt.«

Helmut Schmidt wurde der erste Verteidigungsminister der sozialliberalen Koalitionsregierung, und Loki zog mit ihrem Mann in die Tag und Nacht bewachte Dienstwohnung auf der Bonner Hardthöhe. Zwar war sie als Frau des vormaligen Hamburger Innensenators schon etwas an protokollarische Etikette gewöhnt, aber nun in Bonn wurde alles Formale, auch wegen der internationalen Verbindungen, eine Stufe höher eingeordnet. »Ich bin schließlich nicht wie die Kinder von Kaisern und Königinnen aufgewachsen«, beschreibt sie ihre damalige Situation.

Zuerst stöhnte sie über die vielen Vorgaben, bis sie eines Tages im Zusammenhang mit einer internationalen Tagung in Bonn für das Damenprogramm verantwortlich war und dankbar den Ideenreichtum, die Organisations-Ordnung und die Zuverlässigkeit des Protokolls schätzen lernte. Später machte es ihr sogar Spaß, mit eigenen Vorschlägen die Besuche und Zusammenkünfte zu bereichern. Schließlich wurde sie so sicher, daß sie sich in Tokio einmal über das kaiserliche Protokoll hinwegzusetzen wagte, woran sie heute noch stolz zurückdenkt. Sowohl das deutsche wie das japanische Protokoll hatten ihr eingeschärft, daß sie als seine Tischdame den Tenno während des Festessens unter keinen Umständen von sich aus ansprechen dürfe. Und natürlich saß sie eine ganze Weile gehorsam schweigend neben ihm. Aber Loki fiel auf, daß er »ganz traurige Augen hatte und seine Zeit sicher lieber irgendwo in seinem wunderschönen kaiserlichen Garten verbracht hätte, anstatt stumm wie ein Fisch ein Festessen hinter sich zu bringen.« Und weil Loki in ihrer Jugend ein Buch von ihm über Fische gelesen hatte, das er privat wissenschaftlich erarbeitet hatte, dachte sie sich, »die vom Protokoll können mich mal...«, und sie sprach den Kaiser in englisch auf jenes Buch an. Für die Protokollchefs am Ende des Tisches muß eine Welt zusammengebrochen sein: Aber die Gesichtszüge des Tenno hellten sich auf, als seien Sonnenstrahlen in den Saal gefallen. Der Kaiser, hocherfreut, daß Loki sein Buch nannte, sprudelte eine Fisch-Geschichte nach der anderen hervor. Stolz erwähnte er, daß auch sein Sohn sich für Fische interessiere und neulich in der Tokioter Bucht einen bisher unbekannten Fisch entdeckt habe, der nun nach ihm benannt sei. Nach dem Essen, als der Kaiser hinausgeleitet worden war, stürzten die beiden Protokollchefs auf Loki zu und wollten wissen, worüber der Tenno so lange mit ihr geredet habe. Sie hätten ihn Fremden gegenüber noch nie so aufgeschlossen erlebt. Loki konnte ein Gefühl der Genugtuung nicht unterdrücken und sagte nur: »Ich glaube, das Gespräch hat dem würdigen Tenno sehr gut getan.«

Ob Kaiser oder Könige, Scheichs oder Staatspräsidenten, nach ihrer Erfahrung sind diese »Herrscher« ja alle »Menschen wie du und ich« und deshalb dankbar, wenn man ihnen einfach und natürlich gegenübertritt. Solche Gespräche waren das schönste, befriedigendste und oft auch überraschendste an den Auslandsreisen – vielleicht mit einer Ausnahme, »nämlich mit dem Ehe-

Der Dirigent des Schleswig-Holstein Musik-Festivals 1990 Sergiu Celibidache und seine Frau (zweite von rechts) zu Besuch bei Loki und Helmut Schmidt in deren Ferienhaus am Brahmsee.

paar Ceausescu. Mit denen konnte man nicht wie mit normalen Menschen reden.« Dagegen erinnert sie sich der Begegnung mit dem Scheich in Abu Dhabi mit ganz besonderer Freude, denn in einer Zeit, als die verheirateten Frauen im Land noch Ledermasken tragen mußten, durfte sie als erste Frau bei der Begrüßung dabei sein. Als sie dem Scheich ein Kompliment für die vielen Grünflächen in der Wüste machte, reagierte er freudig erregt und erzählte, er habe als Kind davon geträumt, die Wüste grün zu sehen. Durch große Bewässerungssysteme habe er sich diesen Kindheitstraum erfüllen können, was ihn sehr glücklich mache. »Solche Erlebnisse«, resümiert Loki, »sind etwas unglaublich Schönes, und deshalb bin ich bis an das Ende meines Lebens für Begegnungen dankbar, bei denen sich das Offizielle plötzlich menschlich so aufschließt.«

Als ich sie danach frage, ob es für sie nach den vielen Reisen in die verschiedensten Länder aller Erdteile nachhaltige Erkenntnisse gebe, reagiert sie keineswegs zögerlich, sondern sehr bestimmt: »Erkenntnisse natürlich, nämlich, daß die kulturellen Hintergründe auf der Welt sehr, sehr verschieden sind, und wir Westeuropäer sollten uns nicht einbilden, daß unsere Art zu leben die einzig richtige sei. Das habe ich zwar vorher geahnt, aber nun, nach den vielen Begegnungen und Gesprächen, bewußt gespürt. Auch daß wir die Nase manchmal ein bißchen hoch tragen.« Ob diese Erkenntnis ihr Weltbild verändert habe, will ich von ihr wissen. »Jedenfalls wird einem noch deutlicher, als es einem in dem winzig kleinen Rahmen einer Lehrerin erscheint, die Kinder unter einen Pott zu bringen hat, wie wichtig Toleranz ist. Ich habe«, sagt sie voller Dankbarkeit, »in Begleitung meines Mannes unendlich viel gelernt.«

Gewiß erscheint der Weg aus einer winzig kleinen Arbeiterwohnung in einem Hamburger Hinterhof bis ins Kanzleramt »schon sehr seltsam«, aber wo sie hingestellt wurde, habe sie sich bemüht, ihre Aufgabe »anständig und ordentlich zu machen, und ich hoffe, daß ich den Anforderungen gerecht geworden bin«. Natürlich hat Loki die staatlichen Anforderungen, die an sie gestellt wurden, gelegentlich auch »verflucht«, weil sie manches Mal ihre Zeit besser hätte nutzen können, und das sehr, sehr eingeschränkte Familienleben war kein geringer Tribut für die Annehmlichkeiten, die mit ihrer Stellung als Frau des Kanzler verbunden war. Aber Loki Schmidt akzeptierte stets das Bibelwort: »Wo du hingehst, will auch ich hingehen.« Ihre »Pflicht zu tun«, hat sie als eine Selbstverständlichkeit empfunden. Und dann ergänzt sie dieses Bekenntnis mit der Überzeugung: »Wenn man heiratet, verspricht man sich doch, füreinander da zu sein. Wenn man A sagt, muß man auch B sagen, notfalls bis zum Ende des Alphabets. Für das Auseinanderlaufen, das heute so üblich geworden ist, habe ich kein Verständnis – da bin ich vielleicht zu altmodisch.« Mein Versuch, die Schattenseiten eines langen gemeinsamen Lebens nicht unerwähnt zu lassen und zu vermuten, daß ja auch bei Schmidts nicht immer alles glänzend verlaufen sei, trifft bei Loki auf ein mildes, weises Lächeln: »Natürlich, wo ist im Leben immer nur Sonnenschein? Nirgends. Aber man muß halt etwas dafür tun, daß es ein harmonisches Zusammenleben gibt: im Beruf, in der Ehe oder in der Familie. Die sogenannte Selbstverwirklichung der Frau hasse ich. Das kann auf Kosten des anderen gehen.«

Conrad Ahlers, Hauptakteur in der »Spiegel-Affaire« und damals Chefredakteur des Hamburger Nachrichtenmagazins, dann Sprecher der Bundesregierung und eine facettenreiche Journalistengestalt in Bonn, schrieb vor einigen Jahren in einem Porträt von Loki Schmidt: »1969, als ihr Mann Verteidigungsminister wurde und sie mit ihm nach Bonn zog, trat sie aus seinem Schatten heraus, und sie behauptete sich neben ihm und notfalls gegen ihn.« Wahrscheinlich hat Helmut Schmidt im Verlauf seiner politischen Karriere, die ihn schließlich in Bonner Regierungsämter führte, nicht sogleich begriffen, daß seine Loki inzwischen Denkstrukturen entwickelt hatte, die sie auch zur Diskussion, sogar zur Beratung in komplizierten politischen Zusammenhängen befähigten.

In der historisch berühmten Nacht im Mai 1974 in Münstereifel, als Willy Brandt resignierte und als Kanzler zurücktrat und Helmut Schmidt – damals Bundesfinanzminister – automatisch an seine Stelle trat, war Loki dabei – nicht in den parteiinternen, dramatisch verlaufenden Sitzungen, aber sie war im Gebäude anwesend und erinnert sich noch heute an die sorgenvolle Atmosphäre, an die kolportierten Frauengeschichten über Brandt, deretwegen man »doch nicht zurücktritt«, an die schwierig gewordene wirtschaftliche Lage und an die Gretchenfrage an ihren Mann, ob er Kanzler werden wolle. »Das ist deine Entscheidung, sagte ich ihm, aber mir war auch klar, daß etwas passieren, eine Entscheidung getroffen werden mußte. Mein Mann war eher zweifelnd, ja ängstlich, ob er die Verantwortung auf sich nehmen könnte, und ich sagte ihm, wie immer du dich entscheidest, ich bin da, ich bleibe an deiner Seite.« Noch in der Nacht fuhr das Ehepaar Schmidt zu Alfred Nau, dem Schatzmeister der SPD und Alt-Sozialdemokraten aus den Zeiten des legendären SPD-Nachkriegsvorsitzenden Kurt Schumacher, um mit einer Vertrauensperson die neue Lage zu definieren. Um Mitternacht hatte der NDR den Kanzlerrücktritt gemeldet; kurz danach rief ich (damals Bonner Korrespondent der »Süddeutschen Zeitung«) die Schmidts in Bonn in der Schedestraße an – sie hatten dort eine private Wohnung –, um mir die sensationelle Entwicklung bestätigen zu lassen. Loki sagte mir: »Ja, es stimmt, er soll Brandts Nachfolger werden, und es wird sicher nicht leicht.«

Helmut Schmidt regierte als Kanzler, länger als Erhard, Kiesinger oder Willy Brandt, und seine Frau Loki wurde auf eine unaufdringliche Weise eine prominente und beliebte Kanzlergattin auf der Bonner Bühne. Ganz anders als Rut Brandt aber doch nicht weniger eindrucksvoll in ihrer natürlichen Ausstrahlung auf die Menschen. »Es war immer hell um sie«, charakterisierte sie einmal Eva de Maizière, die Frau des damaligen Generalinspekteurs der Bundeswehr.

Loki Schmidt bemühte sich, ihrem Mann auch am Arbeitsplatz Bonn eine häusliche und private Atmosphäre zu schaffen. Einmal in der Woche arrangierte sie ein sogenanntes »Küchenessen« mit den Angestellten, bei dem das Programm für die folgenden Tage genau besprochen wurde, z.B. was an Speisen bei Einladungen angeboten, wie der Tisch gedeckt und welche Blumen dekoriert werden sollten. Auch wenn politisch schwierige Themen zu besprechen waren, sollten sich die Gäste wohl fühlen. Mit Freude denkt Loki als Hausherrin an die fabelhafte Atmosphäre bei den Abendessen zurück, die in der Nachfolge der »Konzertierten Aktion« im Kanzlerbungalow mit Unternehmern und Gewerkschaftlern stattfanden. Das Hervorstechendste sei die gegenseitige Offenheit gewesen. Über etliche der Gespräche habe man noch lange nachdenken können.

Helmut Schmidt erinnert in einem Buchbeitrag über seine Frau daran, daß Loki ihm einmal in einer sehr schwierigen Personalfrage entscheidend geholfen habe, nämlich als es darum ging, Hans Apel dafür zu gewinnen, Verteidigungsminister zu werden. »Vor allem«, schreibt Schmidt, »mußte Apels Frau Ingrid überzeugt werden, weil er nicht gegen die Empfindungen und den Rat seiner Frau handeln wollte.« Loki bestätigte mir jetzt das Szenarium an ihrer Hausbar in Hamburg, bei der sie Ingrid Apel aufgrund ihrer eigenen Eindrücke und Erfahrungen auf der Hardthöhe überzeugen konnte, sich der Berufung ihres Mannes zum Verteidigungsminister nicht zu widersetzen.

Zu den unangenehmen Erfahrungen zählt Loki die parteipolitischen Begleiterscheinungen zum Ende der Amtszeit ihres Mannes. Daß sich koalitionspolitisch etwas zusammenbraute, sich ein Kanzlerwechsel anbahnte, »lag in der Luft«; aber zu ihren schlimmen Erlebnissen gehört der Parteitag im November 1983, als es um den Nato-Doppelbeschluß ging und sich die Genossen scharenweise von ihrem Kanzler abwandten, ihn politisch im Stich ließen. »Ich saß damals bei der Presse, weil woanders kein Platz mehr frei war«, schildert Loki die Situation, »nach und nach kamen, ich weiß nicht mehr, wieviele Abgeordnete, flüsterten mir ins Ohr und berichteten: Du mußt Verständnis für mich haben, ich kann nicht für Helmut stimmen. Manche genierten sich nicht zu sagen, ich muß mein Bundestagsmandat wieder bekommen, wir haben gerade gebaut, und mein Wahlkreis stellt mich nur auf, wenn ich gegen den Nato-Doppelbeschluß stimme. Oder sie hatten andere, sehr persönliche Gründe. Diese schlimme Erfahrung hatte ich natürlich noch im Hinterkopf, als zum Teil dieselben Leute über ein Jahr später, nachdem mein Mann abgewählt, aber immer noch populär war, versuchten, ihn zu einer nochmaligen Kanzlerkandidatur zu überreden.» Lokis sonst eher tiefe Stimme gerät in eine höhere Lage, als sie auf diese damalige Aussprache zurückkommt. »Du wirst wahrscheinlich mit Hurra gewählt werden, sagte ich zu ihm, weil bei vielen Menschen der Mitleidseffekt nach dem Sturz dazukommt, aber nach einer Woche wird dich die Partei in ganz kleine Stückchen zerreißen, und das solltest du dir nicht antun.« Eindringlich redeten die Freunde weiter auf Helmut Schmidt ein: Du mußt es nochmal machen, und als er zweifelnd reagierte, »da bin ich«, so erzählt Loki »richtig wütend geworden und habe meine Wut auch begründet. Sie blickten mich betroffen an.« Sie habe dann auch die Frau von Jochen Vogel um ihre Meinung gebeten, und Frau Vogel habe ihrer Einschätzung zugestimmt. Noch heute sei sie der Meinung, daß es für ihren Mann richtig gewesen sei, bei der Neuwahl 1983 nicht mehr als Kanzlerkandidat anzutreten.

Den Ausschlag für seine Entscheidung, sich einer neuen Kandidatur zu verweigern, gab nach Helmut Schmidts Darlegungen Bischof Eduard Lohse, den er um seinen »seelsorgerlichen Rat« gebeten hatte.

Auf die Frage, ob es angesichts zahlreicher in- und ausländischer Kontakte während der Kanzlerzeit ihres Mannes auch Freundschaften gäbe, die bis heute andauern, nennt sie als deutsche Freunde Jochen Vogel und seine Frau, die Wischnewskis und die Raus. Bei Freunden aus dem Ausland fallen ihr zuerst die Giscards aus Frankreich ein, dann die Fords aus den USA, die Callaghans aus Großbritannien sowie das spanische und das niederländische Königspaar. Helmut Schmidt hat in seinem Buch »Weggefährten« sehr eindrucksvoll die Begegnungen beschrieben, die er und seine Frau in Deutschland und vielen anderen Ländern der Erde mit Persönlichkeiten hatten, nicht nur aus der Politik, sondern auch aus Kunst und Wissenschaft, dem Schauspiel und der Musik. Dazu gehörten Musiker wie Bernstein, Menuhin, Rostropowitsch und Karajan, die Schauspielerinnen Ida Ehre und Lilli Palmer, der Bildhauer Moore, Literaten wie Lenz, Historiker wie Bracher und Banker wie Ponto und Klasen. Wenn Helmut Schmidt beschreibt, daß es sich dabei in der Regel nicht um einen protokollarischen Small-talk gehandelt habe, sondern um ausgedehnte Diskussionen und gegenseitige Besuche, bei denen Lebensphilosophien und Ansichten über die Kunst ausgetauscht wurden, dann wird klar, weshalb Loki Schmidt im Rückblick dankbar bekennt, ein Leben gehabt zu haben, »das für fünf Leben ausgereicht hätte.«

Lokis Erfahrungshorizont ist durch die Staatsvisiten in viele Länder, aber auch durch die botanischen Forschungsreisen beträchtlich erweitert, ihr Blick für Wesentliches und Unwesentliches geschärft worden. »Ich habe in der Welt so viele Menschen gesehen, die es unendlich viel schwerer haben als wir, daß einem viele eigene Probleme unwichtiger erscheinen«, ist eine ihrer Erkenntnisse.

Wenn man so nah am Machtzentrum gelebt hat, weiß man dann genauer, was Macht bedeutet und wie man mit ihr umgehen kann oder mit ihr umgehen sollte? »Macht sollte nur Mittel zum Zweck sein, um eine Politik durchzusetzen, die man für das Land für richtig hält. Macht als Selbstzweck ist etwas Böses. Gott sei Dank habe ich das bei meinem Mann nie erlebt,« beantwortet sie meine Frage. Können die vielen Erfahrungen und Aufmerksamkeiten einen Menschen verändern? frage ich weiter. »Also, mich haben sie nicht verändert. Ich war ja schon erwachsen. Als Ausgleich zu den öffentlichen Lobgesängen ist das Gesündeste, nebenbei etwas zu betreiben, das in die Zukunft greift.«

Auch Ärger ist Loki nicht erspart geblieben, z.B. weil sie einmal, ohne sich auf ein Mandat berufen zu können, persönlich öffentlich gefragt hatte, warum nur die Männer Wehrdienst leisten müßten; denn auch die Frauen könnten doch – und sie bekennt sich ausdrücklich dazu, eine »Patriotin« zu sein – einen Dienst für das Volk, für die Allgemeinheit erbringen. »Man hat mich danach fast umgebracht«, erinnert sie sich, aber sie weicht dennoch nicht von ihrer persönlichen Grundauffassung ab, daß bei den heutigen sozialen Nöten ein Dienst der Frauen für das Vaterland wünschenswert wäre. Gerade nach Abschluß der Schule gebe es eine Lebensphase, »in der sich alles setzt und zur Lebensvorbereitung ein sozialer Dienst wichtige Erfahrungen vermitteln könnte.« Man richte Gleichstellungsbehörden ein, aber in diesem Punkt gebe es keine Gleichstellung. »Da sind die Frauen bevorzugt, und das finde ich nicht gut.« So ist es auch nicht verwunderlich, daß Loki aus ihrer Lebenserfahrung, die durch die Hitlerzeit, den Krieg und die Nachkriegsjahre mit geprägt war, das Thema der Emanzipation aus ihrem Blickwinkel kritisch betrachtet. Ob sie eine Feministin sei? »Nein«, ist ihre Antwort, »als Lehrerin hatte ich auch nie das Bedürfnis nach derlei Orientierungen, denn ich war mit den Männern in der Schule absolut gleichberechtigt. Und nach dem Krieg mußten wir zupacken, um überhaupt überleben zu können. Da war nicht viel Zeit, über die Rolle der Frau nachzudenken.« Natürlich gebe es im Leben einer Frau Hochs und Tiefs, aber »das hat man gefälligst mit sich selber auszumachen«. Es sei die natürlichste Sache der Welt, daß ein Mann und eine Frau zusammen sind, und so habe sie auch als Frau des Bundeskanzlers an seiner Seite gestanden »und meine Pflicht getan.« Als ob sie sich etwas von der Seele reden wolle, fährt sie engagiert fort: »Mir scheint die gute alte preußische Tugend des Pflichtbewußtseins verloren gegangen zu sein.« Sie macht sich über die Weiterentwicklung der Gesellschaft große Sorgen, besonders auch über die Lage der Jugendlichen, »deren Eltern damit groß geworden sind, daß es keine Grenzen gibt«. Irgendwo müßten aber die Menschen zum Zusammenleben erzogen werden. »Eine schreckliche Ich-Sucht« habe die Gesellschaft erfaßt. Man sehe vielfach gar nicht mehr den anderen Menschen, der neben einem lebt, sondern kümmere sich nur noch darum, daß es einem selbst gut gehe. Der Autoritätsverfall der Schulen, des Elternhauses und der Kirchen sei erschreckend. Die »Revolution« von 1968 habe die vorhandenen Normen infrage gestellt, aber keine anderen an ihre Stelle zu setzen vermocht. Ohne Spielregeln gehe jedoch eine Gesellschaft auf die Dauer kaputt. Wie ihr Mann, sieht auch sie eine unheilvolle Rolle des Fernsehprogramms, das häufig die Jugendlichen zur Gewaltbereitschaft verführe. Erschreckend sei beispielsweise die Aussage eines jugendlichen Mörders, er habe einmal selbst jemanden umbringen wollen, um »zu sehen, wie das ist.«

Lokis kritische Betrachtung heutiger Entwicklungen speist sich sicher auch aus der Erinnerung an ihre eigene Kindheit, die einerseits in Armut, andererseits in einer liebevollen und strebsamen elterlichen Atmosphäre verlief. Am 3. März 1919 in Hamburg als Hannelore Glaser, älteste Tochter eines Elektrikers und einer Näherin geboren, wuchs sie in sehr einfachen Wohnverhältnissen auf. »Die Sonne schien selten in die beiden Vorderzimmer, denn das Haus davor stand nur vier Meter entfernt. Den

Wohnzimmerschrank hatte mein Vater selbst gebaut, und weil kein Geld für Tapeten vorhanden war, bemalte er die Wand mit einem üppigen Urwald und einem großen Pfefferfresser. Fleisch gab es nur einmal in der Woche. Fertig gekaufte Kleidung bekamen wir Kinder nicht.« (Den ersten Mantel erhielt Loki von ihrem Mann bei der Verlobung). Ein Badezimmer war nicht vorhanden, das Klo befand sich im Hausflur. Aber diese Misere war kein Hinderungsgrund für ihren Vater wie für die Mutter, die Volkshochschule zu besuchen und Loki und ihren drei Geschwistern am nächsten Tag zu erzählen, was sie gelernt hatten: über die Vor- und Frühgeschichte, über den französischen und deutschen Expressionismus, über Wasservögel und Pflanzen, über die Ernährungslehre und vieles andere. In der Arbeiterbewegung, mit der sich Vater Glaser verbunden fühlte, galt die Erkenntnis »Bildung ist Macht«, und so hofften die Eltern Glaser, daß es ihren gebildeten Kindern einmal besser gehen möge. Um ein Zubrot zu verdienen, ging Mutter Glaser für fünf Mark pro Tag nähen. Loki übernahm als älteste Tochter die Kocherei und die Beaufsichtigung der Schularbeiten. Im Haus wohnte ein Musiklehrer, politisch denkend wie ihr Vater, der allen Glaser-Kindern ohne Honorar Musikunterricht gab. 1933, als Hitler an die Macht kam, sagte Vater Glaser: Das bedeutet Krieg. Hannelore Glaser ist trotz des klar antinationalsozialistischen und judenfreundlichen Elternhauses nach einem Beschluß des Familienrates in den BDM (Bund Deutscher Mädel) eingetreten, um unbehelligt und unentgeltlich die Schule bis zum Abitur fortsetzen zu können. Als gute Musikerin auf der Geige und später der Bratsche konnte sie sich auf den Dienst im BDM-Orchester beschränken. »Man hat sich so durch die Nazizeit durchgewurstelt«, sagt sie. In ihrem Mietshaus habe es eine großartige Verständigung gegeben, wenn sich Hausdurchsuchungen ankündigten.

In der Sexta der Lichtwarkschule – benannt nach dem Initiator der Kunsterziehungsbewegung, Alfred Lichtwark –, der damals einzigen höheren Schule mit Koedukation in Hamburg, lernte Hannelore Glaser Helmut Schmidt kennen. Sie seien von Anfang an befreundet gewesen, »auch weil wir so schön miteinander zanken konnten.« Helmut sei sehr klein und sie die längste gewesen. »Wir haben uns zwar gegenseitig nach Hause gebracht, aber wenn jemand gesagt hätte, daß wir uns einst heiraten würden, mein Gott, daran dachte niemand! Wir redeten miteinander viel über Malerei und Kunst und haben uns sicher gegenseitig beeinflußt. Helmut war ein intelligenter Knabe, aber das waren andere auch. Daß er Architekt werden wollte, habe ich sehr sympathisch gefunden.« Nach dem Schulabschluß, so berichtet Loki weiter, hätten sie ein halbes Jahr nichts voneinander gehört, aber »dann hat er mir rührende Briefe in den Arbeitsdienst geschrieben«. Von 1937 bis 1939 leistete Helmut Schmidt Arbeits- und Wehrdienst. Anschließend war er Kriegsteilnehmer, zuletzt Oberleutnant und Batteriechef.

Der Heirat von Loki und Helmut Schmidt in Hamburg im Jahre 1942 gingen einige Komplikationen voraus. Zunächst wehrte sich Helmut Schmidts Vater gegen die Ehe, weil Helmut noch keinen Beruf hatte. Lokis Argument, daß sie als Lehrerin genügend verdiene, wollte Vater Schmidt nicht akzeptieren. »Daß eine Frau auch einen Mann ernähren kann, war außerhalb seiner Sicht.« Aber Loki und Helmut setzten schließlich ihre Heirat durch. Doch gab es noch eine weitere Hürde zu überwinden: die auch für Reserveoffiziere vorgeschriebene Heiratsgenehmigung durch den zuständigen Kommandeur. Der saß auf dem Venusberg in Bonn, wo Helmut Schmidt damals stationiert war. In den Osterferien 1942 mußte sich Loki vorstellen. Helmut hatte ihr eingeschärft, keineswegs länger als 10 Minuten zu bleiben. Aber der General, schilderte Loki die Szene, hatte in seinem großen Raum mit einem wunderschönen Blick auf das Rheintal drei der vier Wände mit interessanten Bildern behängt und sich als eine kunstverständige Person entpuppt. Sie hätten Gesprächsstoff für eine knappe Stunde gehabt, und gottlob hätten weder ein geheimgehaltener jüdischer Großvater noch die uneheliche Geburt von Helmuts Vater für die Heiratsgenehmigung eine Rolle gespielt.

War die Heirat nach der langen gemeinsamen Schulzeit eine Art Automatik? will ich von Frau Schmidt wissen. »Nein, eine Automatik war es nicht, aber uns beiden wurde Anfang 1942 klar, als Helmut aus Rußland zurückkam, daß der Krieg verloren war. Wir waren dreiundzwanzig Jahre alt. An den Eltern hatten wir keine seelische Stütze, und wir brauchten ein Zuhause. Das war bestimmt ein Grund, weshalb wir geheiratet haben. Wir wußten nicht, wie lange der Krieg noch dauern würde und ob wir dann überhaupt noch am Leben sein würden. Da habe ich mich übrigens auch taufen lassen. Wir sagten uns, das Ende wird schrecklich. Möglicherweise werden wir in Erdhütten leben müssen. Was kann dann den Menschen Halt geben? Eigentlich nur die beiden Kirchen. Wir haben uns sehr viel von diesem Schritt versprochen. Daß die Kirchen aus sehr vielen Einzelmenschen mit allen ihren Vorzügen und Fehlern bestehen, haben wir damals nicht bedacht. Jedenfalls haben die Kirchen die Menschen nach dem Krieg nicht so auffangen können, wie wir das erhofften. Außerdem war die Intoleranz währen der Nazizeit für uns ein wichtiger Grund, die Kirche in ihrer Toleranzbotschaft zu unterstützen.«

Amüsiert erzählt Loki dann, daß sie mit dem Pfarrer, der ihr zur Vorbereitung der Taufe Religionsunterricht erteilen sollte, stattdessen über die Evolutionstheorie debattierte und daß sie sich längst ihre eigenen Vorstellungen von ihrem Gott gemacht hatte. Der Pfarrer sei ihr mit großem Verständnis entgegengekommen. Ihre Mutter sei über die Taufe zuerst entsetzt gewesen, aber ihr Vater habe sie gut verstanden und ihren Schritt akzeptiert. Die standesamtliche Trauung habe in Hamburg, die kirchliche auf dem Dorf stattgefunden, in dem sie vorher an der Landesschule Lehrerin gewesen war.

Zu den schlimmsten Kriegserfahrungen gehörte für die Lehrerin Schmidt neben dem Bombenkrieg und der ständigen Sorge um ihren Mann die alleinige Verantwortung für dreiundzwanzig Mädchen im Alter von neun bis fünfzehn Jahren in einem Kinderlandverschickungslager (KLV-Lager) bei Kulmbach. Vierundzwanzig Stunden, also rund um die Uhr, sei sie die einzige Betreuung und Aufsicht gewesen. »Diese Erfahrung wünsche ich meinen ärgsten Feinden nicht. Ich war heilfroh, als ich alle Mädchen gesund und froh wieder nach Hause gebracht hatte.«

Eine schmerzhafte Zäsur in der jungen Ehe verursachte der Tod des ersten Kindes Helmut Walter, das 1944 in Bernau bei Berlin geboren war und als Säugling an der Meningitis (Gehirnhautentzündung) starb. Damals gab es noch keine Antibiotika, nur Sulfonamide. Helmut Schmidt war an der »Westfront«. Loki mußte ihr Kind allein beerdigen. Der Kommandeur ermöglichte noch vor Kriegsende dem Ehepaar Schmidt, das Grab des Kindes gemeinsam zu besuchen. 1947 wurde dann Tochter Susanne geboren.

Das Kriegsende erlebte Frau Schmidt in Hamburg. Respektvoll erwähnt sie die Entscheidung des Nazibürgermeisters Kaufmann, Hamburg gegen den Willen Hitlers zur freien Stadt zu erklären und damit die restlose Zerstörung zu verhindern. Den 8. Mai, den Tag der Kapitulation, hat sie in bleibender Erinnerung. Es war ein strahlender Sonnentag und ein Tag der Befreiung von dem Druck, der jahrelang auf ihr gelastet habe. Freilich war sie immer noch in Sorge um ihren Mann, ihren Bruder, ihre Freunde. Von einem vorzeitig aus der britischen Gefangenschaft entlassenen Kameraden ihres Mannes erfuhr sie, daß Helmut Schmidt im Gefangenenlager am Leben sei. Loki fand zunächst Arbeit in einem Heim für schwer Erziehbare und Waisenkinder, denen sie Unterricht erteilte. Als das Ehepaar Schmidt 1945 wieder beieinander war, konnte auch Loki zurück in ihren alten Lehrerberuf und mit ihrem Gehalt das Studium ihres Mannes finanzieren. »Das war für mich wie für andere Frauen eine Selbstverständlichkeit, damit die aus dem Krieg ohne Beruf Heimgekehrten etwas lernen konnten.«

1946 trat Helmut Schmidt in die SPD ein, später auch seine Frau. Beide engagierten sich für den Wiederaufbau eines sozialdemokratischen Rechtsstaates. Der Alt-Bundeskanzler und seine Frau konnten sich darauf berufen, den Aufstieg zum Gipfel über die sogenannte Ochsentour genommen zu haben. Sie begannen gemeinsam damit, selbst bemalte Werbeplakate für die SPD zu kleben. Während er als Student, Beamter und Abgeordneter konsequent die politische Karriere verfolgte, arbeitete sie als Lehrerin und versorgte als Mutter eines Kleinkindes ohne Hilfspersonal den Haushalt. Man darf sagen, in den ersten Jahrzehnten ihres Lebens ist ihr nichts geschenkt worden. Und als ihr später die Chance geboten wurde, neben ihrem Mann ihr Leben selbst zu gestalten, hat sie die Möglichkeit genutzt.

Wenn im Lexikon unter »Loki« eine »rätselhafte, listenreiche Gestalt aus der altnordischen Mythologie« verstanden wird, dann sollte im »Who is Who?« mit der »Loki« aus Hamburg eine weitere Bedeutung vermittelt werden.

Mildred Scheel

Von Almut Hauenschild

Das Schrillen des Telefons dringt nur schwer durch den Tiefschlaf. Der Wecker zeigt 2.45 Uhr. Oh Gott, Mildred schon wieder. Gähnend nehme ich den Hörer von der Gabel, »ja, hier Almut, was gibt's?« Ein prustendes Lachen weckt auch noch die letzte todmüde Zelle, und Mildred Scheels rauhe Stimme frohlockt in mein Ohr, »ich hab dich doch nicht geweckt?« Eine Antwort wartet sie gar nicht ab. Wie man per Knopfdruck einen anderen Radiosender einschaltet, wechselt Mildred Thema und Timbre. Das Endlosband der Krebshilfe läuft. Ihr Keilriemen, der sie 16 Stunden täglich auf Trab hält. Die vielen Spenden freuen sie schon, aber gerade an diesem Tag schoß ihr wieder mal ein Ärzteblatt »so ein Ding vor den Bug«. Die Krebshilfe, so mußte sie lesen, habe kein vernünftiges Programm. Von wegen! Dabei macht die Dr.-Mildred-Scheel-Stiftung für Krebsforschung zum Beispiel im Labor am Max-Planck-Institut in …

Ich döse im sprudelnden Redefluß vor mich hin, brumme mal ein »hm« dazwischen oder ein »Nein, ich schlafe nicht« und murmle nach etwa einer halben Stunde, als Mildred die letzten Krümel aus ihrem Seelenmüllsack durchs Telefon gepustet hat, ein »Schlaf gut« und, wohlerzogen, wie ich bin, »Danke für den Anruf«. Wie aufs Stichwort fährt neben mir mein Mann aus den Kissen hoch. »Du bedankst dich auch noch für diese nächtliche Ruhestörung«, wütet er ernstlich böse. »Die ewigen Anrufe grenzen an Körperverletzung, sag das mal deiner Freundin.« Recht hatte er ja. Aber mit normalen Maßstäben konnte man Mildred Scheel eben nicht messen. Und wer mit ihr befreundet war, mußte ganz schön flexibel sein, um ihre ständigen Berg- und Talfahrten zu überstehen.

Mildred Scheel, die Röntgenfachärztin und Ehefrau des früheren Außenministers und späteren Bundespräsidenten Walter Scheel, die leidenschaftliche Kämpferin gegen den Krebs und hingebungsvolle Mutter ihrer Kinder Cornelia, Andrea Gwendolyn und Simon-Martin, wurde zwar nur 52 Jahre alt. Doch was war das für ein Leben! Was hat sie alles hineingepackt. An einem einzigen Tag: was für Begegnungen, Erlebnisse, Erfahrungen, Schicksale, die andere Menschen nicht in Wochen und Monaten bewältigen können. Ihr Lachen füllte Häuser. Wenn sie arbeitete, vergaß sie Zeit und Ort. Was sie dachte, sagte sie auch, ungeschminkt, aber nie verletzend. Sie hat gezeigt, wie man in Bonn als Politikerfrau lebt, ohne eine grüne Witwe zu werden. Sie ist ge-

Mildred Scheel 1983 in ihrem Kölner »Krebshilfe«-Büro

startet als Frau an seiner Seite und stand nach kurzer Zeit ganz selbstverständlich auf der anderen Seite. Selbst ihr Tod hatte etwas Besonderes. Etwas besonders Grausames. Die Gründerin der Deutschen Krebshilfe, die mit soviel Energie krebskranken Menschen Mut machte, verlor den Kampf für sich selbst. Das war am 13. Mai 1985 in Köln, in jener Stadt, in der sie am 31.12.1932 geboren worden war.

Das Elternhaus von Mildred Wirtz, am Schillingsrotter Platz im noblen Kölner Vorort Marienburg, habe sie, wie sie stolz berichtete, stark geprägt. Für das Buch »Mein Elternhaus« erzählte sie Rudolf Pörtner, daß es ihr Vater Dr. Hans-Hubert Wirtz, ein bekannter Röntgenologe, war, »dessen Persönlichkeit mir Krankheit und Gesundheit, Glück und Unglück bewußt machte«. Die väterliche Praxis wurde für die kleine Mildred zum zweiten Zuhause. »Mit großer Souveränität herrschte mein Vater über die Apparate und Instrumente, organisierte die Arbeit seiner fünfzehn Mitarbeiter, wandte sich mit einer Mischung aus Energie und menschlicher Wärme seinen Patienten zu.« Menschliche Hoffnung und ärztliche Nüchternheit hätten ihr »in unvergeßlicher Weise vor Augen geführt, was es bedeutet, Kranken zu helfen«. Daß der Vater jeden und alles heilen konnte, daran glaubte Mildred unumstößlich. »Selbst in der Kinderzeit rief der Gedanke an den Tod in mir keinen sonderlichen Schrecken hervor.« Zum erstenmal wurde Mildred als Neunjährige mit dem Sterben konfrontiert. »Köln war tage- und nächtelang das Angriffsziel britischer und amerikanischer Bomber. Tote lagen nach solchen Luftangriffen überall zwischen den Ruinen, zerfetzte Leiber, erschlagen von Trümmern berstender Mauern und vom Luftdruck zerrissen. Wut überkam mich. Merkwürdigerweise verspürte ich jedoch keine Angst.«

Mutter Else, geborene Brown aus New York, verkörperte den Gegenpol im Hause Wirtz. Deren Vater, ein erfolgreicher Kaufmann, hatte gewollt, daß seine Tochter ein deutsches Internat besuchte. Die Schülerinnen des vornehmen Lyzeums durften hin und wieder zum Picknick. Während eines solchen Open-air-brunch traf Miß Brown den Herrn Doktor Wirtz und war mir nichts, dir nichts unter der Haube. Als erstes Kind kam Mildreds Schwester Lilian. Das zweite, ein Sohn, starb bei der Geburt. Mildred war das Nesthäkchen. Die Denkweise der Mutter hatte »etwas Grenzüberschreitendes«, wie Mildred es formulierte. Politische und kulturelle Einengung habe in der Familie nie stattgefunden, dagegen sehr wohl die kritische Auseinandersetzung mit dem Zeitgeschehen der dreißiger Jahre.

Mildred imponierte das unkomplizierte amerikanische Selbstbewußtsein der Mutter, das sie sich mehr und mehr zu eigen machte. Mildred war offenbar eine blendende Schülerin. Sie hat mit ihren Zeugnissen zwar niemals angegeben, aber wenn sie es für nötig hielt, ließ sie durchblicken, daß sie eine Klasse übersprungen hatte. Biologie und Chemie waren neben Englisch und Turnen ihre Lieblingsfächer. Dagegen stieß der Wunsch ihrer Eltern, das Klavierspielen zu erlernen, bei Mildred auf wenig Begeisterung. Sie gestand: »Zwar wußte ich, daß es damals zum guten Ton gehörte, ein Instrument zu beherrschen. Dennoch fühlte ich mich hierzu nicht berufen. Trotzdem gelang es mir, ein

Menuett einzuüben, das ich geradezu brillant wiederzugeben in der Lage war. Doch darin erschöpfte sich auch schon mein künstlerisches Talent. Sonntag morgens, 11 Uhr, wurde ich ans Klavier gerufen und mußte vorspielen. Solange sich meine Eltern damit zufriedengaben, immer nur das gleiche Menuett zu hören, ging alles gut. Erst als mein Vater eines Sonntags etwas ungehalten fragte, ob ich denn nichts anderes spielen könne, kam mein gespanntes Verhältnis zum Klavier ans Tageslicht. Damit war diese musische Episode meiner Jugendzeit beendet.«

Das Leben im Hause Wirtz bewegte sich, laut Mildred, in einem »festen organisatorischen Gerüst«. Frühstück mit Mutter, Mittag- und Abendessen im ganzen Familienkreis. (Nach dieser Regel spielte sich später auch der Alltag bei den Scheels ab.) Nach 1939 war es für die Wirtz-Schwestern vorbei mit der »seligen Kindheit«. Feindliche Bombergeschwader diktierten fortan den Tagesablauf der Arztfamilie, die Verwandtschaft meldete erste Kriegsopfer, am Essen mußte gespart werden, das Licht fiel öfters aus, die väterliche Praxis wurde mehrmals zerstört, das Nachbarhaus, von einer Luftmine getroffen, versank in Schutt und Asche. Hans-Hubert Wirtz beschloß, mit der ganzen Familie zu seiner Schwester ins oberpfälzische Amberg zu ziehen. Mildred machte dort ihr Abitur und schrieb sich umgehend in der medizinischen Fakultät der Universität München ein.

Für Mildred hatte schon mit acht oder neun Jahren festgestanden, Medizin zu studieren, so wie der Vater, den sie so sehr bewunderte. Ihr medizinischer Wissenstrieb ließ sie jedoch nicht warten, bis die Schule zu Ende war und das Studium begann. Einmal bekam die siebenjährige Mildred zu Weihnachten eine Käthe-Kruse-Puppe geschenkt, die auch damals schon ganz schön teuer war. Mildred trug die Puppe stolz in ihr Zimmer und blieb dort. Als endlich ihre Mutter nach ihr sah, hatte die Tochter den Kopf der Puppe aufgeschnitten: Sie wollte wissen, was drin war.

Mildred genoß München. Sie war schließlich kein Kind von Traurigkeit. Später in Bonn, als Ehefrau des Bundespräsidenten, schwärmte sie noch immer von ihren nächtlichen Streifzügen durch die Schwabinger Studentenszene. Sie verkehrte in Künstlerkreisen und freundete sich mit Margot Hielscher an. Sie kannte zwischen Maxvorstadt und Wedekindplatz jede Kneipe und fand es herrlich, wenn sich die Runde im Max-Emanuel-Biergarten

Seltenes Schneetreiben beim Staatsbesuch von Bundespräsident Scheel und seiner Frau Mildred 1975 in Samarkand an der Seidenstraße.

über Gott und die Welt die Köpfe heiß redete. Irgendwann, das wußte sie, würde diese Freiheit ein Ende haben. Dann wollte sie die väterliche Röntgenpraxis in Amberg übernehmen, einen ordentlichen Mann heiraten, Kinder in die Welt setzen und zufrieden sein.

Das Kind kam schneller als geplant.

Wie zu ihrer Studienzeit, als die leidenschaftliche Skifahrerin ein Innsbrucker Wintersemester einlegte, meldete sie sich als Münchner Assistenzärztin 1960 für ein Jahr nach Berlin ab, »um mal so richtig Großstadtluft zu schnuppern.« Über diese Zeit schwieg sich Mildred später weitgehend aus. Auch über den Mann, der ihr immerhin so viel bedeutet hatte, daß sie das Kind von ihm austrug. Mit Tochter Cornelia tauchte Mildred nach zwölf

Monaten wieder in München auf. Der Vater des Kindes blieb bis zum Tod ihr Geheimnis.

Zwei Jahre später, als Mildred gerade 30 war, starb ihr Vater. Wie sie sich erinnerte, wollte sie an diesem Abend zuhause anrufen. Doch dann war wieder mal etwas dazwischen gekommen. Am nächsten Vormittag sagte ihr die Mutter, daß der Vater im Sterben liege. Die Tochter fuhr sofort nach Hause. Doch sie kam zu spät. »Es war ein Herzschlag, und es ging sehr schnell. Daß ich mich nicht mehr von dem Menschen, mit dem ich mich so gut verstanden habe, verabschieden konnte, war das Schlimmste für mich.« Der frühe Tod des Vaters machte ihr zudem einen Strich durch die Zukunftsplanung. Mildred war noch nicht fertig mit ihrer Ausbildung zur Röntgenfachärztin und konnte also nicht sofort seine Nachfolge antreten. Einer Vertretung wollte sie das väterliche Erbe aber auch nicht überlassen. Nach vielen Diskussionen mit ihren Töchtern Lilian und Mildred beschloß die Arztwitwe, die Praxis zu verkaufen. In Amberg hatte Mildred also nichts mehr zu erwarten. Ihr blieb sehr wenig Hoffnung für sich und ihr Töchterchen auf eine rosige Zukunft.

Mutter und Ärztin, was steht an erster Stelle? Für Mildred stellte sich diese Wahl nie. Irgendwie brachte sie immer alles unter einen Hut. Auch wenn Cornelia krank war, was damals häufiger vorkam. Ihre Mandeln waren ständig entzündet. Manchmal nahm Mildred ihr »Nelchen« mit zur Arbeit und setzte sie einfach auf den Schoß einer besonders liebenswerten Patientin. »Bitte, spielen sie doch ein bißchen mit der Kleinen.« Daß sie die Tochter der Großmutter überlassen könnte, kam für Mildred nicht in Frage: »Das hätte ich seelisch nicht überlebt.«

An erster Stelle standen bei Mildred Scheel stets die Kinder, dann kam sofort die Krebshilfe und erst zuletzt Walter Scheel. Eine Reihenfolge, mit der sich der selbstbewußte Politiker nur schwer abfand. Doch über die Kinder wachte Mildred wie eine Glucke. Zumindest eins von ihnen krabbelte nachts unter ihre Bettdecke. Obwohl Mildred viel Zeit in »ihr Werk« steckte, ständig unterwegs war, im Dienst für die Bundesrepublik oder die Krebshilfe, verbrachte sie jede freie Minute mit den Kindern. Von antiautoritärer Erziehung hielt sie nichts. Cornelia (aus dem »Nelchen« wurde im Teenageralter die »Conny«), Andrea Gwendolyn (Gingi), geboren 1970, und der von Mildred und Walter Scheel 1971 während einer Bolivienreise adoptierte indianische Waisenjunge Simon Martin (Männe), dessen genaues Geburtsdatum niemand wußte und der deswegen praktischerweise mit Andrea Gwendolyn feierte, wuchsen laut Mildred »an der langen Leine auf«. Daß ihr auch mal die Hand ausrutschte, daraus hat Mildred Scheel nie ein Hehl gemacht. Keine Diskussion gab es bei ihr zum Beispiel über Mittagsschlaf. Bis zum vierten Lebensjahr kamen »die Pänz« am Nachmittag ins Bett. Hilfe bei den Hausaufgaben verweigerte Mildred strikt. »Da bin ich stur«, sagte sie und begründete diese Haltung in einem Interview: »Ein Kind, das seine Hausaufgaben ohne Hilfe der Mutter macht, wird einfach selbstbewußter. Und als Mutter sollte man es ruhig einmal riskieren, daß ein Kind eine Fünf schreibt.« Mildreds Hoffnungen auf Selbstbewußtsein erfüllten sich schneller als gewünscht. Andrea Gwendolyn, die die rheinische Frohnatur des Vaters geerbt hat und Mildreds »Schleudergoschn«, wußte schon recht früh, wer sie war und was ihr also zustand. An ihrem ersten Schultag mußten sich die »I-Dötzchen« brav in eine Reihe stellen. Andrea Gwendolyn war mit ihrem Platz jedoch nicht zufrieden und boxte sich ein Stückchen weiter vorne in die Schlange. Als sich ein Mitschüler beschwerte, fuhr sie ihn an: »Hier bleib ich. Ich bin die Scheel.«

Wer immer von den Scheels auch nur für ein paar Stunden unterwegs war, informierte die anderen sofort nach seiner Rückkehr. Mildred Scheel trichterte ihren Kindern ein, »laß niemanden umsonst um dich in Sorge sein«, ein Gebot, das Mildred schon von ihrer Mutter auferlegt worden war. Mildred mußte stets wissen, wo sich die Kinder befanden. Selbst bei Staatsbesuchen im Ausland rief sie täglich in der Villa Hammerschmidt an. Es galt für sie die eherne Regel, stets genügend Groschen zum Telefonieren bei sich zu tragen. Auch als Cornelia längst ihre eigene Bude in Bonn hatte, rief sie jeden Mittag und Abend, meist kurz vor dem Einschlafen, bei ihrer Mutter an. Und Mildred tat dasselbe bei ihrer Mutter.

Anna-Else Wirtz war zeitlebens Mildreds großes Vorbild. Sie hat sie unendlich geliebt und bewundert. Und wie diese ihren beiden Töchtern Lilian und Mildred niemals hatte durchgehen lassen, am Essen herumzumäkeln, galt auch im späteren Scheel-Haushalt die Regel: Man ißt, was auf den Tisch kommt. Mildred Scheel war keine exzellente Köchin. Für die raffinierte Küche fehlte ihr auch das nötige Haushaltsgeld, sie hat sich immer mal wieder über die Knausrigkeit ihres Mannes beklagt. Also machte

Mildred Scheel mit ihren Töchtern Cornelia (rechts) und Andrea Gwendolyn.

Mildred daraus eine Tugend und kürzte die familiären Mittags- und Abendmenues auf Spaghettilänge, mal mit Tomaten- , mal mit Hackfleischsauce. Den Kindern war das sowieso viel lieber. Und die Hausmädchen – Mildred hatte immer eines, nur während der fünf Jahre in der Villa Hammerschmidt durfte sie zwei beschäftigen – gewöhnten sich schnell an den schlichten Küchendienst. »Einem der Kinder schmeckte immer irgend etwas nicht«, erinnerte sich Mildred mal. »Ja, dann tat's mir leid, dann mußten die Erbsensuppe oder der Salat einfach stehenbleiben.«

Wenn es jedoch darum ging, daß die Kinder, trotz eines Vizekanzlers und Bundespräsidenten als Vater, so normal wie möglich aufwuchsen, dann drückte Mildred Scheel beide Augen zu. Wenn sie mit lehmverkrusteten Gummistiefeln deutliche Spuren auf dem roten Teppich am Haupteingang der Villa Hammerschmidt hinterließen, Besucher über ein Dreirad oder einen Teddybären stolperten, Simon-Martin mitten in einer Besprechung im Arbeitszimmer des Präsidenten aufkreuzte und quengelte, weil seine Meerschweinchen Änne und Gretchen nicht fressen wollten, Andrea Gwendolyn bei der Begrüßung des spanischen Königpaares »mit militärischen Ehren« auf das kleine Mäuerchen neben der Freitreppe kletterte, um das Gewehr eines Wachsoldaten zu inspizieren, und den Journalisten ein »wie lange wollt ihr Stinker denn noch bleiben« verpaßte – was soll's, meinte Mildred dann nur gelassen.

Obwohl Mildred nie »jroß Jedöns« um ihre Mehrfachbelastung als Mutter, Politikerfrau, First Lady und Krebshilfe-Präsidentin machte, »alles eine Frage der Organisation«, verband sie mit der Mutterrolle doch etwas Besonderes. So legte sie zum Beispiel großen Wert darauf, daß der Muttertag auch von ihren Kindern hochgehalten wurde. Kurz vor einem Muttertag schrieb sie in einer Zeitungskolumne: »Gerade in einer Epoche, in der Bindungen oft nur auf Zeit Gültigkeit haben, und in der Unsicherheit und Zukunftsangst zunehmen, scheint mir daher eine Einrichtung wie der Muttertag wichtig und notwendig zu sein. Stellt er doch einen Augenblick der Besinnung dar, der vor allem die Kinder daran erinnert, welche Mühen und Schwierigkeiten Mütter aller Jahrhunderte dafür auf sich genommen haben, um ihren Söhnen und Töchtern ein sorgenfreies und menschenwürdiges Leben zu ermöglichen. Gleichzeitig jedoch ist mir darüber hinaus ein solcher Tag auch Anlaß, mich über das zu freuen, was meine Kinder inzwischen aus eigener Kraft erreicht und geleistet haben.«

Für die Röntgenärztin Dr. Mildred Wirtz war Walter Scheel anfangs ein Patient wie jeder andere. Der FDP-Politiker hatte im Herbst 1967 gerade eine Nierensteinoperation hinter sich, von der er sich nur schwer erholte. Die Ärzte im Sanatorium in Bad Wiessee dokterten an ihm herum. Als er eines Tages auf dem Flur vor der Ambulanz auf eine Untersuchung wartete, sah er eine hochgewachsene, schlanke Ärztin die Treppe aus dem Souterrain hinaufsteigen. Er wollte sich ihr vorstellen und versuchte aufzustehen. Doch Frau Dr. Wirtz beschied ihn mit einer kurzen, energischen Handbewegung: »So, wie sie beieinander sind, sollten sie besser sitzenbleiben.« Am Sonntag darauf hatte Frau Doktor Dienst und kam auf Visite in Walter Scheels Zimmer. Ein kurzer Blick auf sein graues Gesicht genügte ihr, um die Schwestern anzuordnen: »Bestellt geschwind einen Krankenwagen. Der Patient muß sofort nach München und in der Universitätsklinik operiert werden.« Dort stellten die Ärzte eine Stunde später fest, daß er in höchster Lebensgefahr schwebte. Sein Bauch war voller Eiter.

»Sie hat mir das Leben gerettet«, antwortete Walter Scheel später noch oft, wenn er danach gefragt wurde, wie zwei so von Grund auf verschiedene Menschen zueinander finden können. Ein Paar wie die Verkörperung des Klischees »Gegensätze ziehen sich an«. Sie ein Nachtmensch, der sehr depressiv sein konnte; er die rheinische Froh- und Frühnatur. Sie haßte Männerchöre, er rollte »hoch auf dem gelben Wagen« mit seinen Solinger Sangesbrüdern an die Spitze der Volkslied-Bewegung. Er galt als Vorzeige-Liberaler und ausgefuchster Berufspolitiker, sie hatte, wie sie eingestand, Mitte der 60er Jahre zum erstenmal gewählt, auf Zuraten einer Freundin Ludwig Erhards. An der Münchner Universität nahm sie einmal an einer Diskussion über die »Weiße Rose« teil. Und damit hatte es sich auch schon mit der Politik. Im Scheel-Haus spielten andere Themen eine Rolle. »Jeder hat seinen Beruf«, lautete Mildred Scheels Credo, »ich bin Ärztin, er Politiker. Ich habe es früher auch immer gehaßt, wenn Laien sich als medizinische Sachverständige ausgaben.« Und umgekehrt suchte Walter Scheel bei seiner Frau als Letzter um Rat, wenn politische Entscheidungen anstanden.

Es dauerte einige Zeit, bis sich Mildred Wirtz und Walter Scheel endgültig fanden. Nach überstandener Operation kehrte der FDP-Politiker zurück zu seinen Geschäften in Bonn und Düsseldorf. Monate später, es war auf irgendeiner der vielen Münchner Parties, trafen sich Mildred Wirtz und Walter Scheel wieder. Später hat Mildred erzählt, daß an diesem Abend der blonde Herr sie gar nicht so tief beeindruckte, trotz seiner blendenden Erscheinung, der eleganten Kleidung und der weltgewandten Umgangsformen. Als erstes fiel ihr nämlich auf, daß er kleiner war als sie. Genau um zwei Zentimeter. Daß sie mit ihrem Gardemaß von 1,82 häufig auf Männer herabsehen mußte, war sie zwar gewohnt. Aber eigentlich schwebte ihr damals als Lebensgefährte ein langer Lulatsch vor, »damit ich mit meiner Länge nicht immer auffalle.« An diesem Abend jedoch genügte Mildred die Tatsache, daß sich dieser Mensch auf der Fete offenbar genauso langweilte wie sie selbst. Und daß es nicht viele Worte brauchte, um ihn zu überreden, mit ihr ins »Tröpfchen« zu gehen, ihr Stammlokal in der Schwabinger Tengstraße. Dort, bei Wirtin Hethe Höper, verbrachte Mildred viele Stunden. Im »Tröpfchen« verkehrte damals typisch Schwabinger Volk, Künstler und Studenten, Nachbarsleute und Neugierige. An diesem Abend, so erinnerte sich Mildred später, saßen auch ihre Freunde Professor Ludwig Döderlein und der Maler Herbert Schneider am Stammtisch. Dabei stellte sich heraus, daß auch Walter Scheel den Maler kannte und seit einer Ausstellungseröffnung in Paris schätzte. Das habe sie »irgendwie als Zeichen des Himmels« empfunden. Und Mildred begann etwas ernsthafter über den Herrn Scheel nachzudenken. Zwei Jahre später, am 18.7.69, heirateten sie auf dem Standesamt in der Schwabinger Mandlstraße am Englischen Garten. Mit der festen Überzeugung, »Röntgenärzte braucht man auch in Bonn,« zog Mildred zwar nicht ganz leichten Herzens, aber optimistisch an den Rhein.

Indes war für die junge Ehefrau der Traum von einer Praxis zusammen mit Kollegen schon bei ihrer Ankunft in der Bundeshauptstadt ausgeträumt. Ihr Mann mußte sofort in den Wahlkampf und war quer durch Deutschland für die FDP unterwegs. Und Mildred wanderte, die neunjährige Cornelia an der Hand und Rauhhaardackel »Mücke« an der Leine, durch die neue Stadt. Mit Eheglück hatte das wenig zu tun, fand Mildred, und machte ihrer Enttäuschung auch Luft. »Wenn der Wahlkampf noch eine Woche länger dauert, haue ich ab«, drohte sie drei Tage vor dem Urnengang ihrem Walter. Nach der Wahl mußte sich Mildred Scheel dann endgültig mit einem ganz anderen Berufsbild vertraut machen, mit dem der »Frau an seiner Seite«. Präziser: an der

Seite des Außenministers und Vizekanzlers der ersten sozialliberalen Regierung von Bundeskanzler Willy Brandt.

»Das ist eine glasharte Umstellung«, erzählte sie am Telefon ihrer Münchner Freundin Margot Hielscher. Unter sich ein glattes Parkett, »auf dem so viel Seife ist, drei Schichten oft.« Daneben Gerüchte, Klatsch und Intrigen und stets, drohend im Nacken, das Protokoll. »Man mußte mich nicht gerade in Handschellen vorführen«, meinte sie im Rückblick, »aber es war kein Spaß, da vorn zu stehen.« Natürlich habe es Regeln gegeben, gab sie zu, an die man sich halten mußte. »Die Frage, ob das Spaß macht oder nicht, die stellt sich einfach gar nicht. Ein Empfang ist ein Empfang. Da kann man keine Cola-Flasche an den Mund setzen.« Doch das Protokoll schrieb ihr leider auch all das vor, was Mildred als entsetzlich empfand. »Wenn ich einen Gastgeber brüskiere, weil ich keine weißen Handschuhe trage, kann ich das auch nicht ändern. So bin ich nun mal,« lautete ihr Kommentar.

Mit der strikten Kleiderordnung stand sie immer wieder auf Kriegsfuß oder auch mal in Sandalen. Wie bei dem Abendempfang, zu dem sie in der Eile vergessen hatte, die Schuhe zu wechseln. Aber daß der kleine Fauxpas einen solchen Wirbel auslöste, irritierte sie gewaltig. Ebenso wie der Hutzwang bei bestimmten Staatsauftritten. »So etwas trage ich nie!« erklärte sie dem damaligen Protokollchef Max Graf von Podewils. Irgendwann hat sie dann doch so etwas ähnliches wie einen Hut getragen, den man eigentlich mehr als »Deckel« bezeichnen muß. Auch die sonstige Garderobe mußte »pflegeleicht« sein. »Sportlich bis elegant und zum Wohlfühlen«. Bei ihren regelmäßigen Einkäufen im Münchner Modesalon Unützer in der Theatinerstraße lief es deshalb meist auf Samtblazer, Seidenblusen, Kleider im Hemdblusenschnitt und leicht ausgestellte Tweedröcke hinaus.

Im übrigen empfand Mildred das Protokoll, wie sie sagte, als »lockere Jacke«. Schließlich war sie die Tochter eines angesehenen Arztes und einer New Yorkerin und war zur Höflichkeit erzogen worden. »Ich habe es einfach dem Staat zuliebe gemacht oder meinem Mann.« Doch wenn sie dann bei Staatsbesuchen im Auto saß, meinte sie mit einem Stoßseufzer: »So, jetzt sind wir wieder Mensch.« Auf dieser Basis verkehrte sie mit den Kissingers, den Rabins, den Sadats. Auch den meist finster blickenden sowjetischen Außenminister Andreij Gromyko hat Mildred mit ihrem herben Charme letztlich so eingewickelt, daß er beim Staatsdiner in Moskau zum ersten Mal in der Öffentlichkeit mit einem breiten Lächeln fotografiert wurde.

Der Bonner Gesellschaft gab Mildred Scheel in schöner Regelmäßigkeit Anlaß zu Stirnrunzeln, Kopfschütteln und indignierten Blicken. So sickerte durch, daß sich die Präsidentenehefrau in der Münchner Geschenk-Boutique »etcetera« ein langes T-Shirt als Nachthemd gekauft hatte, mit dem Aufdruck: »Prüde bin ich, geh zur Ruh.« Aus demselben Laden stammte auch eines ihrer regelmäßigen Weihnachtsgeschenke für ihre Freunde. Diesmal war es eine Tasse mit der goldgefaßten Malerei zweier Wildschweine, die es saumäßig miteinander trieben. Auch diese Tasse wurde in Bonn genüßlich durchgetratscht, ebenso wie Mildreds kesser Spruch am Grab eines Mongolenfürsten von anno dazumal in Usbekistan, der der Sage nach 300 Frauen gehabt haben soll. Mildreds lautstarker Kommentar: »Das hätte er sich bei mir nicht leisten können.«

Doch wenn auch ihr Lachen die feine Gesellschaft erbeben ließ und man es ihren Augen deutlich ansah, wenn sie eine etwas unpassende Bemerkung verschlucken mußte – in erster Linie war Mildred eine Dame aus gutem Hause, für die es sehr wohl Tabus gab. Wenn auch die amerikanische Präsidentenfrau Betty Ford Geheimnisse hinter ihrer Schlafzimmertür vor der Nation ausbreitete, für Mildred war das ein »Ding der Unmöglichkeit«. Eine Journalistin schrieb über sie: »Mildred Scheel ist nicht indiskret. Sie ist höchstens ungeniert.«

Bei Diskussionen darüber, wie wichtig es für Frauen sei, sich zu emanzipieren, geriet Mildred Scheel allerdings regelmäßig in Rage. »Ich muß Ihnen ehrlich sagen«, begann sie in einem Interview, »ich kann das Wort Emanzipation schon gar nicht mehr hören! Man kann doch nicht einfach pauschal sagen, daß die Frauen bei uns unterprivilegiert sind. Natürlich sollte jeder Selbstbewußtsein zeigen. Das gilt ja wohl für Frauen wie für Männer.« Dennoch: Alice Schwarzer wurde von Mildred geradezu abgöttisch geliebt, »weil sie witzig ist, Humor hat und weil ihr sense of humor auch Sarkasmen einschließt, ähnlich wie bei mir.«

Mildred Scheel ließ es einmal nachrechnen: Genau 1826 Tage spielte sie die Rolle der First Lady. Sie nannte diese Zeit ein »Wechselspiel zwischen Strapazen und Freuden, Erhabenem und – wie könnte es anders sein, – Banalem, Besonderem und Alltäglichem.« Zwischen Frau an seiner Seite, Ehefrau, Mutter und Vorstandsmitglied der Deutschen Krebshilfe. Zu den Höhepunkten dieser fünf Jahre gehörten für sie die Staatsreisen und die Gegenbesuche. »Staatsbesuche«, so hat es Königin Elisabeth mal Mildred Scheel gegenüber definiert, »sind öffentliche Bekräftigung gegenseitiger Freundschaft.« Mildred war zum einen ein neugieriger Mensch: andere Länder, andere Menschen. Und wenn sie den Dienst fürs Vaterland auch noch aufs eleganteste mit ihrer Passion für die Krebshilfe verbinden konnte, war das ein »gelungenes Gastspiel«. Zum anderen wurde sie als aufmerksame und hingebungsvolle Gastgeberin gerühmt, ein Lob, das sie abtat mit: »Ich tu nur meine Pflicht«. Nur einen Nachteil hatten solche Besuche: die Trennung von den Kindern. Die Post muß sich dumm und dämlich an Mildreds Telefonaten mit ihren Sprößlingen verdient haben. Simon-Martin wollte regelmäßig wissen: »Was bringst du mir mit? Aber nichts zum Anziehen!«

Die besonderen Erlebnisse, die kleinen Anekdoten erzählte sie manchmal nach ihrer Rückkehr bei ihrer Bonner Lieblingswirtin und Freundin Ria im Bad Godesberger »Weinhaus Maternus«. Zum Beispiel, daß das Gefährt des göttlichen Tenno von Japan auf den Straßen Tokios eine ganz irdische Panne hatte und ein Dutzend hochrangiger Staatsdiener im dunklen Anzug den Reifen wechseln mußte. Oder daß in Mexiko alle Koffer ordnungsgemäß auf die Zimmer verteilt worden waren, nur Mildreds Kleidersack fehlte, der mit dem langen Kleid für das Staatsbankett. Zum Glück hatte ihr eine Freundin kurz zuvor eine riesige Stola geschenkt. In diese Stola hat sie sich so geschickt eingewickelt, daß sie nicht nur ihre nackten Waden bedeckte: die Damen der feinen Gesellschaft Mexikos fragten sie nach dem Couturier dieser »gewagten Création«. Oder die Reise zu den Cook-Islands ganz am Ende der Welt. »Die wird mir immer in Erinnerung bleiben,« gab sie mit ihrem kräftigen Lachen zum besten: »Da bin ich wohl das letzte Mal von einem Mann besprungen worden. Und zwar von hinten und vorne.« Bei dem Mann hatte es sich um einen Tänzer gehandelt, der die Besucherin aus Deutschland in seine Folklorevorführung einbezog.

Es war bei den abstrakten Gemälden von Picasso in der Parlamentarischen Gesellschaft, als Mildred Scheel konkret wurde. »Ich werde eine Aktion gegen den Krebs starten«, kündigte sie an. Walter Scheel hatte sich zu Beginn des Jahres 1974 zum Kandidaten für die Nachfolge des SPD-Bundespräsidenten Gustav Heinemann erklärt. Und wie so vieles in der Karriere des FDP-Politikers, gelang auch dieser Coup. Da Mildred mittlerweile seine Durchsetzungskraft kannte, wußte sie, was auf sie zukam. Neben den traditionellen Schirmherrschaften, wie sie Elly Heuss-Knapp als erste First Lady der Bundesrepublik über das von ihr gegründete Müttergenesungswerk und über das Kinderhilfswerk UNICEF übernommen hatte und die alle nachfolgenden Präsidentenfrauen erbten, engagierte sich jede noch für etwas, das ihr persönlich am Herzen lag.

Krebsvorsorge hatte die Röntgenologin Scheel schon immer interessiert. Auf den Reisen an der Seite ihres Mannes schleppte sie stets die neueste Fachliteratur zu diesem Thema mit. Damals starb, laut Statistik, jeder fünfte Krebspatient. Mildred verriet an diesem Abend in der Parlamentarischen Gesellschaft zum ersten Mal ihren ehrgeizigen Plan, diese Zahl um einen Punkt, von fünf auf sechs zu verschieben. »Wenn uns das gelingt,« rechnete sie vor, »dann haben wir allein zwei Millionen Menschen vor dem Krebstod bewahrt.« Der Startschuß für die Krebshilfe war gefallen. Drei Monate nach der Wahl ihres Mannes zum Bundespräsidenten, am 25. September 1974, gründete Mildred Scheel die Deutsche Krebshilfe. Das war drei Tage vor der Brustkrebsoperation von Betty Ford. Das Schicksal der amerikanischen Präsidentenfrau machte damals weltweit Schlagzeilen. In Amerika wie in Deutschland waren die Wartezimmer voll von Menschen, die sich zur Vorsorgeuntersuchung angemeldet hatten. Das Thema Krebs war plötzlich kein Tabu mehr. Die Angst hatte Konjunktur. Der Zeitpunkt, das noch immer erfolgreichste Hilfswerk auf den Weg zu bringen, das eine deutsche Präsidentengattin ins Leben rief, war also ideal. Es fehlte nur: Geld. Mildred hatte sich ein Mammutprogramm vorgenommen: Forschung, Therapiemaßnahmen, Vorsorge, Krankenbetreuung und Registrierung aller Krebsfälle.

Wozu hat man schließlich Freunde, sagte sich Mildred Scheel, setzte sich hin und schrieb die ersten Bettelbriefe. In den kommenden elf Jahren sollten es noch Tausende werden. Doch an das Echo auf diese erste Serie erinnerte sie sich zeitlebens. »Da kamen doch tatsächlich 250000 Mark zusammen.« Die »dicksten Brokken« stammten vom Flick-Bevollmächtigten Berthold Beitz, von Spiegel-Herausgeber Rudolf Augstein und vom Zeitungsverleger Axel Springer. »Am Anfang«, erzählte Mildred Scheel, »tat ich mich schwer, Menschen um Geld anzupumpen.« Unter dieser vornehmen Zurückhaltung litt sie aber nicht lange. Nicht wenige Mitglieder der feinen Gesellschaft empfanden Mildred als »Nervensäge«, wenn sie sich bei einem offiziellen Essen die verschiedenen Wucherungsarten von Karzinomen anhören mußten, was in schöner Regelmäßigkeit in Mildreds sorgenvollen Worten über die riesigen Kosten ihrer Unternehmung endete. Und ihre Gesprächspartner konnten sicher sein, daß sie von Mildred dann zwei, drei Tage später angerufen wurden: »Mein Lieber, na, wie steht's?«

Nach dem Anfangserfolg ihrer Spendenaktion bat Mildred Scheel den damaligen Sparkassenpräsidenten Helmut Geiger um Hilfe, der sich bereitwillig »einspannen« ließ. Nach Mildred Scheels Tod übernahm er den Vorsitz der Organisation. Mildred Scheel war Ärztin, von public relations verstand sie am Anfang ziemlich wenig. Aber sie holte sich Berater. Zum Beispiel das Daimler-Benz-Vorstandsmitglied Heinz Schmidt, einen Experten für Öffentlichkeitsarbeit, und den Direktor der Essener Folkwang-Schule, Professor Schardt, der das Krebshilfe-Symbol schuf. Dieser Kreis von Wissenschaftlern, Industriemanagern und Bankern bastelte das Konzept. Zunächst gründete die Präsidentin den Mildred-Scheel-Kreis, dessen Mitglieder jährlich mindestens fünfzig Mark Beitrag leisten mußten. Zum Ende ihrer »Amtszeit« als Frau des Bundespräsidenten gehörten diesem Kreis schon 100000 Mitglieder an. Sie zahlten rund fünf Millionen pro Jahr. »Beitragszahler«, das hatte Mildred Scheel gelernt, »sind für uns ein großes Vertrauenskapital.« 1976 teilte sie ihre Organisation auf in die Deutsche Krebshilfe zur Forschung im patientennahen Bereich und in die Dr.-Mildred-Scheel-Stiftung zur Förderung der Forschung.

Schier unbegrenzt war Mildreds Phantasie, wenn es darum ging, Leuten Geld aus der Tasche zu locken. Bei der ersten Fünf-Jahres-Bilanz konnte sie stolz achtzig Millionen Mark verbuchen. Ihrer Bettelei konnte und wollte sich auch keiner entziehen. Lottospieler zwackten einen Teil ihres Gewinns für die Krebshilfe ab. Rentner ohne Erben vermachten Mildred ihre Hinterlassenschaft. Diners Club veranstaltete Auktionen von Bildern prominenter Künstler wie Herbert Schneider und Otmar Alt. Karnevalsprinzen durften sie reihenweise abbützen (abküssen), wenn die Zahl auf dem Scheck hoch genug war. Herbert von Karajan gab ein Benefizkonzert. Der Fußballclub FC Schalke 04 spielte eine Zeitlang im Trikot mit dem Krebshilfeemblem. Die Krebshilfe stellte Zehntausende von Sammelbüchsen in den Schalterhallen der Sparkassen auf. Und sie erhielt Anteile aus Plattenverkäufen, meist mit der von Mildred so wenig geschätzten Volksmusik. Aber für ihre Aktion ertrug sie vieles.

Die Position ihres Mannes nützte Mildred gnadenlos aus. Zur Staatsvisite in Moskau schleppte sie ein wahres Ungetüm von Handtasche mit. Darin steckte das »Sparbuch« der Sparkasse. Es war die Autogrammsammlung, die später zugunsten der Krebshilfe versteigert werden sollte. Beim Abendessen überredete Mildred Scheel ihren Tischherrn, Staatspräsident Nikolai Podgorny, ihr die Unterschrift von Leonid Breschnew zu holen. »Ich würde mich nicht scheuen, öffentlich auf dem Tisch zu tanzen, wenn mir das eine Million einbringt«, sagte Mildred. Sie konnte mittlerweile alles tun. Sie wurde mehrmals «Frau des Jahres», »Bunte«-Leser kürten sie zur Bambi-Siegerin, 1979 wurde sie in Brüssel mit dem Internationalen Dag-Hammarskjöld-Preis geehrt, ausländische Universitäten wie die Fakultät für Röntgenkunde des irischen Royal College of Surgeons verliehen ihr Doktorhüte und Ehrenmitgliedschaften. Mildred Scheel hatte einen Popularitätsgrad erreicht, der sie beinahe sakrosankt machte. Die Verpackung störte sie nicht. Ob sie live für Radio Luxemburg eine Stunde Rock mit einem bißchen Krebs servierte, in einer ZDF-Weihnachtssendung zum Thema »Einsamkeit« einen Krebskranken im Endstadium interviewte oder für »Bild« rührende Serien über ihre fünf Jahre in der Villa Hammerschmidt schrieb: Ihr war bei allem nur die Botschaft wichtig: »Kampf dem Krebs!«

So hoch geschätzt sie auch bei den allermeisten Bundesbürgern war, in der Ärzteschaft formierte sich Widerstand. Julius Hackethal, der selbsternannte Krebsspezialist, zündete 1978 die erste Bombe. Er kritisierte die Vorsorge-Aufrufe der Krebshilfe, vor allem bei Prostata-Karzinomen. »Laufen Sie so schnell Sie können, wenn Sie einen Urologen sehen.« Im Juni 1979 mußte sich Hackethal verpflichten, die urologischen Krebsvorsorgeuntersuchungen nicht mehr als »diagnostische Betrugsmanöver« zu bezeichnen und sich bei den Urologen entschuldigen. Ein Sieg für Mildred. In Briefen beschwerten sich Hunderte von Patienten über die geringe Sorgfalt, die mancher Arzt und manche Ärztin bei den Vorsorgeuntersuchungen an den Tag legten. Dazu konnte

Mildred nicht schweigen. »Sorgfalt«, ermahnte sie öffentlich ihre Kollegen, »ist die erste Arztpflicht.« Die Damen und Herren Doktores wetterten zurück. Es wäre besser gewesen, ließen sie die »sehr verehrte gnädige Frau« des Bundespräsidenten wissen, wenn Frau Dr. med. Scheel vor ihren öffentlichen Erklärungen die vorliegenden Beschwerden mit der Bundesärztekammer erörtert hätte.

Im März 1979 erklärte Walter Scheel, daß er für eine zweite Amtszeit nicht zur Verfügung stehe. Ob und wie dieser Entschluß von ihm selbst gefaßt wurde, wußte auch seine Frau nicht. Für sie jedenfalls »war es ein Segen«, wie sie gestand. »Endlich kommen die Kinder raus aus dem goldenen Käfig.« Wenn es damals nach Cornelia, Andrea-Gwendolyn und Simon-Martin gegangen wäre, hätte die Familie ein kleines Haus in Bonn bezogen, ohne Gitter und Sicherheitsbeamte. Mildred dagegen zog es nach Bayern. Sie träumte von einem Domizil am Starnberger See oder mitten in München, am besten einem Penthouse über dem Marienplatz. Jahrelang klebte an der Tür ihres Schlafzimmers ein kleines Schild mit der Aufschrift: »Ich bin ein Bayer etc.«

Doch da war die Krebshilfe, um die sich die Gründerin jetzt verstärkt kümmern wollte. Die Krebshilfe hatte (und hat heute noch) ihren Sitz in Bonn. Damit stand auch für Mildred der zukünftige Standort fest. Außerdem wollte sich Walter Scheel mit seinen gerade erst 60 Jahren noch nicht aufs Altenteil zurückziehen. Als «freier Mitarbeiter» für die Bundesrepublik tätig sein, das war seine Vorstellung. Die Wahl der neuen Bleibe fiel auf Köln-Marienburg, Lindenallee 23, im südlichen Villenvorort der Domstadt. Daß Mildred Scheel nur ein paar Straßenzüge entfernt geboren war, fand sie zwar »ganz komisch«, hatte aber keine Rolle gespielt. Wie seine Vorgänger ging Walter Scheel mit (damals) 220000 Mark im Jahr in Rente. Zur Pension gehörten außerdem ein Büro, Dienstwagen samt Chauffeur, ein Referent und eine Sekretärin. Die Scheels mußten sich also über ihre finanzielle Zukunft keine Sorgen machen.

Am 23. Mai wurde in der Bonner Beethovenhalle Karl Carstens zum neuen Bundespräsidenten gewählt. Am 1. Juli trat der CDU-Politiker sein Amt an. Doch bis zum 30. Mai waren die Scheels noch voll im Staatsprogramm verplant: Dänemark-Besuch, Eröffnung der Kieler Woche, 1800-Jahr-Feier von Regensburg. Der Abschied aus der Villa Hammerschmidt ging in der Hektik unter.

Mildred Scheel behauptete später unbeirrt, daß sie dem weißen Amtssitz am Rhein «keine Träne nachgeweint» habe. Traurig war sie nur darüber, das 16 Quadratmeter kleine Zimmer im Palmenhaus hinter der Villa Hammerschmidt verlassen zu müssen. »Hier ist alles, was die Krebshilfe betrifft, geboren, hier ist viel Schweiß gelaufen.« In dem winzigen Raum hatte der Vorstand getagt, »hier sind alle Gespräche geführt worden, die über das Wohl und Wehe der Krebshilfe entschieden.« Mildred hätte so gerne die beiden grünblauen Sofas, die zwei Sessel und die Lampe gekauft, »aus reiner Sentimentalität«, wie sie zugab. Aber Eigentum des Bundes war damals unverkäuflich.

Im neuen Vorstandsbüro der Deutschen Krebshilfe, schräg gegenüber vom Scheel'schen Wohnsitz in der Marienthaler Lindenallee, lief dann die Arbeit wie gewohnt weiter, ebenso wie in der Bonner Zentrale der Krebshilfe in der Thomas-Mann-Straße. Mildred Scheels «Firma» zählte mittlerweile 28 Mitarbeiter. 1979 verwalteten sie 25 Millionen Mark Spendengelder. Mildred reiste quer durch die Republik und rund um die Welt.

Vor allem Cornelia genoß endlich die Freiheit, die der 16jährige Teenager bisher so schmerzlich vermißt hatte. Endlich konnte sie allein eine Disco besuchen, ohne den Sicherheitsbeamten als »Schatten«. Das waren zwar immer bärenstarke Kerle gewesen, die sich auch zu John Travoltas Klängen bewegen konnten, aber unter deren Blicken das Händchenhalten etwas peinlich war. Die beiden kleineren Scheel-Kinder freuten sich auf die neue Kölner Schule und, so betonte Mildred Scheel mit einem Seitenhieb auf das Protokoll, »der Hund darf auch wieder bellen.«

Über einen Schulwechsel konnte man damals mit Cornelia Scheel nicht diskutieren; so kurz vor dem Abitur kam das für sie nicht in Frage. Also ging sie weiter aufs Bonner Gymnasium, was sie täglich zwei Stunden Fahrzeit mit der Stadtbahn kostete. Cornelia nervte ihre Eltern so lange, bis sie die Erlaubnis hatte, ein eigenes winziges Appartement in einem Wohnblock in Bad Godesberg zu beziehen. So richtig auf den Putz wollte sie dort hauen, nachts stundenlang durch die Discos ziehen und auf ihrer Bude heiße Feten feiern. Die Wirklichkeit sah aber anders aus. Mit fünfzig Mark Taschengeld konnte man auch Ende der siebziger Jahre keine großen Sprünge machen. Cornelia stockte es auf mit einem Job bei McDonald's, was prompt für Schlagzeilen sorgte.

Natürlich vermißte Mildred die Annehmlichkeiten der Frau

eines Präsidenten. Aber nicht allzu sehr. »Wenn ich heute keinen Gepäckträger am Flughafen finde, trage ich eben meine Koffer selbst. Zum Einkaufen fahre ich mit meinem Golf und, wenn ich in einer anderen Stadt bin, eben mit dem Taxi. Was soll's, ich habe Spaß, mal wieder mit den Menschen zu reden, ohne daß ständig Kameras und Mikrophone auf mich gerichtet sind. Und ab und zu muß ich dann plötzlich für eine ganze Familie Autogramme schreiben.« Walter Scheel genoß die ersten freien Monate, nach 25 Jahren im Dienste der Politik, auf dem Golfplatz.

In der Bonner Gesellschaft spielten die Scheels nach wie vor eine Rolle. Laut Protokoll rangiert der Altpräsident nach dem Bundespräsidenten, dem Kanzler und den Präsidenten von Bundestag und Bundesrat an fünfter Stelle. Wann immer ein wichtiger Staatsbesucher »abgespeist« wurde, tafelten die Scheels mit. Einen Monat nach dem Wechsel ins Privatleben mußte Mildred noch einmal ganz offiziell aufs Bonner Parkett. Bundespräsident Karl Carstens zeichnete sie mit der höchsten Stufe des Bundesverdienstordens, dem Großkreuz aus. Während Carstens vor sechzig handverlesenen Ehrengästen in der Redoute die Gründung der Krebshilfe pries, die eine der »größten Herausforderungen unseres Jahrhunderts« angenommen habe, rollten Mildred dicke Tränen übers Gesicht. Daß man ihre Arbeit gut fand, war eine Genugtuung. Aber öffentliches Lob ging ihr unter die Haut. Da wurde er dünn, der Panzer aus Disziplin und Robustheit.

Es war der 7. Juli 1983, ein Donnerstag. Am Tag darauf hatte Walter Scheel seinen 64. Geburtstag. Daß seine Frau an diesem Donnerstagmorgen ganz gegen ihre Gewohnheit schon früh das Haus verlassen hatte, begründete der Alt-Bundespräsident mit Vorbereitungen des traditionellen Empfangs für seine Freunde, wozu, wie Mildred immer ein wenig bissig bemerkte, »vor allem Kriegskameraden und Kölscher Klüngel« gehörte. Gegen Mittag kam Mildred Scheel zurück. Unaufgeregt erklärte sie ihrem Mann, sie habe Krebs. Sie müsse jetzt schauen, wie sie das mache: An seinem Geburtstag ginge es nicht, am Samstag auch nicht, sie würde sich also am Sonntag operieren lassen. Im übrigen sollten er und die Kinder sich keine Sorgen machen. Die Ärzte hätten den Krebs in einem frühen Stadium erwischt. Ende der nächsten Woche sei sie wieder zu Hause. Mildred verdonnerte ihre Familie zum totalen Stillschweigen. Auch die Haushälterin durfte nichts erfahren. Die Krebshilfepräsidentin hatte Angst davor, daß ihre

Krebserkrankung die vielen Menschen entmutigen könnte, die sie unermüdlich zur Vor- und Nachsorge aufrief.

Nach diesem ersten Eingriff – Professor Heinrich Pichlmayr von der Universitätsklinik Köln entfernte eine Geschwulst im Darm – verbreitete Mildred selbst die Nachricht, sie hätte sich einer »Vorsorgeoperation« unterziehen müssen. Die Auskunft verknüpfte sie mit der Losung der Krebshilfe: Regelmäßig zur Vorsorgeuntersuchung zu gehen und bei Feststellung von Krankheitsbildern die entsprechenden Schritte einzuleiten. So wie sie es getan habe. Kaum war Mildred Scheel zurück aus der Klinik, stürzte sie sich wieder in die Arbeit. Die Mahnung der Ärzte, sich zu schonen, überhörte sie.

Doch im darauffolgenden März mußte Mildred zum zweitenmal operiert werden. Heimlich. Dieses Mal sollte wirklich nichts nach draußen dringen. Nur die Familie wußte Bescheid und Mildreds treue Mitarbeiterin Annemarie Kerb. Offiziell verlautete, die Krebshilfe-Präsidentin sei auf einer USA-Reise. Das Versteckspiel gelang. Doch danach sah man Walter Scheel meist allein in der Öffentlichkeit. Als Mildred beim Empfang der FDP zum 65. Geburtstag ihres Mannes am 8. Juli 1984 im Bahnhof Rolandseck wieder an seiner Seite stand, bemerkten nur enge Freunde, daß sie etwas fülliger geworden war. Stundenlang stand sie neben dem Jubilar in der brütenden Hitze, schüttelte Hände, umarmte auch mal einen Gast oder knuffte ihn am Oberarm. Und immer wieder konnte man sie schallend lachen hören. Es war Fassade. Mildred wußte damals schon, wie's um sie stand. Die Metastasen wucherten mittlerweile in der Leber. Sie arbeitete wie besessen. »Nur nicht aufgeben«, hat sie vielen Patienten immer wieder geraten. »Nur nicht aufgeben«, hämmerte sie sich jetzt selbst ein. »Der Tod«, sagte sie, lange bevor sie von ihrer Krankheit wußte, »gehört zu unserem Programm. Da kommt keiner dran vorbei, auch nicht der größte Nobelpreisträger. Und wenn es eben wirklich aus medizinischer Sicht keine Chance mehr gibt, den Menschen zu retten, weil er eben vollkommen durchsetzt ist mit Metastasen, dann würde ich persönlich sagen: Es ist hoffnungslos.« Sie spulte ihr Programm ab wie bisher: Eröffnung von Tumorzentren, Autogrammstunden, Vorträge, auch Parties, wenn sie etwas einbrachten.

Anfang des Jahres 1985 kündigte sich für Mildred das Ende an. Sie konnte nichts mehr essen, nichts mehr bei sich behalten.

Täglich fuhr sie für ein paar Stunden ins Krankenhaus, wo sie Infusionen bekam. Kurz nach Ostern rief sie von der Klinik aus ihren Mann an und sagte, sie bliebe jetzt hier. Das wäre einfacher. Für alle Beteiligten. Mit Professor Pichlmayr besprach sie genau den neuen Eingriff und wählte die riskanteste Variante. Niemals aufgeben, daran klammerte sie sich bis zuletzt. Obwohl sich Mildred unter dem Namen »Frau Berger« hatte einweisen lassen, konnte von Geheimhaltung keine Rede mehr sein. Bei der Krebshilfe gingen die berühmten Waschkörbe voller Briefe ein mit Genesungswünschen und vielen sehr persönlichen Worten aus allen Kreisen der Bevölkerung. Ihr Mann, Tochter Cornelia und Annemarie Kerb lösten sich an Mildreds Krankenbett ab. Wenn sie auch nicht mehr schreiben konnte, Briefe diktieren ging anfänglich noch, und Frau Kerb mußte ihr täglich die neuesten Spendenzahlen und die Aktivitäten der Krebshilfe mitteilen.

Zu dieser Zeit stand der Staatsbesuch von Ronald und Nancy Reagan an. Die amerikanische Präsidentenfrau kannte Mildred noch aus Walter Scheels Präsidententagen. In ihrer Handtasche hatte Nancy einen Rosenkranz für Mildred. Sie machte während der Deutschlandvisite einen Abstecher nach Rom zur Privataudienz beim Papst. Das Oberhaupt der katholischen Kirche segnete die Devotionalie, die Nancy dann, beim Staatsempfang von Bundespräsident Karl Carstens für den US-Präsidenten auf Schloß Ausgustusburg, Walter Scheel überreichte. Als der Rosenkranz schließlich bei Mildred im Krankenhaus ankam, soll sie, so wurde erzählt, zum letzten Mal ihre berühmte Lache hinausgeprustet haben. Am 13. Mai 1985 um 4.30 Uhr starb Mildred Scheel. Im 53. Lebensjahr. »Jung zu sterben«, hatte sie im »Fragebogen« des FAZ-Magazins auf die Frage geantwortet: »Was ist für Sie das größte Unglück.«

Walter Scheel steht als Ehrenbürger von Bonn ein Grab auf dem historischen »Alten Friedhof« zu, dort, wo auch die letzten Ruhestätten von Robert und Clara Schumann, Ernst Moritz Arndt, Beethovens Mutter und vielen anderen Berühmtheiten vergangener Zeiten sind. Die Beerdigung am 20. Mai 1985 glich einem Volksauflauf. Vor der Beisetzung hatte Bundespräsident Richard von Weizsäcker bei der Trauerfeier im Bonner Münster über Mildred gesagt: »Verantwortungsbewußt und praxisbezogen ging sie ihren Weg, geprägt von einem klaren, unkomplizierten Selbstbewußtsein. Sie war und blieb ein Mensch, der mit seiner Meinung nicht hinter dem Berge hielt.«

Es war am Abend vor der Beerdigung. Ein Sonntag. Ruhetag im Weinhaus Maternus. Bei Ria Maternus trafen sich Bonner und Münchner Freunde von Mildred, um gemeinsam von ihr Abschied zu nehmen. Es war mir, als ob Mildred dabei wäre, zumindest die Regie des Abends übernommen hätte. Ria erzählte von einem mittäglichen Empfang in ihrem »Gärtchen« und führte vor, wie sich all die Damen unter ihren breitkrempigen Hüten die Hälse verbogen, wenn sie sich zur Begrüßung einen Kuß zwischen Wangenknochen und Ohr hauchten. Wir prusteten vor Lachen. Toni Netzle erzählte von Mildreds letztem, sehr traurigen Besuch in ihrem »Laden«. Wir heulten Rotz und Wasser. Himmelhoch jauchzend – zu Tode betrübt. Meist hinterläßt der Tod Leere und Apathie. Nicht so bei Mildred.

Sie war eben nicht mit normalen Maßstäben zu messen.

Veronica Carstens

Von Fides Krause-Brewer

Sie war für viele die beliebteste First Lady – obwohl ganz Dame, wirkte sie auf die vielen Menschen, mit denen sie zusammenkam, warmherzig und ansprechbar. Und das schuf Nähe, auch wenn sie, wie jede First Lady, zumindest bei öffentlichen Auftritten volksfern auf einem Podest stehen mußte.

Der Besuch in ihrem Heim in Meckenheim bei Bonn, als Grundlage für dieses Portrait formell nachgesucht, gestaltete sich denn auch sehr bald zu einem Gespräch in unerwarteter Vertrautheit. Ohne Scheu und Distanziertheit ließ die überschlanke, zart gebaute Frau mit dem hochgesteckten angegrauten Haar ihr Leben an der Besucherin vorbeiziehen.

1923 wurde sie als jüngstes von vier Kindern in Bielefeld geboren. Sie hatte eine glückliche Kindheit, geborgen in einem harmonischen Elternhaus. Die Familie Prior hatte sehr verschiede Wurzeln: Heilbronner Weinbauern und Handwerker mütterlicherseits, Apotheker, Bremer Kaufleute, Landwirte und Offiziere väterlicherseits. Auch Auswanderer nach Baltimore waren darunter, die allerdings um die Jahrhundertwende nach Deutschland zurückkehrten. Ein toleranter, musikliebender Vater und die geliebte Mutter, die für ihre Kinder immer da war, bildeten das Rückgrat der Familie; die Großmutter sorgte für aufregende Unterhaltung, wenn sie ihren Enkeln vom Pionierleben in Amerika erzählte. Alle Mitglieder der Familie spielten ein Instrument, so daß es nicht schwer war, Quartette oder Trios miteinander aufzuführen. Veronica Carstens wäre liebend gerne Geigerin geworden. Doch ihr Vater gab weitsichtig zu bedenken, eine Frau müsse unabhängig sein. Musikerin sei auf die Dauer kein aussichtsreicher Beruf: »Irgendwann landest du als Musiklehrerin und mußt dir das mißtönende Gekratze deiner Schüler anhören.« Sie sollte lieber etwas Nützliches lernen. Er riet ihr, Ärztin zu werden, und auch die Mutter stimmte zu, denn sie hatte die pflegerischen Fähigkeiten ihrer Tochter früh erkannt.

Nach dem Abitur mußte die angehende Studentin, um zur Universität zugelassen zu werden, in den Arbeitsdienst. Als »Arbeitsmaid« machte sie fast alles, was in der Landwirtschaft vorkommt: Kartoffeln buddeln, Ähren lesen und vieles anderes, was eine Magd zu tun hatte.

1942 begann Veronica Carstens ihr Medizinstudium in Freiburg und beendete es mit dem gut bestandenen Physikum. Es folgte die Dienstverpflichtung als Rotkreuz-Schwester in Husum.

1943 lernte die 20jährige auf der Hochzeit ihrer Schwester Annette den Trauzeugen des zukünftigen Schwagers kennen. Es war der junge Bremer Anwalt Dr. Karl Carstens, der als Ausbildungsoffizier bei der Flak in Berlin Dienst tat. Sie fand den neun Jahre älteren jungen Mann »witzig und unterhaltsam«; 18 Monate nach dem ersten Kennenlernen und nach einem regen Briefwechsel wurde im Sommer 1944 Verlobung gefeiert. Die Feier wurde allerdings durch einen Bombenangriff unsanft unterbrochen, und erst nach den notwendigen Löscharbeiten auf dem Dach des Elternhauses konnte man sich endlich der Kaffeetafel zuwenden. Ein Jahr später heiratete das Paar. In den mehrere hundert Seiten starken »Erinnerungen«, die Altbundespräsident Carstens nach dem Ausscheiden aus dem Amt schrieb, liest es sich so:

»Die kirchliche Trauung fand, da die evangelische Kirche in Berlin-Heiligensee zerstört war, im Offiziersheim der FAS III statt. Anschließend bekam ich eine Woche Urlaub, den wir im Riesengebirge in Oberschreiberhau verbrachten und wo man bei ruhigem Wetter schon den Geschützdonner der Front hören konnte. Als Veronica und ich in Berlin voneinander Abschied nahmen, hatte gerade wieder ein besonders schwerer Luftangriff stattgefunden. Wir wußten nicht, ob wir uns in diesem Leben noch einmal wiedersehen würden.«

Nachdem jedoch beide den Krieg unversehrt überstanden hatten, trat Karl Carstens in eine renommierte Bremer Anwaltskanzlei ein. 1948 erhielt er ein Jahresstipendium an der Yale-Universität in New Haven, das zum Titel »Master of Law«, zu guten Englischkenntnissen und zu vielen amerikanischen Freunden verhalf. Für die junge Ehefrau war das kein leichtes Jahr, denn es gab finanzielle Probleme. »Als ich gefragt wurde, sagte ich, ich müsse mich zuerst mit meiner Frau besprechen. Der Amerikaner sah das ein ... es stünden Stipendien zur Verfügung, von denen ich zwar bescheiden, aber doch leidlich würde leben können. Daß ich meine Frau mitnähme, sei aber ausgeschlossen. Diese Mitteilung schlug wie eine Bombe ein. Ich sprach mit meiner Frau. Wollten wir uns noch einmal für fast ein Jahr trennen? Wovon sollte sie leben, wenn ich keine Einkünfte als Rechtsanwalt hätte? Aber sie riet mir zu. Ihre amerikanische Ader kam hier deutlich zum Vorschein. Sie hat sich immer mit Amerika, wohin ihre Vorfahren ausgewandert waren, wie mit einer zweiten Heimat verbunden gefühlt. Auch meine Mutter war sofort einverstanden.

Für meine Frau würde sie irgendwie sorgen. Jedoch von meinen Ersparnissen konnte meine Frau nicht leben. Auch meine Sozien in der Anwaltskanzlei standen vor einer schwierigen Lage. Jeder von uns hatte am 20. Juni 1948, dem Tag der Währungsreform, zunächst nur 40 Mark zur freien Verfügung erhalten. Wie sich die Zukunft entwickeln würde, wußte kein Mensch. Und nun auch noch meine Frau! Aber es fand sich ein Ausweg. Wir verkauften unser 14 Jahre altes, ziemlich klappriges Auto, einen Opel P 4, der 1934 1800 Reichsmark gekostet und den ich 1947 gebraucht für 10000 relativ wertlose Reichsmark gekauft hatte, für neue 3100 DM. Das reichte für die Strohwitwe ein Dreivierteljahr zum Leben. Um sich nützlich zu beschäftigen, besuchte sie die Höhere Handelsschule, lernte englisch und deutsch stenographieren, um ihrem Mann in seinem Beruf helfen zu können. Außerdem spielte sie auf ihrer Geige.«

Aus Amerika nach Bremen zurückgekehrt, wurde Karl Carstens Rechtsberater des Bremer Senats. Der Bremer Bürgermeister Wilhelm Kaisen, mit dem er befreundet war, hielt große Stücke auf ihn. »Du wirst einmal mein Nachfolger«, sagte ihm dieser prominente Politiker voraus. »Das geht nicht«, erwiderte Carstens, »ich bin in keiner Partei.« Zeit seines Lebens war Unabhängigkeit für ihn die wichtigste Maxime. Dennoch: Anstelle einer Karriere im Stadtstaat Bremen verschlug es Carstens nach Bonn, wo er Bevollmächtigter Bremens beim Bund wurde. So begannen die Bonner Jahre des Ehepaares. »Es waren wunderschöne Jahre«, sagte Frau Dr. Carstens, rückblickend auf die fünfziger Jahre. »Es war sowohl politisch wie kulturell ein faszinierender Neubeginn. Allerdings wurde Karl immer mehr von seinem Beruf in Anspruch genommen.« 1952 habilitierte er sich, neben seiner Beamtentätigkeit, an der Universität Köln als Privatdozent für Staats- und Völkerrecht. 1955 wurde er als Europa-Experte ins Auswärtige Amt berufen – 1958 wurde er stellvertretender Leiter und kurz danach Leiter der politischen Abteilung Westeuropa I. Außerdem war er 1958 außerplanmäßiger Professor und 1960 Ordinarius und Leiter des Instituts für das Recht der Europäischen Gemeinschaften an der Universität Köln geworden. Er bewältigte also in dieser relativ kurzen Zeitspanne ein ungeheures Arbeitspensum und mußte seine Frau sehr häufig sich selbst überlassen. »Ich fühlte mich in dieser Zeit wie die Petersilie auf der Aufschnittplatte, war sehr unglücklich und kam mir nutzlos vor.«

Besonders als es nach zehnjähriger Ehe feststand, daß das Paar keine Kinder haben werde. Zu einer Adoption konnten sich die Carstens nicht entschließen, aber wenn es damals medizinisch schon möglich gewesen wäre, künstlich eine Schwangerschaft herbeizuführen, sagt sie heute, so hätte sie es getan. »Aber ich meine, man muß sich fügen, das ist von Gott so gewollt. Und jetzt ist mein Wirkungsfeld vielleicht größer, als wenn ich zwei oder drei Kinder gehabt hätte. Man kann seinem Leben immer einen Sinn geben.« Damals allerdings gelangte Veronica Carstens an einen Tiefpunkt; und da war es 1965 ihr Mann, der ihr riet, ihr Medizinstudium wieder aufzunehmen. Denn mittlerweile war Carstens Mitglied der CDU und 1960 Staatssekretär im Auswärtigen Amt geworden. 1961 wurde er zum Stellvertreter des Außenministers befördert. Adenauer hielt große Stücke auf den begabten, zuverlässigen Beamten. Er legte Wert darauf, daß er dem leicht erregbaren Minister von Brentano zur Seite stand: »Sie wirken so beruhigend«, erinnerte sich seine Frau an die Worte Adenauers. 1966 begann die große Koalition. Willy Brandt schätzte zwar den loyalen hohen Beamten, brauchte aber einen SPD-Mann als Staatssekretär. So nahm Gerhard Schröder Carstens als Staatssekretär mit ins Bundesverteidigungsministerium.

Während dieser turbulenten Jahre vervollständigte Frau Veronica Carstens ihre Ausbildung als Ärztin. Zunächst hatte sie große Zweifel, ob ihr das nach so langer Unterbrechung gelingen würde. Ein halbes Jahr rekapitulierte sie, was sie bis zum Physikum gelernt hatte, dann konnte sie ihr Studium normal bis zum Staatsexamen fortsetzen. Ihr Mann versprach ihr, sie mit Repräsentationspflichten so weit wie möglich zu schonen; sie müsse aber zur Verfügung stehen, wenn es zu offiziellen Anlässen unbedingt notwendig sei.

Das kam öfter vor, als ihr lieb war. Ausgerechnet am Tag vor ihrem Staatsexamen mußte sie zu einem Staatsakt im Schloß Brühl erscheinen. Sie kam mit einem kurzen Kleid und sah durch die Tür, daß die anderen Damen lang gekleidet waren. »Da gehe ich nicht rein«, erklärte sie ihrem Mann, »ich bin falsch angezogen.« Aber Karl Carstens entschied souverän: »Du bist richtig, alle anderen sind falsch angezogen.« Die kleine Geschichte ist bezeichnend für die Rücksicht und die Aufmunterung, mit der ihr Mann seine Frau als angehende und später praktizierende Ärztin behandelte.

Veronica und Karl Carstes bei einer Wanderung in Mittenwald im September 1979.

Während er von Stufe zu Stufe in seiner Beamtenlaufbahn stieg, absolvierte sie im Beueler St. Josefs-Krankenhaus ihre internistische Fachausbildung. 1968 entschloß sie sich, in Meckenheim, einem 15 km von Bonn entfernten Städtchen, eine internistische Praxis mit dem Schwerpunkt biologische Medizin und Homöopathie aufzubauen.

Mittlerweile war Karl Carstens aus dem Staatsdienst ausgeschieden und begann eine rein politische Karriere. Zunächst allerdings übernahm er die Leitung des Forschungsinstituts der Deutschen Gesellschaft für Auswärtige Politik. Das war dem ehrgeizigen, engagierten Ehemann offenbar zu wenig. »Er ging da hin, mißmutig wie ein Kind, das zur Schule muß«, schilderte seine Frau diesen Lebensabschnitt. 1972 aber wurde er Bundestagsabgeordneter, 1973 Fraktionsführer der CDU/CSU-Opposition, und 1979 wurde er Bundespräsident, allerdings nach einer sehr unfairen Kampagne, die politische Gegner gegen ihn losgetreten hatten. Man warf ihm vor, in einem Untersuchungsausschuß, der 1974 die Vorgänge um den Spion Guillaume im Kanzleramt aufklären sollte, die Unwahrheit gesagt zu haben, weil er, befragt nach seiner Kenntnis über Waffengeschäfte des Bundesnachrichtendienstes, der 1968/69 seiner Dienstaufsicht unterstand, erklärt hatte, er könne sich daran nicht erinnern. Der gradlinige und integre Beamte von damals hat unter dieser Kampagne ebenso gelitten wie seine Frau. Veronica Carstens: »Das war infam und grotesk und saß tief.« In politischen Fragen konnte sie ihrem Mann aber nur wenig helfen. Sie bezeichnet sich selbst als eine absolut unpolitische Person; und ihr Mann machte ihr auch keine detaillierten Mitteilungen über das, was ihn politisch bewegte oder ärgerte. Das sei so kompliziert, daß er sie entweder total einweihen müsse oder gar nicht. Meistens blieb es bei letzterem. Aber natürlich blieben ihr seine politischen Kämpfe – und welcher Politiker bleibt davon verschont? – nicht verborgen, und sie konnte sich darüber offenbar mehr ärgern als er selbst. »Er schimpfte nie auf seine Gegner – ich dagegen habe geschimpft und fand es furchtbar, wenn er so ausgeglichen war.« Im Detail allerdings hat sie sich für Politik nicht interessiert, und sie ging, wenn es irgend möglich war, politischen Gesprächen tunlichst aus dem Weg, weil sie über die Probleme zu wenig wußte. Als sie einmal Tischdame von Bundeskanzler Adenauer war und er sich erkundigte, welche Zeitungen sie denn lese, mußte sie ihm gestehen: gar keine. Dazu habe sie viel zu viel zu tun. Das gehe aber nicht, das müsse anders werden, erklärte der erstaunte Kanzler. Und er riet ihr, jeden Tag in ein paar Zeitungen wenigstens das Dickgedruckte zu lesen. Dies hat sie immer befolgt. Ratschläge habe sie ihrem Mann nie gegeben, ihm aber durchaus die Meinung gesagt. Doch das tat sie unter vier Augen. Sie sagte sich selbst: »Alles, was du zu politischen Tagesfragen zu sagen hast, ist ganz subjektiv und viel zu wenig fundiert, um Öffentlichkeit zu verdienen.« So konnte sie sich, ungestört vom politischen Tagesgeschehen, ihrer ärztlichen Praxis widmen, die schnell wuchs, weil sie sich neben Therapien nach der klassischen Schulmedizin immer mehr den sanften Naturheilverfahren zuwandte und damit zahlreiche Patienten gewann.

Ihre Praxis wurde in dem geräumigen Haus eingerichtet, das sich die Carstens 1973 gebaut hatten. Den Standort hatten sie nach dem Prediger der nahen Kirche gewählt. Er hatte ihnen besonders gut gefallen, nachdem sie mehrere Pfarrer der Gegend zur Probe gehört hatten. Das Haus liegt in einem Villenviertel und unterscheidet sich nur durch die notwendigen Schutzmaßnahmen – z.B. einen weißgestrichenen Stahlzaun – von den umliegenden Häusern. Der Wohnraum ist harmonisch und schön mit wenigen antiken Möbeln eingerichtet, hat viel Platz für Hunderte von Büchern, von juristischen und staatspolitischen Wälzern bis zu Belletristik von Balzac bis Zola. An den zartgelb gestrichenen Wänden hängen einige gute Bilder von der Fehmarner Erbmasse des Gatten. Ein großer grüner Kachelofen, der ein besonderer Wunsch des Ehepaars war, vervollständigt das gemütliche Ambiente. Der Blick geht durch die großen Fenster ins Grüne, auf Heidekraut und Kiefern. Im Dachgeschoß wurde für den Hausherrn eine Art Studio ausgebaut, komplett mit großem Schreibtisch, Sitzgruppe und Liege. Hier hat er nach der Pensionierung an seinen Erinnerungen gearbeitet.

Im Untergeschoß behandelt die Frau Dr. auch heute noch Patienten, begleitet von einem Berner Sennenhund, der in der Praxis dabei sein darf. In diesem Haus haben die Carstens gelebt, auch als er Bundespräsident war. Zwar wurde ihr offizielles Heim die prunkvolle Villa Hammerschmidt – sie haben sie aber, obwohl die obere Etage für sie umgestaltet wurde, nie wirklich bezogen, weil ihnen der mondäne, aufwendige Wohnstil des Vorgängers im Amt, Walter Scheel, nicht zusagte.

Gelebt und gewohnt hat das Paar also weiterhin in Meckenheim – auch als er 1979 Bundespräsident wurde. Dies war, so erinnert sich seine Frau, für ihn eine verlockende Aufgabe. Auslandsreisen mochte er gern, und er kannte aus seiner Zeit in den USA sowie durch das Studium des Völkerrechts die Probleme anderer Staaten. Bei Frau Dr. Carstens löste die Rolle der First Lady, die sie damit zu übernehmen hatte, zunächst eher »Fluchtreflexe« aus. Prunk und Glamour und die mit der Stellung verbundenen Repräsentationspflichten lagen ihr fern. Das notgedrungen steife Protokoll drohte die natürliche und herzliche Frau einzuengen. Aber schließlich faßte sie zusammen mit ihrem Mann den Entschluß: »Nun ist es soweit, nun müssen wir uns freuen.«

Frau Dr. Carstens' Besorgnisse galten naturgemäß besonders der Frage, wie sich die neue Rolle mit ihrer Arbeit als Ärztin in Einklang bringen ließe. Denn daß sie den Beruf aufgeben und ihre Patienten in Stich lassen würde, kam für sie zu keiner Zeit in Frage, was auch immer Ministerialbeamte und Sicherheitskräfte an Bedenken hervorbrachten: Darf die Gattin des neu gewählten Präsidenten ihre Praxis weiterführen? Kämen dabei ihre Repräsentationspflichten nicht zu kurz? Würden nicht dreiste politische Bittsteller unter Vortäuschung falscher Wehwehchen sich in die Sprechstunde schleichen? Gar Terroristen mit einer telefonischen Anforderung der Frau Doktor für einen Hausbesuch Arges im Sinne haben? Dies alles beeindruckte weder Frau Dr. Carstens noch ihren Mann. Aber: »Du mußt da sein, wenn du da sein mußt«, befand der Bundespräsident. Wie sie das fertigbrächte, überließ er ihrem Organisationstalent.

Zwar konnte sie in dieser Zeit keine neuen Patienten mehr annehmen, aber für ihre alten Patienten hielt sie die Praxis weiterhin offen. Ihre Doppelrolle bewältigte sie nach der »Schichttorten-Methode«. Zum Beispiel bei Staatsbesuchen: Morgens um 11 Uhr trafen die hohen Gäste ein, man hatte sie auf den Stufen der Villa Hammerschmidt zu begrüßen, ehe man sich mit ihnen zum Mittagessen begab. Danach zogen sich die Gäste zurück auf den Petersberg oder wo sie sonst untergebracht waren. Frau Dr. Carstens eilte mittlerweile nach dem 15 Kilometer entfernten Meckenheim, um sich um ihre Patienten zu kümmern – bis sie sich zum Galaempfang auf Schloß Brühl umziehen mußte, um als First Lady zu repräsentieren.

Apropos Gala: Frau Dr. Carstens war zwar eine große Dame,

Veronica und Karl Carstens vor der Villa Hammerschmidt.

aber im alltäglichen Leben erschien sie den Bürgern eher bescheiden: schlicht gekleidet, ungeschminkt und allenfalls mit einer kleinen Perlenkette. Daß sie sehr schöne Staatsroben besaß, an denen sie auch durchaus ihre Freude hatte, zumal sie sie zum Teil selbst entworfen hatte, sahen nur die Gäste der Staatsempfänge oder die Fernsehzuschauer. Sie bevorzugte Pastellfarben und duftige Stoffe wie Organza oder Chiffon, mit zarten Blütenmustern verziert. Weiß sie noch, was sie bei der Hochzeit von Lady Di und Prinz Charles getragen hat? »Es war ein hellblaues Kleid mit Rüschen, und ich hatte mir dazu einen gleichfarbigen Hut machen lassen müssen.« Eine Friseurin, die ihr zu Hause wie auch auf Reisen zur Verfügung stand, fabrizierte aus ihrem dichten brauen Haar kunstvolle Lockengebilde, wie sie auf manchen Fotos zu sehen sind.

Gewiß war das Doppelleben anstrengend – manchmal wohl zu

anstrengend, aber es war eben auch interessant. Ein wichtiger Aspekt ihres Lebens als First Lady waren die Auslandsreisen, die das deutsche Staatsoberhaupt unternahm. Er hat sie dabei fast immer mitgenommen, wie es ja auch üblich war. Nicht nur der Präsident, auch seine Frau wurde vorher intensiv vorbereitet. Das galt für das Land ebenso wie für die Politiker und ihre Frauen, die man besuchte, um einen Gedankenaustausch zuwege zu bringen. Für die Ärztin Dr. Carstens war das häufig gar nicht schwer. Auch Könige und Staatspräsidenten haben gesundheitliche Probleme oder Sorgen mit ihren Kindern. Darüber sprachen insbesondere die Ehefrauen vertrauensvoll mit der deutschen First Lady. So erinnert sich Frau Carstens an einen Staatsbesuch in Spanien. Während die beiden Staatsoberhäupter, der König und der Bundespräsident, würdevoll vor den Kameras einherschritten, erkundigte sich Königin Sofia nach Heilmethoden bei Mittelohrentzündung. Es war ihr zu Ohren gekommen, daß die deutsche Ärztin dieses Leiden mit Zwiebeln und heißen Kartoffeln erfolgreich behandelte. So kam es, daß sie nicht nur als »Tischschmuck« angesehen wurde, sondern als eine eigenständige Persönlichkeit, mit der man sich gut und zuweilen auch nutzbringend unterhalten konnte. Zwar hatte sie sich anfangs nur zögernd in ihre Rolle hineingefunden. Bald jedoch war zu spüren, daß sie ihr Selbstbewußtsein nicht aus der Stellung ihres Ehemannes herleiten mußte, sondern daß sie eine sehr eigenständige Rolle spielen konnte.

Waren solche Staatsbesuche eine sehr willkommene Gelegenheit für das Ehepaar Carstens, einmal ein paar Tage zusammenzusein, was der Gattin des vielbeschäftigten Politikers selten beschieden war, so ergab sich dies auch bei den Wanderungen, die die Carstens durch ganz Deutschland unternahmen. Von Hohwacht in Schleswig-Holstein bis nach Garmisch haben sie in Etappen die Bundesrepublik zu Fuß erwandert, zünftig mit Sportkleidung und Wanderschuhen. Die Idee dazu hatten sie schon, ehe er Bundespräsident wurde. Aber daß sie so munter durch die Lande maschierten, hat zur Popularität der beiden erheblich beigetragen. Allerdings waren sie ständig begleitet, nicht nur von den unerläßlichen Sicherheitskräften, sondern oft von Hunderten von mitwandernden Bürgern. Doch sie haben ihren Plan, die Bundesrepublik zu erwandern, durchgehalten und damit viele Zweifler überzeugt, die sich von der Konsequenz und der physischen

Leistungsfähigkeit der prominenten Wanderer eines Besseren belehren lassen mußten. Überflüssig zu sagen, daß beide bei diesen Wanderungen mehr über die Sorgen und Wünsche der Bürger erfahren konnten, als es bei Audienzen oder anderen offiziellen Gelegenheiten möglich gewesen wäre.

Die herzliche und natürliche Art, mit der Frau Dr. Carstens den Menschen begegnet, ermutigte Tausende von Bürgern, sich mit Sorgen, Wünschen und Anregungen an sie zu wenden. Sie hat die Briefe nach Möglichkeit selbst beantwortet, indem sie die Antworten in ein Diktaphon sprach. Ihr Team im Bundespräsidialamt brachte die Briefe dann in Reinschrift zum Unterschreiben. »Wir waren bestimmt die fleißigste Abteilung des ganzen Bundespräsidialamtes«, erinnert sie sich. Als Ärztin und Beichtmutter hatte sie darüber hinaus Verbindungen zu vielen Menschen, denen sie zu helfen versuchte. Gleichzeitig wurde sie damit für ihren Mann zu einer wertvollen Hilfe, weil sie ihm den Kontakt zum Volk erhalten konnte. Auch heute bekommt sie noch Post von Bürgern, die ihr ihre Nöte und Bitten vortragen, und auch heute noch versucht sie, soweit möglich, zu helfen, indem sie zum Beispiel solche Briefe an die zuständigen Ämter weitergibt, wo sie, da sie von Frau Dr. Carstens kommen, mit Sicherheit aufmerksam bearbeitet werden. Über ihr Engagement als Ärztin, das sie vor allem der Verbreitung der Naturheilkunde widmet, ist oft übersehen worden, daß sie während ihrer Zeit als Frau des Bundespräsidenten traditionell auch noch die Schirmherrschaft über das von Elly Heuss-Knapp gegründete Müttergenesungswerk übernommen hatte und gleichzeitig zehn Jahre lang Schirmherrin der Deutschen Multiple-Sklerose-Gesellschaft war. Außerdem arbeitete sie von 1972 bis 1980 als Presbyterin in der evangelischen Pfarrgemeinde in Meckenheim mit.

Karl Carstens hatte bei seiner Wahl zum Bundespräsidenten sofort mitgeteilt, daß er dieses Amt nur eine Amtszeit ausüben wolle. Dabei blieb er, obwohl viele Politiker ihn gern für weitere fünf Jahre als Staatsoberhaupt gesehen hätten. Denn er hatte sich dank seines diplomatischen Geschicks im Ausland sowie durch seine innere Unabhängigkeit und Ernsthaftigkeit in der Innenpolitik ein großes Vertrauenskapital aufgebaut.

Während der ganzen fünf Jahre, die sie zwischen ärztlichem Beruf und den vielen Beanspruchungen durch die Stellung als First Lady verbrachte, ließ sie ihre Überzeugung nicht los, daß die

Schulmedizin nicht alles sei. Schon im Krankenhausdienst, aber mehr noch in ihrer internistischen Praxis wurde ihr die Naturheilkunde zum Lebensinhalt. Trotz der enormen Fortschritte, die die Medizin und die Pharmazie bei der Bekämpfung von Seuchen und anderen lebensbedrohenden Krankheiten erringen konnten, haben sich insbesondere mit der Erhöhung der Lebenserwartung chronische Krankheiten wie Rheuma, Kreislaufbeschwerden, Multiple Sklerose und Parkinson ausgebreitet. Gerade bei diesen Leiden aber haben viele Menschen die Grenzen der Schulmedizin erfahren. Sie halten Ausschau nach zusätzlichen Therapiemöglichkeiten, die im wesentlichen im Bereich der Naturheilkunde und der Erfahrungsmedizin zu finden sind. Manche Behandlungsmethoden sind bereits etabliert, wie etwa die Kneippkuren oder die Akupunktur. Andere sind seit Jahrhunderten umstritten – allen voran die Homöopathie, die viele Schulmediziner spöttisch als Quacksalberei bezeichnen, die aber von ihren Adepten glühend verteidigt wird. Das große Problem ist, daß man, wie Frau Dr. Carstens selber sagt, gar nicht weiß, warum Auszüge von Pflanzen und Mineralien in kaum vorstellbarer Verdünnung überhaupt wirken. Seit Jahren ist es daher ihr Wunsch, in exakten Forschungen die Wirksamkeit der homöopatischen Mittel nachzuweisen. Ein gleiches gilt für Erdstrahlen, die unter Umständen Menschen krank machen können. Davon ist Frau Dr. Carstens fest überzeugt. Um ihre Kenntnisse auf eine sichere Basis zu stellen und um den leidenden Menschen helfen zu können, gründete sie zusammen mit ihrem Mann 1981 die »Stiftung Karl und Veronica Carstens zur Förderung der Erfahrungsheilkunde«. In diese Stiftung soll einmal das gesamte Erbe des kinderlosen Ehepaares eingehen. »Mein Mann und ich leben, wie alle anderen ja auch, ein gefährliches Leben. Ein Flugzeugunglück, und man ist weg. Wir haben keine großen Güter, aber man möchte doch wissen, was danach mit seinem Geld passiert.« So schilderte sie damals den Entschluß, diese Stiftung zu gründen. Sie sollte dazu beitragen, Klarheit zu schaffen, dem Guten zur Anerkennung zu verhelfen und das Wertlose zu eliminieren. Sie soll vor allem die Wissenschaft und die Forschung zur Erfahrungsheilkunde fördern, was mit Projektfinanzierungen, Ärztefortbildung und Stipendien für Nachwuchswissenschaftler geschehen soll. Dabei geht es vor allem um Therapien, die nicht an den Hochschulen gelehrt werden. Dafür Fachleute zu gewinnen, war und ist schwierig, und es läßt sich vermuten, daß mancher Wissenschaftler schließlich doch zur Mitarbeit zu bewegen war, weil sich hochgestellte Persönlichkeiten wie das Präsidentenehepaar in dieser Sache so stark engagierten. Ein Großteil des Verdienstes der Stiftung liegt darin, sich mutig dem Spott ganzer wissenschaftlicher Fachgesellschaften auszusetzen, solche Risiken bewußt einzugehen und Spannungen auszuhalten. Heute ist die Stiftung die größte und bedeutendste im Bereich der Naturheilkunde in Europa. Rund neun Millionen DM konnten dank mehrerer Zustiftungen für die Stiftungszwecke eingesetzt werden. Da viele Menschen den Wunsch hatten, Mitglied der Stiftung zu werden, was nach dem Stiftungsrecht nicht möglich ist, wurde wenige Monate vor dem Ende der Amtszeit des Bundespräsidenten Karl Carstens der Verein »Natur und Medizin« gegründet, der heute 80000 Mitglieder hat. Sie zahlen moderate Beiträge und beteiligen sich zudem mit großen und kleinen Spenden am guten Zweck der Stiftung.

Beide Einrichtungen wollen nicht etwa gegen die herkömmliche Medizin zu Felde ziehen; sie wollen sich aber dafür einsetzen, daß die Behandlung vieler Krankheiten durch die Methode der Erfahrungsmedizin ergänzt wird. Erfolge haben sich nicht zuletzt dank der Beharrlichkeit der Gründerin Frau Dr. Carstens bereits eingestellt. Heute ist es längst nicht mehr umstritten, daß auch die Naturheilmittel ihren Sinn haben.

Für ihre Stiftung trat Frau Dr. Carstens schon als First Lady viele Male beherzt vor die Öffentlichkeit, und auch ihren Gatten konnte man nach seiner Amtszeit als Bundespräsident bei zahlreichen Veranstaltungen bescheiden in einer hinteren Reihe sitzen sehen, von wo aus er mit sichtlichem Stolz den Auftritt seiner Frau verfolgte. Nicht immer allerdings waren solche Auftritte für sie eine reine Freude. Mit Schaudern erinnert sie sich an eine Sendung mit dem gefürchteten Moderator Dagobert Lindlau im Bayerischen Rundfunk. Sie sollte dort mit einem Protagonisten der Schulmedizin konfrontiert werden, der die Homöopathie als baren Humbug abtat. »Ich wollte da nicht hingehen, aber Karl hat mir zugeredet. Du kannst das – hör gar nicht auf die Anwürfe des Professors und versuche nur, die zu überzeugen, die auf der Kippe sind.« Das war sein Rat. Sie habe den Himmel angefleht, ihr zu helfen, doch die Sendung sei entsetzlich und unfair gewesen. Aber, so resümierte sie dieses unerfreuliche Erlebnis: »Man kann auch in der Niederlage siegen.« Sie bekam zahlreiche zustimmende Briefe, die ihr neuen Mut machten. Auch andere Anfeindungen blieben ihr nicht erspart. So verdächtigte sie ein Ärztefunktionär in einer Pressekampagne, sie mißbrauche ihre hohe Stellung für die von ihr angepriesenen Heilverfahren.

Das alles hat sie letztlich nicht angefochten. Heute ist die Stiftung ein ernstzunehmendes Element in der medizinischen Landschaft, weil ihre im Laufe der Zeit mit Millionen geförderten Forschungen so manchem Arzt eine wertvolle Hilfe bei der Anwendung von Naturheilmitteln sind, die immer mehr Patienten verlangen.

Mit dem Ende der Amtszeit ihres Ehemanns im Jahr 1984 endeten auch ihre Pflichten als First Lady. Sie erlebte eine Fülle von ehrenhaften und herzlichen Würdigungen in der Presse, die sich für ihren Einsatz, ihre Warmherzigkeit und ihre tadellosen Auftritte auf den politischen Bühnen in aller Welt bedankte. Während er nun in seinem gemütlichen Studio seine Erinnerungen schrieb, konnte sie sich mehr noch als bisher ihrer Lebensaufgabe, der Naturheilkunde, zuwenden. Sie hielt zahllose Vorträge, moderierte Fernsehsendungen, gab Reportern geduldig Auskunft – neben ihrer Praxis, die sie nunmehr mit 77 Jahren getreulich weiterführt.

Im Jahre 1992 starb Karl Carstens im Alter von 77 Jahren an einem Herzleiden. Eine ungewöhnlich harmonische, glückliche Ehe fand so ihr Ende. Wie ist Veronica Carstens mit dem Tod ihres Mannes und mit dem Alleinsein fertig geworden? Zunächst hat sie sich ein halbes Jahr Zeit genommen, um die zahllosen Briefe zu beantworten, die ihr von Freunden und gänzlich Fremden zugingen. Danach nahm sie ihr berufliches Leben wieder auf. Sie konnte ihre plötzliche Witwenschaft besser bewältigen als viele Frauen, die zeit ihres Lebens ausschließlich Ehefrau und Mutter waren und für die mit dem Verlust des Partners eine Welt zusammenbricht. Geholfen hat ihr aber vor allem ihre Religiosität. Sie hat ihr ganzes Leben lang gebetet. Ihren Glauben verdankt sie ihrem Elternhaus und der Schule, in der ein Theologe seine Schüler zu kritischen, aber gläubigen Menschen erzog. Und nicht nur er: An dieser Schule mußten alle Lehrer umschichtig die tägliche Morgenandacht leiten können. Die Lehrerschaft brachte es auch fertig, die Schüler gegen die Nazis und ihre Ideologie abzuschotten, so daß die junge Veronica Prior mit dem Nationalsozialismus kaum in Berührung kam.

Der in der Kindheit erworbene Fundus an festem Glauben bestärkte sie in ihrem ganzen Leben in der Überzeugung, daß Hilfe hier auf Erden nur über das Transzendente möglich ist, daß das Leben nur eine kurze Spanne unserer Existenz ist und daß es »hinterher« eine weitere Existenz geben wird. Die Ehefrau des Verlegers Axel Springer, Frau Friede Springer, sandte ihr ein Buch des Theologen Prof. Nick, dessen Titel: »Bleibt, ihr Engel, bleibt bei mir«, der Bachkantate No. 18 entnommen ist. »Das war Balsam für meine Seele«, sagte sie. »Ich glaube fest an Engel.«

Dies ist die eine Seite der Veronica Carstens. Die andere ist die handfeste, praktische Ärztin, auf deren Behandlung so viele Menschen schwören. Und die Hausfrau, die in zehn Minuten für die Besucherin, die, fasziniert von so viel Menschlichkeit, Zutrauen und Offenheit, viel zu lange blieb, ein vegetarisches, aber sehr nahrhaftes Abendessen bereitete.

Noch einmal wendet sich dabei das Gespräch dem Glauben zu. »Wir brauchen«, sagt sie, »neben dem Gefühl für Gut und Schlecht, für Richtig und Falsch, auch eine – nennen wir es transzendentale –, über unser tägliches Leben hinausgehende Bindung. Wir benötigen aus solcher Beziehung einen zusätzlichen Halt, der für den einen im Glauben, für den anderen z.B. in der Anthroposophie liegen mag. Jeder Erwachsene, jeder Jugendliche braucht ein Leitbild, das über ihn hinausgeht, weil wir es aus eigener Kraft nicht schaffen können.« Und schließlich erinnert sie an das Wort des Wiener Psychologen Viktor Frankl: »Der Mensch ist nicht auf Glück, sondern auf Sinn angelegt.«

Daß sie ihrem Leben einen Sinn gegeben hat, davon ist man nach den herzerfrischenden Stunden in Meckenheim überzeugt.

Hannelore Kohl

Von Dieter Zimmer

Als das Konzert mit langem Beifall ausgeklungen ist und der Saal des Gewandhauses sich leert, taucht Hannelore Kohl mit kleinem Troß in der Schar der Gäste unter, die sich zum Empfang im Foyer drängen. Sie wird auf Schritt und Tritt umringt, hierhin und dorthin gebeten, gedrängt, beinahe geschleppt. Alle wollen ihr die Hand drücken, mit ihr reden, einzelne sich auch gemeinsam fotografieren lassen. Sie wirkt fröhlich, entspannt, aufgekratzt, wie nach einem gewonnen Match.

Bäckermeister Riedel hat den Leipziger Hauptbahnhof gebacken, von neunzig Kilo Mehl, achthundert Eiern und Unmengen weiterer Zutaten ist die Rede. Frau Kohl schneidet unter Beifall mit langem Messer an und verteilt Bahnhof-Stückchen an die Hungrigen, auch an Gesättigte, die nur der Frau des Kanzlers einmal aus der Hand essen wollen.

Sie steht als Hannelore Kohl hier. Ihr Mann, der Kanzler, hatte die Schirmherrschaft des Abends, war aber nicht persönlich anwesend, da in politischen Geschäften unterwegs. Ohne die Frau des Kanzlers zu sein, stünde sie natürlich nicht hier, zumindest nicht im Mittelpunkt. Das ist eben die Geschichte oder sogar das Geschick einer »First Lady«: Sie ist »nur« die Frau an seiner Seite. Aber entscheidend ist bekanntlich, was sie daraus macht.

Lord Yehudi Menuhin hat dirigiert. Die Ehepaare Kohl und Menuhin, war vorab in einem Interview der Leipziger Volkszeitung zu lesen, kennen und schätzen sich seit dreißig Jahren. Ein Sympathieträger ähnlichen Formats wäre nicht zu finden gewesen für den guten Zweck: der Welt-Künstler, der schon kurz nach dem Krieg wieder in Deutschland musizierte, weil er wußte, daß es immer auch ein anderes Deutschland gegeben hatte. Das Orchester aus Warschau, die »Sinfonia Varsovia«, hat Beethoven und Prokofjew bravourös gespielt, für Menuhin legt sich jeder Klangkörper vehement ins Zeug. Die Zuhörer im ausverkauften großen Saal haben auch ein zeitgenössisches Stück mit gelassener Verwunderung angehört. Der Mitteldeutsche Rundfunk hat in 3SAT übertragen, Intendant Reiter erklärt, ein-, zweimal im Jahr leiste man sich ein solches Benefiz-Konzert für einen guten Zweck. Diesmal also für die Stiftung, die Frau Kohl ins Leben gerufen hat: für Unfallverletzte mit Schäden des Nervensystems. Rund zweihunderttausend Mark an Eintrittsgeldern und Spenden sind heute abend zusammengekommen.

Nach der einleitenden Coriolan-Ouvertüre war Frau Kohl aufs

Deutsche Einheit: Hannelore und Helmut Kohl am 3. Oktober 1990 vor dem Reichstagsgebäude in Berlin.

Podium getreten. Eine kurze Ansprache, selbstredend ohne vom Blatt zu lesen. Unverkennbar hat sie so etwas schon hunderte Male gemacht. Sie vergißt niemanden, dem zu danken ist. Sie sagt, wie bewegend es für sie sei, eine solche Veranstaltung zu Gunsten ihrer Stiftung ausgerechnet hier miterleben zu dürfen, in der Stadt, in der sie ihre Kinderjahre verbracht habe. Sie sagt natürlich nicht, welchen Anteil ihr Mann an der deutschen Einheit habe, aber das wissen die Zuhörer sowieso und denken wahrscheinlich in dieser Sekunde daran. Mit ihrer Arbeit für die Unfallopfer hat die Frau des Kanzlers nicht nur eine völlig eigenständige Rolle gewählt und aufgebaut, sie hat sich auch eine harte Pflicht aufgebürdet. Und die besteht nur ausnahmsweise darin, im festlichen Rahmen einem Konzert unter der Leitung von Yehudi Menuhin zu lauschen. Sie hat viel zu tun. Oftmals die Hälfte ihrer Zeit, sagt sie, verwende sie darauf.

Kanzlerbungalow.

Frau Kohl war der Meinung, für ein Interview eines Journalisten sei der richtige Ort hier, wohingegen Oggersheim Privatleben sei, und das verteidigt sie, wie man längst weiß, in jeder Hinsicht löwinnenhaft. Die Freunde ihres Mannes, Michail oder Boris, George oder Bill, waren schon mal ins Einfamilienhaus im Ludwigshafener Vorort eingeladen, aber das war Politik der höheren Weihen, also ganz etwas anderes. Kanzlerbungalow also.

Hannelore Kohl ist außerordentlich schlank und nachmittäglich schick in dunkelblauem Hosenanzug mit weißer Umschlagkragenbluse. Früher, als sie und ihr Mann neu in Bonn waren, spotteten böse professionelle Lästermäuler gern über das Ehepaar aus der pfälzischen Provinz, aber das hat sich längst erledigt. So wie es keine guten Kohl-Witze mehr gibt, weil der Kanzler längst in die Champions League der Weltpolitik gewechselt ist, wo er um globale Perspektiven ringt und nicht mehr um kleinliche Problemlösungen – genauso hat seine Frau das angehängte Image der »Provinzzwiebel«, des »Teepüppchens« oder des »Rauschgoldengels« hinter sich gelassen.

Es ist Besuch im Bungalow, der sich verplaudert hat. Zwei Rentnerehepaare, die Geld gesammelt haben für den guten Zweck und den Scheck persönlich überbringen wollten. Eine der beiden älteren Damen, es ist nicht zu überhören, stammt aus Sachsen. Das trifft sich, denn die Hausherrin kann umgehend demonstrieren, daß ihr eigenes Sächsisch noch astrein ist, und alle amüsieren sich. Sächsisch ist nicht ihre Mutter- oder Vatersprache: ihre Mutter kam aus Bremen, ihr Vater aus Mutterstadt in der Pfalz, die Eltern lernten sich kennen und heirateten in Berlin, wo die Tochter geboren wurde. Aber Sächsisch ist immerhin der Dialekt ihrer Umgebung seit frühester Kindheit. Denn schon mit einem Jahr kam sie nach Leipzig und lebte in Sachsen, bis sie zwölf war. Als was würde sie sich am ehesten bezeichnen: Berlinerin? Leipzigerin? Sächsin? Pfälzerin? »Berlinerin«, antwortet sie ohne Zögern. Berlinerin also. Obwohl sie doch nur kurz...? Ja, trotzdem. (Das Bekenntnis seiner Frau zur deutschen Hauptstadt wird den Kanzler freuen, auch wenn er es nie politisch instrumentalisiert und sie es wohl auch so nicht meint.)

Vor Jahren hat der Verfasser dieses Portraits festgestellt: Er ist als Kind, in Leipzig während des Krieges, in unmittelbarer Nachbarschaft aufgewachsen, in einer Parallelstraße des Vororts Gohlis. Er muß der Familie Renner, das ist ihr Geburtsname, über die Gärten hinterm Haus direktemang ins Fenster geschaut haben, man wird sich begegnet sein, beim Brötchenholen, beim Kolonial-

warenhändler Duderstedt oder im Schreibwarengeschäft Agricola. Das alles hat natürlich keine tiefere Bedeutung, aber so etwas macht noch neugieriger auf eine Person.

Die Besucher mit dem Scheck haben sich festgeplaudert. Die Übergabe wird im Foto festgehalten, zur Sicherheit gleich mehrfach. Frau Kohl läßt keine Ungeduld spüren, sagt aber irgendwann freundlich bestimmt, es sei riesig nett gewesen und sie bedanke sich herzlich. Auf diese Menschen sei ihre Stiftung angewiesen, erklärt sie nach der Verabschiedung, und sie seien ihr ebenso wichtig wie die Firmen und Organisationen, die sechsstellige Beträge spendeten für die Initiative der Frau des Bundeskanzlers.

Es wird erwartet, förmlich verlangt von einer »First Lady«, daß sie sich eines sozialen Problems annimmt und – auch mit dem Namen ihres Mannes – um Verständnis, Engagement und Unterstützung bittet. Das hat in der Bundesrepublik Deutschland Tradition seit Elly Heuss-Knapp. Die Frauen sehen sich beim Amtsantritt ihres Mannes einer fordernden Frage der Öffentlichkeit ausgesetzt: Und was tun Sie?

Frau Kohl hatte schon vorher eine solche Aufgabe gefunden und übernommen: in Rheinland-Pfalz, als sie »erst« Frau des Ministerpräsidenten war. Das »Walter-Poppelreuther-Haus« in Vallendar am Rhein war ursprünglich eine Einrichtung für hirnverletzte Opfer des Zweiten Weltkriegs.

»Damals habe ich schon damit gerechnet«, sagt sie mit größter Selbstverständlichkeit, »daß mein Mann Bundeskanzler wird. Und wenn er es ist, habe ich gedacht, kannst du deine Sache bundesweit machen. Aber ich habe nicht darüber geredet, weil ich nie über politische Sachen rede.« Das Wörtchen *nie* betont sie nachdrücklichst. Und sie schiebt nach. »Ich halte mich nicht für wichtig.«

Am 21. Dezember 1983 – ihr Mann war am 1. Oktober 1982 Kanzler geworden – wurde das »KURATORIUM ZNS e.V.« gegründet, also für Unfallverletzte mit Schäden des Zentralen Nervensystems. Daß es ein wichtiges Thema ist, dessen Wichtigkeit nur erst ins öffentliche Bewußtsein gehoben werden mußte, sagen nüchterne Zahlen: Jedes Jahr erleiden in Deutschland 300000 Menschen Schädel-Hirn-Verletzungen bei Unfällen im Straßenverkehr, bei der Arbeit, beim Sport oder im Haus. Bei jedem Dritten werden sogar schwere Hirnverletzungen festgestellt, und etwa 45000 davon bleiben für lange Zeit, wenn nicht für immer, geschädigt.

Hannelore Kohl ist von Beginn an Präsidentin des Kuratoriums. Für diese Aufgabe, sagt sie, habe sie sich über die Jahre das intellektuelle Rüstzeug aneignen müssen: »Ich war immer dafür, es erst zu wissen und dann zu tun.« Ist sie eine Expertin geworden? »Ach nein, das wäre zu viel«, wehrt sie ab. »Ich habe natürlich Sekundärliteratur gelesen, weil ich von den Fachverbänden anerkannt werden will. Die Aussagen und Bewertungen der Professoren und Mediziner will ich auch verstehen.« Als ihr die Ehrendoktorwürde der medizinischen Fakultät der Universität Greifswald angetragen wurde, regte sich dennoch vereinzelt öffentlicher Widerspruch. Der sei, meint sie knapp, politisch motiviert gewesen.

Die Urheberschaft mindestens einer wichtigen Idee beansprucht sie für sich: der Idee, in der Rehabilitation von Hirnverletzten mit Computern zu arbeiten. Das klingt beinahe wie eine Selbstverständlichkeit. Aber wer die Erfahrung hinter sich hat, als erwachsener Mensch nach einem gesundheitlichen Zusammenbruch scheinbar einfache Dinge mühsam wieder lernen zu müssen, Dinge, die er seit seiner Kindheit beherrscht hatte, der weiß, was es bedeutet, wenn die Therapeutin ihn auffordert, bebilderte Kärtchen mit Hunden und Äpfeln zu sortieren. Er fühlt sich zum Idioten degradiert. Er wird, je nach Naturell, depressiv oder aggressiv.

Hannelore Kohls Idee schlug keineswegs ein wie eine Bombe: »Ich hatte große Schwierigkeiten in Fachkreisen, man war absolut dagegen.« Schließlich war sie Außenseiterin, Nicht-Medizinerin. Und sie machte die Erfahrung mit der alten Regel: Das geht nicht, das haben wir noch nie so gemacht. Die Patienten hingegen, erinnert sie sich, »stürzten sich wie wild« auf das neue Angebot. Sie ist stolz darauf, daß mit Mitteln des KURATORIUMS ZNS (bis 1.7.1997) in 61 Rehabilitationseinrichtungen 178 computergestützte Therapieplätze im Wert von 4,4 Millionen DM aufgebaut wurden. Mit Hilfe von Lehr- und Lernprogrammen an behindertengerecht ausgestatteten Computern können Patienten verlorengegangenes Wissen wiedererlangen und trainieren. Außerdem wurden Übungsbüros eingerichtet: Therapieplätze, als Arbeitsplätze vernetzt, an denen die Patienten Wareneingang, Warenausgang, Lagerhaltung, Verkauf, Bilanzierung, Korrespondenz, Mahnverfahren lernen und trainieren. Auch für die Kinder unter den Patienten gebe es inzwischen spezielle Programme, lustige Spiele, die ihnen Spaß machen.

Die ganze Computer-Idee, sagt sie, sei ihr gekommen, als sie in einer Klinik einen Diplom-Mathematiker traf, einen hochintelligenten Mann, der schwer mit dem Auto verunglückt war und der von den Therapeuten damit beschäftigt wurde, bunte Klötzchen zu sortieren und zu stapeln. Der Mann habe darunter gelitten, daß er nicht aufgefordert wurde, anzuwenden, was er noch wußte. Diese Begegnung habe den Anstoß gegeben. Daß Computer selbstredend teurer sind als Klötzchen und Kärtchen, sei das eine; aber erst einmal müsse die Bereitschaft für das Neue vorhanden sein. Inzwischen rief das KURATORIUM ZNS, zusammen mit der Neurologischen Klinik Hessisch Oldendorf und der Firma Nixdorf, das Pilotprojekt »Computer helfen heilen« ins Leben.

Das KURATORIUM ZNS hat in der Zeit von 1983 bis 1997 über 30 Millionen Mark an Spenden gesammelt und weitergegeben, gesammelt durch kleine Aktionen von Rentnern oder Schulkindern ebenso wie durch namhafte Spenden bekannter Firmen, z.B. des Gustav Lübbe Verlags, oder durch Konzerte wie jenes des mdr in Leipzig. Oder durch das Kochbuch »Kulinarische Reise durch deutsche Lande«, eine Rezeptsammlung von Hannelore Kohl mit Texten des Kanzlers. Vom Kaufpreis führt der Verlag Zabert & Sandmann jeweils 6 Mark an die Stiftung ab, über eine Million bislang. Das erste Kochbuch von Hannelore Kohl mit dem Titel »Was Journalisten anrichten«, schon 1985 erschienen, hatte immerhin über 400000 DM in die Kasse des KURATORIUMS ZNS fließen lassen.

Die Liste der einzelnen Zuwendungen für medizinische Einrichtungen ist lang. Fast dreihundert Mal haben Institutionen Geld bekommen für komplizierte Geräte, deren Zweck sich erst dem Experten erschließt, oder für einfachere Hilfsmittel, deren Sinn auf der Hand liegt: rollstuhlgerechte Kleinbusse, Liftanlagen für Schwimmbecken, Computer-Arbeitsplätze zum Trainieren, sogar zwei Therapiepferde mit Sattel und Zubehör. Der kleinste Einzelposten sind 900 Mark für ein Schreibprogramm, der größte 1,5 Millionen für die »Förderung des geplanten Neurologischen Rehabilitations-Zentrums Greifswald GmbH NRZ zur Bedarfsdeckung der in der dortigen Region dringend benötigten Betten in der Frührehabilitation schwer schädelhirnverletzter bzw. querschnittsgelähmter Menschen«. Der zweitgrößte Posten waren 1,4 Millionen Mark für die Neurologische Klinik Braunfels in Hessen, mit der das KURATORIUM ZNS besonders lange und fruchtbar zusammenarbeitet.

Am zehnten Jahrestag der Gründung des Kuratoriums, also 1993, wurde eine zweite Institution ins Leben gerufen: die »Hannelore-Kohl-Stiftung« in Essen, also am Sitz des Stifterverbandes für die Deutsche Wissenschaft. Die Hannelore-Kohl-Stiftung unterstützt die Neuroforschung, um neue Rehabilitationsmöglichkeiten für Unfallopfer mit Schäden des Zentralen Nervensystems (ZNS) zu erschließen. Sie finanziert Forschungsprojekte zur Entwicklung und Erprobung von Methoden zum Lernen oder Wiederlernen von Fähigkeiten und Fertigkeiten wie Schlucken, Sprechen, Sehen, Stehen, Gehen, aber auch der Konzentration, der Aufmerksamkeit, des Wollens, Denkens und Handelns. Die Stiftung förderte an 39 Universitäten und Kliniken in Deutschland 65 wissenschaftliche Projekte mit insgesamt genau 6684494,77 DM.

Um Anreize für die Forschung in den Neurowissenschaften zu geben, hat die Hannelore-Kohl-Stiftung gemeinsam mit dem KURATORIUM ZNS einen Förderpreis, dotiert mit 25000 Mark, ausgeschrieben, der alle zwei Jahre an Nachwuchswissenschaftler verliehen wird; bisher wurden vier Arbeiten ausgezeichnet.

675000 Mark erhielt zum Beispiel ein Projekt an der Universität Tübingen, dessen Sinn auch dem medizinischen Laien einleuchtet: die Erforschung der Erneuerungsfähigkeit des zentralen Nervensystems sowie der Möglichkeit, Nervenzellen zu verpflanzen. Wenn Nerven absterben, z.B. nach Hirn- oder Rückenmarkverletzungen, können sie nicht, wie anderes Gewebe, auf dem Wege der Zellteilung ersetzt werden; die Verpflanzung von Nervengewebe, heute noch eine Utopie, könnte in bestimmten Fällen einen Ausweg bieten. Danach forschen die Tübinger Ärzte.

Auf die Idee, Bildungskommunikationssysteme einzuführen, ist sie stolz. »Wir haben inzwischen zwölf neurochirurgische Zentralen mit zweiundvierzig Krankenhäusern in den neuen Bundesländern vernetzt. So können nach einem schweren Unfall die Ärzte in Bild und Ton zeitgleich Patientendaten diskutieren und sofort Vakanzen auf Intensivstationen ermitteln, so daß der Patient rasch die bestmögliche Versorgung bekommt. Ein Nebeneffekt dabei ist, daß Fehlbelegungen weitgehend vermieden werden können, also die Auslastung der Häuser verbessert wird.«

Spielt die Arbeit für Kuratorium und Stiftung heute die Hauptrolle im Leben von Hannelore Kohl? Zumal ja die beiden Söhne längst aus dem Haus sind und der Ehemann viel unterwegs ist.

»Schwer zu sagen«, antwortet sie. »Phasenweise ist es sicher dominant. Aber wenn mein Mann da ist, spielt er die Hauptrolle.«

Wenn sie öffentlich auftrete, bei Jubiläumsfeiern großer Firmen, traue sie sich durchaus einen Unterhaltungswert zu: »Ich kann auch aus den unmöglichsten Situationen etwas machen. Manchmal ist es lustig, und es hat was.« Natürlich sei auch die Höhe des Schecks für ihre Stiftung wichtig.

Auch wenn sie im Fernsehen erscheine, müsse es »einen Sinn

haben«, also ihrer Stiftungsarbeit förderlich sein: »Sonst komme ich ja in den Ruf, mich wichtig zu machen.« Ihr Büro hat einmal zusammengestellt, in welchen Sendungen sie mitgewirkt hat, demnach sind es rund dreißig, darunter »Boulevard Bio« und »Wetten, daß ...?«

»Die Geschichte mit Casdorff, das kann ich ruhig sagen, hat mir den Durchbruch gebracht.« Das war in der Sendung »Ich stelle mich« im 3. Programm des WDR am 23. April 1986. »Man hatte mich vor ihm gewarnt. Aber ich habe gedacht, du mußt auf eine Karte setzen, du kommst nun mal aus der Provinz, aus Berlin. Es gelang mir doch recht gut, um es neutral auszudrücken. Danach hat sich dieses dumme Geschwätz gelegt. Ich wollte einfach Leistungsnachweis bringen. Für diejenigen, die ich als Sponsoren für meine soziale Arbeit gewinnen will, war es mir wichtig zu zeigen, wie ich wirklich bin.« Sie amüsiert sich noch im Nachhinein über die verdutzten Gesichter einiger nicht so wohlmeinender Medienvertreter.

Der Spiegel, nicht mit dem Kanzler befreundet, nannte dessen Frau sogar einmal anerkennend eine »enthemmte TV-Sirene«. Auch einen »Ehren-Bambi« hat sie bekommen – und zugunsten ihrer Stiftung versteigert. Er brachte 420 000 Mark.

Es wird Zeit, endlich auch über Herkommen, Kindheit, Jugend zu reden. Vor allem über das Kriegsende und die Erlebnisse dabei, die aus einem zwölfjährigen Mädchen aus behütetem Elternhaus unvermittelt einen jungen Menschen mit Lebenserfahrung machten. Erfahrung, wie sie damals an der Tagesordnung war, wie man sie keinem jemals wünschen mag und wie sie doch wieder und wieder Millionen Kinder in aller Welt haben machen müssen.

Hannelore Renner wurde in Berlin geboren, als das Dritte Reich gerade fünf Wochen alt war. Ihr Vater Wilhelm Renner, 1890 geboren, stammte, wie schon gesagt, aus Mutterstadt in der Pfalz, wo sein Vater eine Werkstatt für Landmaschinen aufgebaut hatte. Wilhelm Renner wurde Ingenieur und bekam eine Anstellung bei der AEG in Berlin. Dort heiratete er 1929 Irene Merling aus Bremen. Am 7. März 1933 kam ihr einziges Kind zur Welt. Ein Jahr später erhielt Wilhelm Renner, nunmehr 44 Jahre alt, einen Posten in Leipzig, die dreiköpfige Familie zog dorthin und wohnte in der Montbéstraße in Gohlis, einem der »besseren« Viertel der Stadt. 1939 wurde Hannelore Renner eingeschult, ab

Möchten Sie noch
mehr über unser
Verlagsprogramm
wissen, dann schicken
Sie uns bitte einfach
diese Karte zurück.

Der amerikanische Präsident Bill Clinton und seine Frau Hillary im Sommer 1994 beim Gang durchs Brandenburger Tor, begleitet von Hannelore und Helmut Kohl.

1944 besuchte sie die Gaudig-Schule, ein Mädchengymnasium in Leipzig-Gohlis.

Wie alle Familien, die etwas auf sich halten, achteten die Renners darauf, daß ihre Tochter nicht das »gemeene« Sächsische von der Gasse nach Hause brachte, sondern ein anständiges Hochdeutsch sprach. Man hört ihrer Redeweise an, daß sie sich darum immer bemüht hat. Dennoch war die Zeit prägend für das Sprachgefühl, und sie legt Wert darauf und stellt jederzeit unter Beweis, daß sie das Sächsische immer noch beherrscht.

Was hat ihr Vater in Leipzig gearbeitet? Er war, sagt sie, als Betriebsdirektor und Oberingenieur in der Hugo Schneider AG tätig, einem ziemlich großen Betrieb mit damals immerhin 15 000 Beschäftigten, der vor allem für die Reichsbahn produzierte und demzufolge Ende der 30er Jahre als »kriegswichtig« eingestuft wurde – was zur Folge hatte, daß der Vater bis zum Schluß auch nicht zum Volkssturm eingezogen wurde. Wie stand das Elternhaus zum Dritten Reich? Das sei schwer für sie zu beurteilen: »Ich war sechs Jahre alt, als der Krieg begann. Eigentlich politische Gespräche in Gegenwart von Kindern waren nicht üblich. Man darf nicht die Jetztzeit mit ihrer ungeheuren Beeinflussung, auch durch das Fernsehen, auf damals übertragen. Man sprach mit Kindern nicht über Politik – genauso wie man ja auch sonst als Kind nicht aufgeklärt wurde.«

Gegen Ende des Krieges zog die Mutter mit der Tochter aus dem bombardierten Leipzig nach Döbeln an der Mulde, einer kleinen Stadt auf halbem Wege nach Dresden. Alles sei sehr ärmlich gewesen: »Das einzige, was ich mitnehmen konnte, war mein Dackel.« Die Behausung in einem möblierten Zimmer, der Unterricht in einer Oberrealschule für Jungen, mit drei Mädchen in der Klasse. Die Mutter war »kriegsdienstverpflichtet« und arbeitete halbtags in einer Fabrik, völlig ungewohnt für sie, im Akkord am Fließband. Die Tochter kam nach der Schule hinzu und half in Küche und Kantine putzen und schrubben – wofür sie ein Mittagessen erhielt.

Mit dem Näherrücken der Front begann die Zeit, die sich im Gedächtnis unauslöschlich eingeprägt hat. Denn im letzten Kriegswinter hatten die Schülerinnen und Schüler jede zweite Woche Bahnhofsdienst. Über Döbeln kamen ungezählte Züge mit Verwundeten von der russischen Front oder Flüchtlingen aus dem Osten. Die Verwundeten mußten vor der Weiterfahrt notdürftig medizinisch versorgt werden, die Schüler halfen Verbände wechseln und räumten den Unrat aus den Waggons. Sie halfen auch die Toten zu bergen. Sie versorgten die Flüchtlinge, die oft wochenlang bei schneidender Kälte in offenen Waggons unterwegs gewesen waren. Hannelore Kohl erinnert sich an Mütter, die sich weigerten, ihre erfrorenen Säuglinge herzugeben. Sie erinnert sich an Bombenangriffe, an verschüttete Menschen, an den penetranten Geruch von verbranntem Fleisch, an brennende Bäume und an brennenden Asphalt, den sie als ein Symbol der Bedrohung und Ausweglosigkeit empfunden habe.

»Krieg«, sagte sie in einem Interview, »ist für unsere Generation eine konkrete Sache. Das sind Bombennächte, das ist Tieffliegerbeschuß beim Schlangestehen oder auf dem Schulweg. Auf einer Brücke liegen, und die Garben schlagen rundherum ein. Krieg, das ist Hunger, das ist Flucht, das ist das Elend der anderen, und es ist eine Art Ohnmacht, die man nicht begreift.«

Dann das Kriegsende mit der Flucht nach Westen, von Sachsen in die Pfalz. »Es gab viele Dinge, die kann man gar nicht mehr schildern. Dinge, die mich heute noch mitnehmen. Aber es hat uns niemand gefragt, ob wir traumatische Kindheitserlebnisse mit uns herumtragen.«

Ende April 1945 näherten sich von beiden Seiten die Fronten, Gerüchte gingen um, die Russen kämen, die Amerikaner kämen. (Hoffentlich die Amerikaner!) Über Fernschreiber konnte die Mutter noch den Vater aus Leipzig erreichen und mit ihm verabreden: Wir kommen, wir schlagen uns irgendwie durch, wir treffen uns in unserem Ausweichquartier in der Nähe der Stadt. (Die Wohnung in der Montbéstraße war ausgebombt.) Am 1. Mai – die Rote Armee war schon eingerückt, es wurde geschossen – brachen sie zu Fuß mit Handwagen auf: Mutter und Tochter Renner sowie eine befreundete Frau mit ihren zwei Töchtern. Das Flüßchen Mulde entlang auf der Suche nach einem unbewachten Übergang zum anderen Ufer. Im Morgengrauen wateten die fünf durch eine Furt, das kalte Wasser ging bis zu den Schultern, wieder schoß es irgendwo. Drüben standen die Amerikaner. Weiter nach Westen mit dem Treck der Flüchtlinge. Tote blieben am Straßenrand liegen, während Frauen unter freiem Himmel Kinder zur Welt brachten. Vorzugsweise nahmen die zwei Frauen mit ihren Töchtern Feldwege, auf den Straßen zu marschieren, schien ihnen zu gefährlich. Sie übernachteten in Heuschobern, bettelten bei Bauern, manche gaben etwas, andere ließen die Hunde von der Kette.

Hannelore lernte zu »organisieren«. »Ich habe sicherlich viele praktische Elemente meines zukünftigen Lebens in dieser Zeit gelernt. Von der verwöhnten Tochter war ich sehr schnell zu einem patenten Kind geworden, das in der Lage war, seine Mutter mitzuernähren. Ich kam sehr gut an, wenn ich gebettelt habe. Oder ich erinnere mich, daß ich drei oder vier Nächte in einem amerikanischen Casino bedient und ungeheuer viele Nahrungsmittel bekommen habe.«

Bis Leipzig müssen es ungefähr sechs Wochen gewesen sein, so genau läßt sich das nicht mehr rekonstruieren. Sie fanden den Vater, wie verabredet. Als zum 1. Juli 1945 die Amerikaner, überraschend für die völlig uninformierte Bevölkerung, aus Westsachsen und Thüringen abzogen, um der sowjetischen Besatzung Platz zu machen, schlug sich die Familie, glücklicherweise noch im

Besitz eines kleinen Autos, auf verschlungenen Wegen durch nach Westen. Sie wurden dabei von der Roten Armee überrollt, »mit vielen Dingen, die da zusammenkommen.« Bei Hof erreichten sie die amerikanische Zone. Der Vater sei sehr einfallsreich gewesen beim Beschaffen von Papieren. In Heidelberg, also kurz vorm pfälzischen Ziel, seien sie noch in eine Entlausung geraten, eine entwürdigende Prozedur, die man nicht vergesse. Eine letzte Grenze, die zur französischen Zone. Nach fast einem Dreivierteljahr Flucht, von Döbeln bis Mutterstadt, Ankunft vor dem Haus der Großeltern – aber das stand nicht mehr.

»Da habe ich zum erstenmal meinen Vater weinen sehen.«

Um das Thema Ostdeutschland vorerst abzuschließen: Durch die deutsche Presse (West) ging 1973 ein Foto der vierköpfigen Familie Kohl vor dem Leipziger Rathaus, dessen Uhr fünf vor zwölf zeigte. Frau Kohl wollte, wie fast jeder erwachsene Mensch, ihrer Familie die Orte ihrer Kindheit zeigen. Die erste Wiederbegegnung, sagt sie, der Anblick der grauen Häuserzeilen und der löcherigen Straßen, »hat mich doch geschmissen.« Dennoch: Kohls kamen wieder. Die Bindung der späteren Kanzler-Gattin an Leipzig, an Sachsen, an den Osten Deutschlands, die Besuche dort, die Begegnung mit DDR-Bürgern: Hat das alles eine Rolle dabei gespielt, daß Helmut Kohl 1989/90 die Frage der Wiedervereinigung so entschlossen anpackte, was zweifellos sein historisches Verdienst bleiben wird?

Seine Frau wiegelt ab: »Sagen wir, es ist mit Sicherheit nicht schädlich gewesen. Es hat ihn sicher in seinem Basisverhalten, das er sowieso hatte, befördert. Daß es ausschlaggebend war: nein.« Aber seine Frau hat ihm Ostdeutschland doch sicher emotional nähergebracht? »Ja«, bestätigt sie, »das war schon damit gegeben, daß er ein Flüchtlingsmädchen geheiratet hat, das da herkam. Und das war auch noch protestantisch.« War das schwierig? »Nein«. Sie lacht. »Schwierig nicht, aber anders wäre es vielleicht noch besser gewesen.«

Das Leben nach der Flucht gen Westen wurde einfacher, aber nicht einfach.

Der Vater war Mitte fünfzig und mußte sehen, wo er blieb. Er verdiente erstes Geld mit Bäumefällen. Die Familie wohnte zunächst in einer Waschküche und zog dann, wie so viele damals, x-mal um. Wie für Millionen Menschen der Kriegsgenerationen ist für sie die Erinnerung an ersten Luxus, »daß aus dem Hahn im Bad warmes Wasser kam.« Die Dreizehnjährige konnte – wie, weiß sie selbst nicht – zwei Schulklassen überspringen, so daß sie ihr Abitur schon mit achtzehn machen sollte. Der Vater wagte es, ein eigenes Ingenieurbüro zu eröffnen. Für eine Bürokraft reichten die Einnahmen vorerst nicht, also half die Tochter und lernte zu diesem Zweck Stenographie, Schreibmaschine, Buchhaltung. »In dieser Zeit«, sagt sie, »wuchs meine Neigung zu den exakten Wissenschaften wie Mathematik und Physik. Bauingenieur, Statiker, Architekt – das wären meine Träume gewesen.« Nach dem Abitur 1951 hätte sie gern ihre Lieblingsfächer studiert, aber wenig später starb plötzlich ihr Vater an einem Herzinfarkt. Unter diesen Umständen war an eine langwierige Ausbildung nicht zu denken. Allerdings, die Liebe zu jenen ihr verwehrten Fächern blieb: »Noch heute befasse ich mich damit wie andere Leute mit Kreuzworträtseln. Aber damals habe ich begonnen, Sprachen zu studieren, weil das schneller ging. Und heute ist das vielleicht sogar praktischer.« Jedenfalls macht die Frau des Kanzlers bei weltweiten Reisen immer wieder Eindruck mit ihren fließenden Sprachkenntnissen.

Ihren späteren Mann lernte Hannelore Renner kennen, als sie fünfzehn war: in der Tanzstunde. Wenn hier und da beschrieben wird, sie sei von seiner Länge (noch nicht von seiner Größe) beeindruckt gewesen, so bestreitet sie das; sie habe sein Maß nicht als ungewöhnlich empfunden. Auch die Tanzstunde, erinnert sie sich, habe unter bestimmten zeittypischen Umständen gelitten. Wer konnte, brachte ein Brikett oder ein Stück Holz für den Ofen mit. Ein Musiktitel verbindet sich für sie mit romantischer Erinnerung an die Tanzstunde: Glenn Millers »In the Mood«.

Helmut Kohl, rund drei Jahre älter als sie, hatte schon als sechzehnjähriger Oberschüler Ende 1946 in Ludwigshafen die Junge Union mitbegründet und war im Jahr darauf in die CDU eingetreten, um politisch zu arbeiten – Entscheidungen, die natürlich mit dem Erlebnis des Krieges und besonders mit dem Tod seines Bruders kurz vor Kriegsende zu tun hatten. Hatte die junge Hannelore zu jener Zeit überhaupt schon so etwas wie eine politische Meinung? »Nein«, sagt sie ohne Zögern, »ich war fünfzehn und hatte alles zu tun, um zu überleben. Da wirkte noch die Kriegs- und unmittelbare Nachkriegszeit nach, die zwei Jahre, in denen wir keine Wohnung hatten und ich kein eigenes Bett. Ich war stark unterernährt und bekam deswegen sogar die Stufe eins der Quäker-Speisung. Ich brauchte alle Kraft für mich und habe mich auch tunlichst herausgehalten aus allem Politischen. Dieses elementare Erleben bei Kriegsende hatte ein Gefühl der Ungerechtigkeit in mir aufgebracht. Man fühlte sich als Spielball. Und Politik hatte ja den Krieg zum Ergebnis gehabt. Das alles hat mich in dieser Zeit nur an die wichtigen Dinge des Lebens für mich selbst denken lassen. Das sage ich ganz ehrlich.«

Das politische Denken, sagt sie, habe erst begonnen, als sie Helmut Kohl schon einige Jahre kannte. Er hatte sich bei Kriegsende insofern in einer anderen Situation befunden, als er als Fünfzehnjähriger aus dem »Wehrertüchtigungslager« bei Berchtesgaden, nach abenteuerlichem Fußmarsch, in sein vertrautes Ludwigshafener Elternhaus zurückgekehrt war und nicht, wie seine spätere Frau, in eine ihr völlig fremde Umgebung und eine außerordentlich entbehrungsreiche Jugend.

Die Eltern Kohl, erinnert sie sich, hätten das protestantische Flüchtlingsmädchen sehr herzlich aufgenommen. Das Haus ihres damaligen Freundes sei ihr als ein Ort des Friedens in Erinnerung.

Nach dem Kennenlernen gingen die beiden erst einmal weiter ihre schulischen und beruflichen Wege. Helmut Kohl studierte nach dem Abitur Geschichte sowie Rechts- und Staatswissenschaften in Frankfurt und Heidelberg. Hannelore Renner am Spracheninstitut der Universität Mainz in Germersheim in der Pfalz Englisch und Französisch. Nach kurzem Studienaufenthalt in Paris, den sie sich als Au-pair-Mädchen verdiente, wurde sie schon mit zwanzig Jahren berufstätig: als Auslandskorrespondentin in der Badischen Anilin- & Soda-Fabrik in Ludwigshafen. Ihren Beruf übte sie aus, bis sie 1960 ihren ehemaligen Tanzstundenherrn heiratete. »Hauptberuflich« für Ehemann, Kinder und Haus dazusein, beteuert sie, habe ihrem Verständnis von Emanzipation nie im Wege gestanden. In ihrer Generation habe sich die Frage der Berufstätigkeit von verheirateten Frauen überhaupt nicht so gestellt wie heute. Keine aus ihrer Klasse habe nach der Hochzeit weitergearbeitet. »Es gab einfach keine Rezepte für Frauen mit Kindern.«

Als Politikerfrau chauffierte sie den Abgeordneten Kohl im eigenen VW-Käfer über Tausende von Wahlkampf-Kilometern durch Rheinland-Pfalz. Wäre es für sie denkbar gewesen, ein anderes Parteibuch zu besitzen als ihr Mann? »Nein.«

Hat sie seinerzeit damit gerechnet, Politikerfrau zu werden? Daß also Politik für ihren Mann nicht mehr nur ein Engagement neben seiner Arbeit bliebe, sondern alleiniger Beruf würde? »Nein«, sagt sie, »nein, nein. Und jetzt schließt sich vermutlich die Frage an, ab wann ich das begriffen habe, oder? Sie müssen ja sehen: Erst war er Stadtrat, dann Landtagsabgeordneter, Fraktionsvorsitzender. Da war er parallel ja noch im Chemieverband, das betrachtete ich als seine Hauptarbeit, da kam ja auch das Einkommen her. Und naiv, wie ich vielleicht bin, habe ich gedacht, das ist sein Standbein. Wie sich das dann zum Ministerpräsidenten entwickelte, habe ich schon gedacht: Hoppla!« Ihr Mann, fügt sie hinzu, habe mit der Kandidatur als Ministerpräsident den Schritt in die Politik als Lebensberuf ganz bewußt getan. Frage: Gab es überhaupt einmal eine Phase, in der man sich grundsätzlich hätte entscheiden können? Sie korrigiert: »Früher in der DDR hätte man gesagt: Genosse, die Frage ist falsch gestellt. Denn sie setzt ja voraus, daß man zu jedem Zeitpunkt alle Details der Belastung, der Verfolgung, der journalistischen Berührung, des Negativen wie natürlich auch des Positiven, vorher gekannt hätte. Wie hätte man denn reagieren können in Ihrem Sinne? Indem man an einem Tag X im mathematischen Sinn auf einer Achse im Nullpunkt gestanden hätte, also am Punkt des Beginns? Man kann doch nicht urteilen über Sachen, die man noch nicht weiß. Die Tragweite des damaligen Entschlusses habe ich jedenfalls nicht überschauen können.«

Als sich der Ministerpräsident immer mehr auf's bundespolitische Parkett begab, Parteivorsitzender wurde, Kanzlerkandidat, schließlich als Oppositionsführer nach Bonn ging, blies ihm ein heftiger Wind ins Gesicht. Herablassend, wie's stets die Art ist, die Behandlung durch die Regierenden, spöttisch bis hämisch die Kommentare der Presse, ohne Zahl die Kohl-Witze im Volk. Hat das wehgetan? Das sei ja kein ausschließliches Bonner Phänomen gewesen, sagt sie, das hätten sie schon in der Ludwigshafener und Mainzer Zeit erlebt. »Am Anfang muß man sich erst daran gewöhnen, bis einem klar wird, daß es ein Milieu gibt, das damit sein Geld verdient. Das sich damit auch selbst einen Namen machen muß – und will. Es wäre gelogen, zu behaupten, ich hätte gesagt: Das interessiert mich nicht. Aber es gibt zwei Möglichkeiten:

daran zu verzweifeln, oder zu sagen, so ist es eben. So what! Und diesen zweiten Weg bin ich gegangen.«

Seit 1982 sind Helmut und Hannelore Kohl im Kanzlerbungalow die Nachfolger von Helmut und Hannelore Schmidt. Die Abneigung zwischen den beiden Politikern hat jeder gespürt, der sie jemals im Fernsehen sich begegnen sah. Wie ist es mit den beiden Frauen? »Kaum Berührungspunkte«, antwortet sie ohne Zögern. »Ich habe sie vielleicht drei- oder viermal in meinem Leben getroffen. Wir begegnen uns freundlich, gehen uns nicht aus dem Weg. Da gibt es keine totale Sperre. Aber es ist ja auch eine andere Generation.«

Auf die Frage, ob ihr zu irgendeiner Zeit der Gedanke gekommen sei, selbst Politik zu machen, kommt die Antwort wie aus der Pistole geschossen: »Nein! Dafür bin ich nicht intelligent genug.« Der Frager müßte jetzt vehement widersprechen, aber er hat längst gemerkt, daß er sich mit fishing for compliments nur eine ironische Abfuhr einhandeln würde. Er weist also nüchtern darauf hin, wer so alles in der Politik mit welchen Fähigkeiten oder Unfähigkeiten sein Wesen oder Unwesen treibt. Sie fährt fort: »Was hätte ich denn dort gesollt? Machen Sie mir einen Vorschlag! Ich glaube nicht, daß ich auf diesem Gebiet fähig wäre.« Aber dann erinnert sie, als ob ihre Antwort sie nicht befriedigt habe, doch daran, daß sie, wenn sie in ihrer sozialen Arbeit unterwegs sei, einen immensen Zulauf von Menschen habe. Menschen jeglicher politischer Couleur im übrigen, von denen natürlich viele auch aus bloßer Neugierde kämen. Sie wolle gar nicht darüber reden, wer alles mit viel weniger Zulauf zufrieden sein müsse als sie.

Aber sie repräsentiert, auf Reisen und daheim, an der Seite ihres Mannes. Im Unterschied zu manchen Kanzlergattinen in der Geschichte dieser Republik tut sie das nicht nur pflichtgemäß, sondern auch gern. Besondere Aufmerksamkeit erregte, daß sie sich häufig um die Familien der in Deutschland stationierten amerikanischen Soldaten bemühte – ein Engagement, für das ihr Nancy Reagan 1987 den »USO-Award« verlieh, eine Auszeichnung der United Services Organisation, die zuvor nur Amerikaner erhalten hatten. In Erinnerung ist auch noch, daß die Frau des Kanzlers 1991 in Ramstein die Familien der Männer besuchte, die im Golfkrieg kämpften.

Mag sie eigentlich Bonn? »Ja. Bonn war für mich immer eine

beruhigende Stadt. Sehr einfach. Und viele Staatsoberhäupter und Regierungschefs, die hierher kamen, wunderten sich ja auch nicht schlecht. Das hat aber nichts mit provinziell zu tun. Es ist eine Mischung von bescheiden, klein und dem beginnenden Aufbau angepaßt.«

Frage: Ist irgendwann versucht worden, die Frau des Bundeskanzlers einzubeziehen in die Diskussion um den künftigen Regierungssitz des wiedervereinigten Deutschlands? »Nein, das hätte ich auch nicht zugelassen.« Aber sie fügt hinzu: »Ich bin gebürtige Berlinerin, was muß ich dazu noch sagen?«

Das Wesen eines Menschen erklärt sich zum guten Teil aus dem, was er mag: Bücher, Bilder, Musik. Heutzutage auch: Fernsehsendungen. Die aktuellsten Nachrichten kennt sie häufig schon vorher, ein Vorteil des Lebens im Kanzleramt. Interessant finde sie allerdings, an welchem Platz und auf welche Weise eine Nachricht gebracht werde. Zeitgeschichte im ZDF mit Guido Knopp erwähnt sie. Zur Minderheit der gelegentlichen ARTE-Zuschauer bekennt sie sich. Tiersendungen im Bayerischen Rundfunk fallen ihr ein. Sendungen über Wissenschaft. Die Sendungen mit Hajo Friedrichs damals über unsere wunderbare Welt, das habe sie ihm selbst noch sagen können. Natürlich gute Spielfilme und durchaus mal einen Krimi. (Der öffentlich-rechtliche Redakteur freut sich im Stillen über diese Aufzählung, enthält sie doch kaum Hervorbringungen jener kommerziellen Sender, deren Installation die heute in Bonn regierenden Parteien von Anfang an so vehement gefördert haben.)

Die Fußballergebnisse und -hintergründe müsse sie stets wissen. Nicht ihrem Mann zuliebe, der werde stets und prompt darüber informiert. Aber wenn sie selbst irgendwo öffentlich auftrete, in Dortmund oder in Leverkusen oder natürlich in Kaiserslautern, sei sie überwiegend mit Männern konfrontiert und könne mit ihren Kenntnissen verblüffen. »Ich könnte selbstverständlich auch ohne Fußball leben, aber der hat einen hohen Stellenwert, und ich wäre nicht die Frau eines Politikers, wenn ich das nicht sähe.«

Was sie liest, sagt sie, ist häufiger biographisch oder autobiographisch als belletristisch. Freilich auch Romane mit zeitgeschichtlichem Hintergrund. Und sie habe eine Vorliebe für »die dicken Russen, Tolstoj und die anderen«. Mit diesen Romanen sei sie groß geworden, die hätten im Bücherregal ihrer Eltern gestanden. »Amerikanische Autoren oder überhaupt Amerika haben in meiner Kinderzeit gar keine Rolle gespielt.« Im übrigen müsse sie sich als Frau eines Politikers natürlich über viele Sachthemen informieren. Früher, in Rheinland-Pfalz, um nur ein Beispiel zu nennen, über die Probleme der Rheinschiffahrt und Wasserwirtschaft. Oder heute über die europäischen Entwicklungen. »Wenn man mit auf Reisen geht, muß man sich vorher mit den Problemen des Landes befassen, insbesondere mit seinen Tabuthemen. Wenn man die Tabuthemen kennt, weiß man im Umkehrschluß das Richtige und Notwendige anzusprechen.« Auch an dieser Stelle kommt sie – von der Ausgangsfrage, welche Bücher sie möge – wieder auf ihre Arbeit im KURATORIUM ZNS: »Wenn ich auf diesem Gebiet nichts Neues mehr lerne, dann bin ich in einem halben Jahr so weit, daß ich auch nichts Neues mehr lernen kann.«

Weiter mit den Vorlieben: Malerei. Impressionisten, Pointillisten, die französische Malerei sei für sie wie die russische Literatur. Chagall nennt sie namentlich, Slevogt von den neueren deutschen Malern. »Bei Klee wird es schon schwierig. Ich muß mich an einem Bild erfreuen, ohne erklärende Maßnahmen.«

Musik: Chopin wurde viel gehört in ihrem Elternhaus, die Vorliebe für seine Musik ist geblieben. Auch Tschaikowskij, dessen Ballette sie als Kind im Leipziger Opernhaus am Augustusplatz besucht habe, ehe es zerstört wurde. Dort auch, als frühestes, »Peterchens Mondfahrt« und »Hänsel und Gretel«. Und an das alte, später zerstörte Gewandhaus erinnert sie sich, das erste Konzert, das sie als Mädchen miterlebte, unter der Leitung des langjährigen Gewandhauskapellmeisters Hermann Abendroth.

»Den Saft meines Lebens«, faßt sie diesen Teil des Gesprächs zusammen, »die Fülle dessen, was ich meine, heute noch zu haben, verdanke ich dieser Kindheit. Das brach neunzehnhundertdreiundvierzig ab. Von da an wurde gearbeitet. Aber die ersten zehn Jahre meines Lebens waren volle Jahre, ich zehre heute noch davon.«

Auch von der Disziplin, sagt sie, die ihre Eltern ihr beigebracht hätten. Sie möchte nicht falsch verstanden werden, aber mit der »antiautoritären« Erziehung habe sie sich zu keiner Zeit anfreunden können. Eine konservative Einstellung? »Nein, die ist sehr modern.« Erziehung, sagt sie, sei wie das Pflanzen eines jungen Baums. Der brauche anfangs eine Stütze, müsse an einen Pfahl angebunden werden. Aber je dicker der Stamm werde, desto lockerer müsse das Tau gebunden sein, bis man es eines Tages nicht mehr brauche.

An dieser Stelle müßte man auf die Söhne zu sprechen kommen, auf Walter Kohl und Peter Kohl. Helmut Kohl wird so zitiert: »Meine Frau und ich stehen in der Öffentlichkeit. Das ist okay. Aber meine Söhne haben damit nichts zu tun.« Zwei Möglichkeiten gibt es an diesem Punkt: zu recherchieren – oder die Auffassung der Eltern zu akzeptieren. Ersteres kostet nur wenig Arbeit, letzteres für den Journalisten eine gewisse Überwindung. Wählen wir trotzdem die zweite Möglichkeit.

Die deutsche Einheit: Es gibt keinen Zweifel, daß der 19. Dezember 1989 ein entscheidendes Datum war. Der Besuch von Helmut Kohl in Dresden, seine Ansprache vor der Ruine der Frauenkirche, die Reaktionen der DDR-Bürger. Die Erkenntnis, daß nicht eine Konföderation der beiden deutschen Staaten für Jahre der Weg sei, sondern die Wiedervereinigung schon im kommenden Jahr. Hannelore Kohl war nicht mit ihrem Mann in Dresden, aber sie weiß von ihm: »In dem Moment, als er aus dem Auto stieg, hat er es gewußt. Das ist eine Frage der Intuition. Ohne die wäre es ja überhaupt nicht so geworden mit seiner Berufslaufbahn. Auch bei einem Parteitag ist er in der Lage, sehr schnell die Grundstimmung zu erfassen, sensitiv, intuitiv, nicht nur rational. Ich glaube sogar, das ist seine größte Fähigkeit. Ich könnte das nicht.«

Niemand behauptet ernsthaft von sich, vor 1989 das nahe Ende der DDR und die baldige Vereinigung Deutschlands vorhergesagt zu haben. »Bestimmt nicht mehr zu meinen Lebzeiten«, sagt auch Hannelore Kohl. »Obwohl, als wir bei Kriegsende geflohen sind, haben wir gedacht: So in acht Wochen sind wir wieder da. Damals haben wir uns andersherum getäuscht.«

Was wurde richtig, was wurde falsch gemacht im Zuge der Vereinigung? Die Schnelligkeit, auch die rasche Umstellung der Währung sei richtig gewesen, das Gefühl: Jetzt geht's los! »Unterschätzt haben wir sicherlich die finanziellen Verpflichtungen, die ja durch den Zusammenbruch des Comecon noch weit größer wurden als ohnehin. Die Erkenntnis, daß man am Bedarf des Weltmarkts vorbeiproduziert hatte, war sicher fürchterlich für die Menschen. Man fühlte sich ja als das Schaufenster des Ostens und als Land mit dem siebthöchsten Bruttosozialprodukt. Dinge, die auch wir glaubten. Unterschätzt haben wir vielleicht auch den Stellenwert des Gefühls der Sicherheit, in der die DDR-Bürger sich wähnten, nach dem Motto: Von der Wiege bis zur Bahre wird alles gelenkt und flankiert.«

Eine Generation, glaubt sie wie viele andere auch, werde die vollständige Angleichung dauern. Freilich solle man aber nicht vergessen, daß es nicht nur zwischen Ost und West Unterschiede gebe, sondern z.B. auch zwischen dem Bayerischen Wald und dem Raum Stuttgart.

Letzte Frage beim Gespräch im Kanzlerbungalow: die Zeit »danach«. Sie wirft rasch ein: »Ich weiß ja nicht, wann die beginnen wird.« Das weiß in der Tat keiner, nicht mal die »Forschungsgruppe Wahlen« kann sich da hundertprozentig festlegen. Aber wann auch immer: Irgendwann wird sie beginnen. Gibt es etwas, das die Frau des Alt-Bundeskanzlers, der dann seine Bürde los sein wird, unbedingt noch tun möchte?

»Keiner von uns weiß«, wiederholt sie, »wie lange das noch dauern wird. Und wenn dieser Lebensabschnitt hinter uns liegt, werden wir so viel Phantasie haben, daß etwas Gutes folgen wird.«

Die Geschichte endet an dem Ort, an dem sie anfing, im Gewandhaus in Leipzig; aber das ist eher zufällig und soll nicht etwa den Eindruck erwecken, dort sei der Nabel der Welt oder auch nur der Mittelpunkt des Lebens von Hannelore Kohl. Es gibt eine Veranstaltungsreihe unter dem Namen »Leipziger Gespräche«, deren Tradition in die Zeit vor dem Herbst '89 zurückreicht. Frau Kohl hatte – nach Bedenkzeit – zugesagt. Sie könne sehr wohl vor jedem Publikum über ihre Angelegenheiten reden und auch über jene schweigen, die sie nicht für geeignet hielte, um sie vor der Öffentlichkeit auszubreiten. Aber sie wolle nicht in Anspruch genommen werden für etwas, worüber sie nicht zu bestimmen habe: die Politik der Bundesregierung. (Auch wenn sie diese bejahe.)

Sie war aus Berlin gekommen an diesem Tag. Dort hatte sie den im Bau befindlichen Fernbahntunnel vor dem Reichstag feierlich getauft. (Übrigens zwei Tage nachdem ihr Mann, fast in Rufweite der Baugrube, den Grundstein für das neue Kanzleramt gelegt hatte.) Durch vier Röhren sollen ab dem Jahr 2002 die Züge die

Mitte der Hauptstadt unterqueren, bis zu 25 Meter tief in der Erde. Eine Bergmannskapelle aus dem Erzgebirge umrahmt die Feier, die heilige Barbara in ihrem erleuchteten Schrein überwacht zuständigkeitshalber den Vorgang. Die Tradition der Bergleute schreibt vor, daß eine Frau so eine Taufe vornimmt. Dafür trägt der Tunnel dann für alle Zeiten den Namen der Patin, in diesem Fall wird er heißen: »Tunnel Hannelore I bis IV«.

Die Frage, bei der Veranstaltung abends in Leipzig: Empfinden Sie den Umbau ihrer Heimatstadt Berlin als ein begeisterndes Jahrhundertwerk oder als bedrückende Gigantomie? »Es ist notwendig«, stellt sie als erstes nüchtern fest. Aber dann noch: »Es ist eine Dynamik in dieser Stadt, die mich begeistert. Es gibt natürlich auch Zauderer, aber für mich ist das Fortschritt. Baustellen sind für mich Leben. Wo sich nichts tut, ist Friedhofsruhe.«

Natürlich muß, vor einheimischem Publikum, zumindest ein wenig auch über Leipzig geredet werden. Zum Beispiel über diese Erinnerung: »Als ich nach neunundachtzig wieder hierher kam, im Volkskammer-Wahlkampf im März neunzig, hatte ich regelrecht weiche Knie. Zum ersten Mal landeten wir mit einer Lufthansa-Maschine in der DDR. Das war unglaublich. Früher hatten wir uns mit dem Auto sozusagen über die Grenze geschlichen und waren beschattet worden.«

Sie erzählt eine Episode aus dieser Zeit: »Wir fragten uns ja immer, wie viele Leute uns eigentlich beschatteten. Das war schwer festzustellen, weil sich die Wagen immer abwechselten. Da schlug ich vor, einmal plötzlich verkehrt herum in eine Einbahnstraße einzubiegen. Und siehe da: Vier Wagen fuhren hinter uns her!« Das Leipziger Publikum lacht mit unüberhörbarer Schadenfreude. Aber Frau Kohl erzählt auch eine DDR-Episode zum Nachdenken: Eine Angestellte des Hotels »Stadt Leipzig« (es stand gegenüber dem Hauptbahnhof) trug ein Schildchen mit ihrem – sehr seltenen – Familiennamen, einem Namen, der Frau Kohl an ihre hiesige Kindheit erinnerte. »Die Frau schaute mich an, ich schaute sie an, und ich fragte: Sind Sie nicht...? Da legte sie den Finger an die Lippen und zog mich rasch in eine Besenkammer. Sie umarmte mich und begann zu weinen: Ich bin die Schwägerin Ihres ehemaligen Hausmeisters. Sie hatte extra die Schicht übernommen, um mich heimlich abzupassen. Wir waren doch persona non gratissima. Das war ein unglaublicher Moment für mich.«

Sie erzählt von den ungezählten Päckchen, die nach »drüben« gingen, mit Tapetenkleister oder Nägeln oder Armaturen, mit falschem Absender natürlich.

Das Gefühl geht durch den Saal: Man versteht sie.

Eine politische Frage: Wird die Rolle Michail Gorbatschows bei der deutschen Vereinigung nicht heute zu wenig gewürdigt? Bei den Nachwachsenden, sagt sie, bestehe sehr wohl diese Gefahr. Sie erinnert an die berühmte Szene in Bonn, als das Ehepaar Gorbatschow zu Besuch im Kanzleramt war: »Es gibt da eine Mauer zum Rhein hin, und da saßen die beiden Herren abends, allein mit ihrem Dolmetscher, und mein Mann sagte zu Gorbatschow: Wenn man versuchen würde, den Rhein aufzuhalten, zu stauen, so ginge das eine Weile. Aber das Wasser würde seinen Weg finden. Es wird durchbrechen, es kommt zum Meer, auch wenn es Jahre dauert oder sogar Generationen. Genauso ist es mit der Wiedervereinigung. Ich bin sicher«, fährt sie fort, »daß an diesem Abend die beiden Männer sich klar wurden, daß es der Moment des Zugreifens war.«

Dann aber »ihr« Thema, ihre Initiative. Es begann also, wie wir schon wissen, mit der Schirmherrschaft über die Klinik in Vallendar, die sich seit ihrer Gründung vor allem um die Hirnverletzten der beiden Weltkriege gekümmert hatte, Soldaten wie Zivilisten. Aber damals, Anfang der 60er Jahre, hatte in der alten Bundesrepublik der Boom des Straßenverkehrs begonnen mit Tausenden hirnverletzter Opfer. Und nach der deutschen Vereinigung eine neue Welle schwerer Unfälle, nämlich im Osten: zu schnelle Autos mit Fahrern, die bisher unter den Augen der Volkspolizei penibel Hundert gefahren waren, auf viel zu schlechten Straßen. Die Folge: sechzig Prozent mehr schwere Unfälle. Selbst wenn sich dies allmählich »normalisiert«: Immer wird es schwerste Schäden nach Unfällen geben. Die Aufgabe von Kuratorium und Stiftung wird sich nie erledigt haben.

Im Saal herrscht gespannte Stille, manchmal von Beifall unterbrochen. Die Gäste spüren, daß sich da jemand mit Ernst und Engagement einer wichtigen Sache verschrieben hat.

Eine Frau im Publikum fragt, und es klingt ein wenig vorwurfsvoll, ob Frau Kohl mit dieser Arbeit auch hätte erfolgreich sein können, ohne die Frau von Helmut Kohl zu sein. »Für mich stellt sich die Frage so«, antwortet sie: »Hätte ich es dann überhaupt getan? Natürlich nicht. Ich hätte nicht die Möglichkeit gehabt, an die Leute heranzukommen, und ich hätte nicht die Aufmerksamkeit der Presse gehabt. Aber glauben Sie mir: Es ist trotzdem ein hartes Brot. Es sind mir nicht alle Leute wohlgewogen. Eine ganze Menge warten darauf, daß ich eine Bauchlandung mache. Ich habe nicht nur Freunde, mein Mann polarisiert ja. Aber auf der anderen Seite finde ich mit seinem Namen auch offene Türen.«

Und dann fragt noch jemand, wie das mit dem Transrapid sei. Die Frau des Kanzlers hatte gesagt, sie sei nicht begabt, um Politikerin zu werden. Jetzt hält sie ein dreiminütiges Kurzplädoyer für die internationalen Chancen der Transrapid-Technologie, ein Plädoyer, dem man zwar nicht zustimmen muß, das aber der Bundesverkehrsminister auch nicht viel besser hätte halten können.

Frage des Moderators: Warum glauben Sie eigentlich nicht, Politikerin werden zu können? Dieses Statement habe doch Hand und Fuß gehabt.

»Ja, und?« fragt sie zurück. »Muß man denn deswegen Politiker werden?«

Nach dem Ende der Veranstaltung bekennen einige Gäste: So hatten wir uns Frau Kohl gar nicht vorgestellt.

Marianne von Weizsäcker

Von Sabine Gräfin von Nayhauß

Berlin-Dahlem, ruhige Villengegend, die Straßen gesäumt von Akazien, ein kleines italienisches Lokal um die Ecke. Der dunkelgrüne Gartenzaun wird verdeckt von Rhododendronbüschen. Das Haus ist zartgelb angestrichen, schneeweiß lackiert die Fensterrahmen. Die Ecken der Villa sind mit Überwachungskameras versehen.

Nach dem Klingeln guckt, bevor die Tür geöffnet wird, ein Sicherheitsbeamter aus dem Fenster. Dann steht Marianne von Weizsäcker in der Tür, zart geschminkt, begrüßt den Gast. Sie trägt ein leuchtend blaues Cashmere Twinset, grauen Faltenrock, mehrreihig geschlungene Süßwasserperlenkette.

In der weißgestrichenen Diele linker Hand ein Faxgerät, an den Wänden moderne Kunst. Der großzügige Wohnraum führt auf der einen Seite auf die Terrasse und in den Garten, auf der anderen Seite ins Eßzimmer. Rote Vorhänge auf Messingstangen, ein rot gemustertes Sofa, zwei kleine Couchtische, mehrere Sessel, ein Schreibtischschrank und eine alte Kommode.

»Möchten Sie Tee oder Kaffee?« fragt sie den Besucher, um dann selbst das Teewasser aufzusetzen.

»Haben Sie Hilfe im Haushalt?«

»Nicht genug.«

Sie gießt den Tee in zarte chinesische Tassen und bietet Plätzchen an.

Man sieht ein Sofa in beigem Samt (»das stammt noch von meiner Schwiegermutter«), chinesische blaue Porzellanlampen. Moderne Bilder gemischt mit alten: ein Bild des Malers und Bildhauers Herbert Hajek mit einem Stich von Jean-Antoine Watteau (»L'embarquement pour Cythère«). Ein Entwurf von Georg Meistermann für ein Kirchenfenster, das den Heiligen Benedikt zeigt, und eine Plastik des Weizsäcker-Sohnes Andreas. Auf dem Parkett alte Teppiche. An einer Wand schwingt dekorativ ein Affe aus Meißner Porzellan. »Den haben mein Mann und ich auf einem unserer Streifzüge durch Antiquitätenläden gefunden.«

Marianne von Weizsäcker sieht jünger aus, als sie ist. Die Frische des Teints, die strahlend blauen Augen, vorteilhaft durch die Farbe des Twinsets unterstrichen, die kurzen blonden Haare natürlich gelegt, vermitteln zeitlose Schönheit.

Angenehm überrascht den Besucher, daß nicht – wie so oft bei pensionierten Politikern und Botschaftern – unzählige Silberrahmen mit persönlich gewidmeten Fotos von den Großen dieser

Welt auf Kommoden und in Regalen stehen. Ein einziges Foto in einem von der zehnjährigen Enkelin Viktoria in pink und orange bemalten Rahmen ist zu sehen, das den Ex-Bundespräsidenten in einem Talar aus ebenso pinkfarbener Seide zeigt, bei der Verleihung der Doktorwürde in Cambridge. »Mein Mann sagt immer, ich solle das Foto wegnehmen, aber ich möchte doch meiner Enkelin zeigen, wie schön wir ihr Geschenk finden.« Reiseerinnerungen sieht man einige, zum Beispiel ein Bild mit drei kleinen goldenen Masken aus Peru. Auf die Frage, ob sie die Weitläufigkeit des Schlosses Bellevue nicht vermisse, entgegnet sie ohne Zögern: »Nein, wir fühlen uns hier richtig wohl.«

Das Eßzimmer ist englisch möbliert und hat weiße Regale, in denen außer alten und neuen Büchern auch diverse Schachspiele stehen, die Richard von Weizsäcker sammelt. Eines ist von Jerusalems Ex-Bürgermeister Teddy Kollek. Das andere hat Sohn Robert gesägt. Jenes ist von einem Jesuitenorden aus Argentinien, und eines von Michail Gorbatschow. Außerdem steht da eine große Vitrine mit schönsten antiken Porzellanfiguren.

Die Terrasse ist mit Terracottakübeln geschmückt, in denen bunte Stiefmütterchen wachsen, und mit einer Mauer zum Nachbargrundstück begrenzt, an der eine Maske hängt: »Von einer Reise nach Kamerun mitgebracht.« Der sehr gepflegte, parkähnliche Garten wird, was die Blumenrabatten angeht, von Marianne von Weizsäcker selbst bearbeitet. Gartenarbeit ist ihr großes Hobby. »Aber nicht das Beschneiden von Bäumen und Sträuchern und auch nicht das Rasenmähen. Da habe ich Hilfe.«

Der Garten hat neben Akazien und Birken Rhododendronhekken, ist relativ groß und zu den Nachbarn hin zugewachsen. Nur die oberen Stockwerke der angrenzenden Villen sind zu sehen. »In diesem Haus wohnte vorher ein amerikanischer Offizier, es war sehr gepflegt.«

Marianne von Weizsäcker wuchs sehr behütet auf. Dem »Stern« vertraute sie einmal in einem Interview ihre ersten Kindheitserinnerungen an. Es war der 17. Mai 1935 und Marianne von Kretschmanns dritter Geburtstag in einer Etagenwohnung in Essen. Ein Tag, der sich durch schlaflose Vorfreude angekündigt hatte.

»Man hatte mir gesagt, daß ich etwas Lebendiges zum Geburtstag bekommen würde. Ich zitterte vor Freude und öffnete hastig jedes Paket: da waren wohl Buntstifte und Bilderbücher, aber nichts Lebendes. Ich weiß nicht einmal genau, was ich erwartet hatte: einen Hamster? Einen Hund? Katze, Meerschweinchen oder Papagei? Die Erwachsenen sahen mein langes Gesicht, strahlten mich gleichwohl an und erklärten: Ein Geschwisterchen hätte ich bekommen, exakt an meinem dritten Geburtstag, die kleine Karin! Es sei jedoch in einer Klinik abgegeben worden und nicht in einem Karton mit Schleife. Als das Baby nach Hause gebracht wurde, gehörte es den Erwachsenen und war zum Spielen nicht geeignet. An dieser Enttäuschung hatte ich lange zu knabbern.«

Die nächste lebhafte Erinnerung: Marianne wird eingeschult. Und zwar in die Essener Graf-Spee-Schule. »Plötzlich stand ich einer nie gesehenen Fülle von Kindern gegenüber. Man hatte mich nie in einen Kindergarten gegeben. Ich war es gewöhnt, an Mutters Hand und in der ausschließlichen Gesellschaft meiner kleinen Schwester zu leben. Und jetzt das! Ich schrie wie am Spieß!«

Die ersten Schuljahre und die ersten Kriegsjahre sind für Marianne von Weizsäcker ineinander verschmolzen. »Als der Krieg begann, mußte ich mit meiner kleinen Schwester im Keller schlafen, damit wir bei Fliegeralarm und Luftangriffen nicht mehrmals nachts aufzustehen hatten. Vor den Souterrain-Fenstern lagen Sandsäcke gegen Bombensplitter und Druckwellen. Wir hatten da unten immer voll angezogen im Bett zu liegen, bereit für eine Flucht in den nächsten Bunker. Uns war in diesem gruseligen Keller oft langweilig. Das Beste war die knarrende Treppe, die das Nahen der Erwachsenen ankündigte. So konnten wir viele Nachtstunden ungestört spielen – und zwar Bombenangriff! Es lagen da nämlich scharenweise Kellerasseln herum, die wir mit kleinen Steinchen zu bombardieren versuchten. Es gelang oft, aber sie überlebten immer. Mit unseren Augen betrachtet, war der Krieg zunächst beinahe nur ein Straßenspiel, besser als Völkerball und Häuschen-Hüpfen.«

Nach dem ersten Bombenangriff auf Essen, in der Nacht zu Mariannes achtem Geburtstag, waren die Straßen übersät mit Splittern. Als der Tag anbrach, war in der ganzen Stadt ein neues Kinderspiel en vogue: Bombensplitter sammeln und tauschen. »Es ging nach Größe und Schönheit. Und eines Morgens auf dem Schulweg juchzten wir Kinder vor Vergnügen, weil über Nacht lauter seltsame Flämmchen aufgetaucht waren, die auf den Stra-

ßen entlang krochen. Da sprang man drüber um die Wette. Wir hatten keine Ahnung, daß das die Überbleibsel der in der Nacht abgeworfenen Phosphorbomben waren!«

Das Kriegsende erlebte Marianne im bayerischen Oberstdorf. »Wir gehörten zu der Altersgruppe, die aus dem Ruhrgebiet dorthin verschickt worden war, als die Luftangriffe zu häufig wurden. Meine Mutter, schwanger, war mit evakuiert worden. Meine jüngste Schwester Asta ist darum dort geboren.«

Ein Erlebnis hat sie nie vergessen: Gegen Kriegsende marschierten französische Truppen ein, und zwar Marokkaner. »Für uns Kinder war das wahnsinnig aufregend, hatten wir doch noch nie Menschen mit einer anderen Hautfarbe gesehen. Sie waren sehr freundlich zu uns. Das erste, was sie machten: sie schlachteten alle Hühner, auch die der Bäuerin, bei der wir unter dem Dach wohnten. Wir waren mehrere Familien – mit insgesamt acht Kindern. Die Marokkaner kochten und aßen die Hühner und kippten die Brühe einfach weg. Für unsere Mütter unvorstellbar, man hätte doch tagelang davon essen können. Aber für uns Kinder ein Spaß: hatten wir doch mitten im Sommer tagelang eine Schlitterbahn aus Fett im Hof.«

Marianne von Weizsäckers Familie stammt aus Potsdam. Ihr Vater hatte es nicht leicht, denn als er 14 Jahre alt war und der Erste Weltkrieg seine mörderische Ernte hielt, fiel auch sein Vater. Da es noch einen kleinen Bruder gab, überlegte er nach Abschluß der Schule, wo er Geld verdienen könne. Das ging damals am besten im Ruhrgebiet. Also zog er dorthin und wurde Industriekaufmann. Dort lernte er auch Asta kennen, Mariannes Mutter. Nach dem zweiten Krieg mußte er, um Frau und drei Kinder zu ernähren, im Bergbau unter Tage arbeiten. Dort verdiente man besser, und vor allem bekam man Lebensmittelkarten mit größeren Zuteilungen.

»Damals habe ich mich damit nicht so beschäftigt, aber später habe ich es doch sehr bewundert. Wir hatten eben mehr Essensmarken, und darauf kam es in diesen Nachkriegsjahren in erster Linie an.« Nach dem Krieg war die Familie zu den Großeltern mütterlicherseits gezogen, in ein Haus in Essen-Bredeney.

Im Garten, wo früher Rasen angelegt war, wurde nun Gemüse angebaut, und es liefen Hühner herum. Aus den Gardinen der großelterlichen Fenster wurden Röcke für Marianne und ihre Schwestern genäht. Alles war in jenen Nachkriegsjahren knapp.

Marianne besuchte das Bredeneyer Gymnasium. Sie ging gern zur Schule. Ihre Lieblingsfächer waren Deutsch, Kunstgeschichte, Mathematik.

Mit 15 ging sie zur Tanzstunde, so wie es damals üblich war: abwechselnd machten die Elternpaare ihre Wohnungen leer, und ein Tanzlehrer kam. Musik gab es aus dem Grammophon einer Freundin, bei der so ein Apparat den Bombenkrieg überlebt hatte.

Wichtig und in Erinnerung geblieben: ihre erste Reise ins Ausland, nach Schweden, zu Freunden der Familie. »Dort gab es keine zerstörten Städte, keine Stromsperre und genug zu essen.«

1950 nahm ein Onkel die inzwischen 18jährige Marianne zu

einer Hubertusjagd bei Kettwig mit. Es wurde ein schicksalhaftes Ereignis! Dort traf sie ihren späteren Mann Richard Freiherr von Weizsäcker, der bereits Rechtsreferendar und Angestellter der Rechts- und Personalabteilung der Consolidation Bergbau-AG in Gelsenkirchen war.

Zwölf Jahre Altersunterschied trennen die beiden. Entscheidende Jahre! In ihrem Elternhaus wurde alles Politische von den Kindern ferngehalten. Richard von Weizsäcker hingegen war, wie fast alle jungen Männer seiner Generation, als Soldat im Krieg gewesen, zuletzt als Hauptmann und dekorierter Frontsoldat. Sein Bruder war in Rußland gefallen. Der Vater, Ernst Heinrich Freiherr von Weizsäcker, zunächst Marineoffizier, dann Berufssoldat, war während der NS-Zeit Botschafter und Staatssekretär im Auswärtigen Amt. Nach dem Krieg wurde ihm der Prozeß gemacht. Sohn Richard trat in Nürnberg als Hilfsverteidiger auf.

Zur Hubertusjagd war Richard ebenfalls mit einem Onkel gekommen, und bei einem romantischen Lagerfeuer zum Abschluß geschah die erste Begegnung mit Marianne. »Mein Mann behauptet, er hätte mich entdeckt. Ich hätte ihn gar nicht wahrgenommen. Ich ging damals noch zur Schule.«

Am 10. Oktober 1953 heiratete sie den 33jährigen Richard von Weizsäcker. »Mein Mann kann sich heute noch darüber amüsieren, daß er bei meinen Eltern richtig um meine Hand anhalten mußte. Mir sagte er damals nur: ›So, jetzt wirst du mich nicht mehr los.‹ Das war seine Liebeserklärung .«

Die standesamtliche Trauung fand in Hamburg-Blankenese statt, kirchlich wurde in der Bredeneyer Kirche in Essen geheiratet. »Ich war eine klassische Braut in Weiß. Geschenkt haben wir uns nichts, wir haben uns selbst geschenkt.« Die Hochzeitsreise ging nach Rom.

Das Leben zu zweit begann in Düsseldorf, wo Richard von Weizsäcker inzwischen bei der Mannesmann AG tätig war. Die Weizsäckers bekamen in Abständen von jeweils zwei Jahren vier Kinder: Robert, geboren 1954, heute Professor für Wirtschaft und Finanzen, ehemaliger Bundesliga-Schachspieler, verheiratet, drei Töchter. Andreas, Jahrgang 1956, Bildhauer, verheiratet mit einer Bildhauerin. Tochter Marianne, Jahrgang 1958, wurde Volljuristin, ist jetzt Journalistin beim Berliner »Tagesspiegel«. Als viertes Kind wurde Fritz geboren, heute Mediziner, ebenfalls verheiratet.

Während ihr Mann seiner beruflichen Karriere nachging, kümmerte sich Marianne von Weizsäcker ausschließlich um die Familie. Zunächst in Essen und Düsseldorf, später in Ingelheim am Rhein und Bonn, wo Richard von Weizsäcker 1963–67 als persönlich haftender Gesellschafter bei der Chemiefirma C.H. Boehringer arbeitete. Daß alle vier Kinder akademische Abschlüsse besitzen und im Berufsleben erfolgreich sind, ist zum großen Teil der Erziehung durch die Mutter zu verdanken. Mit viel Liebe, nicht abreißenden Gesprächen und mit einer gewissen Strenge schaffte sie es, daß die Kinder wohl gerieten.

Als sie älter waren, wurde ihre Mutter im sozialen Bereich ehrenamtlich tätig. Während der ersten Bonner Zeit – ihr Mann, ein Jahr nach der Hochzeit CDU-Mitglied geworden, war 1969 erstmals über die rheinland-pfälzische Landesliste in den Bundestag gewählt – betätigte sie sich als »Grüne Dame«, also als ehrenamtliche Helferin des Johanniterordens, im Evangelischen Kinderkrankenhaus in St.Augustin. Sie wurde Mitglied des Presbyteriums der Evangelischen Friedensgemeinde. Außerdem ist sie seit 1973 Mitglied des Auswahlausschusses der Studienstiftung des Deutschen Volkes, einer Organisation, die Begabte auswählt und deren Studium finanziell fördert. Seit 1979 sitzt sie im Kuratorium dieser Stiftung.

1981 schied ihr Mann aus dem Bundestag aus, um bis 1984 das Amt des Regierenden Bürgermeisters von Berlin zu übernehmen. Wenn Frau von Weizsäcker heute auf die Zeit in Berlin zurückblickt, so waren dies die ersten Jahre ihrer Ehe, in denen sie mit ihrem Mann eine gemeinsame Aufgabe zu erfüllen hatte. »Wir haben uns immer in dieser Stadt und bei ihren aufgeschlossenen Menschen wohlgefühlt, nie den Kontakt abreißen lassen, auch nicht, als wir nach der Wahl meines Mannes zum Bundespräsidenten zurück nach Bonn zogen.«

Richard von Weizsäcker reiste 1983 als erster Westberliner Bürgermeister in die DDR, sprach bei anderer Gelegenheit als Ratsmitglied der Evangelischen Kirche in Deutschland in der Wittenberger Schloßkirche. Viele repräsentative Aufgaben kamen hinzu, so daß Marianne von Weizsäcker, als ihr Mann am 1. Juli 1984 Staatsoberhaupt wurde, mit vielem vertraut war. Dennoch bekannte sie: »Ich glaube, man kann sich auf ein solches Amt vorher kaum vorbereiten. Man kann sich nur bemühen, die Anforderungen zu erfüllen und ihnen gerecht zu werden. Allerdings, der Verlust des Privaten schreckte mich sehr.«

Marianne und Richard von Weizsäcker in der brasilianischen Hauptstadt Brasilia 1987.

Zehn Jahre lang war sie die »First Lady« der Republik.
Beim Amtsantritt ihres Mannes übernahm sie traditionsgemäß von ihren Vorgängerinnen den Vorsitz des Deutschen Müttergenesungswerkes und wurde Schirmherrin des Deutschen UNICEF-Komitees, das sich für Kinder in Entwicklungsländern einsetzt.

Das alles war ihr aber nicht genug. »Ich dachte darüber nach, welche Fragen und Probleme unsere Zeit in besonderer Weise betreffen und alle Bürger unseres Landes etwas angehen. Es war mir wichtig, Selbsthilfe zu unterstützen, also die Haltung von Menschen, die nicht Hilfe von außen erwarten, vom Staat, sondern sich selber den Aufgaben stellen. So habe ich im Februar 1985 die Schirmherrschaft des Bundesverbandes der Elternkreise drogengefährdeter und drogenabhängiger Jugendlicher übernommen.« Diese ehrenamtliche Tätigkeit ist ihr nach Ende der Amtszeit ihres Mannes geblieben.

»Das hat sich alles sehr gut entwickelt und steht auf sicheren Beinen. Es gibt ein Büro in Hamm in Westfalen, mit einem Vorstand, zwei Mitarbeiterinnen, einer Sekretärin. Die Sitzungen finden immer an einem anderen Ort statt. Ich nehme daran immer teil. Natürlich kommen noch viele Anfragen an mich persönlich, die ich teilweise beantworte oder auch nach Hamm weiterleite.«

Auch bei ihren zahlreichen Staatsbesuchen im Ausland lag ihr daran, sich in anderen Ländern über die dortige Drogensituation zu informieren. Beim sogenannten »Damenprogramm« hatten diese Termine immer Vorrang. Mit Königin Sofia von Spanien tauschte sie ebenso Erfahrungen aus wie mit Nancy Reagan, die bei ihrem Besuch 1985 in Deutschland überraschend einen Scheck über 5000 Dollar aus ihrer Handtasche zog: amerikanische Elternguppen drogengefährderter und drogenabhängiger Jugendlicher hatten für ihre deutschen Leidensgefährten diese Summe gesammelt.

Mit ihrem frischen Wesen, ihrem natürlichen Charme und den berühmten blauen Augen gewann Marianne von Weizsäcker auf Auslandsreisen die Sympathien ihrer Gastgeber. Man konnte überdies beobachten, wie sie während der zehnjährigen Amtszeit ihres Mannes an Sicherheit gewann. Zu Beginn fiel es ihr noch schwer, im Ausland kleine Reden zu halten. Zum Beispiel in Argentinien, wo sie im Deutschen Krankenhaus einen Scheck übergab, aber nur ein paar leise erklärende Worte sagte, obwohl das Krankenhauspersonal eine kleine Rede erwartete. Darauf angesprochen, ob sie eine Hemmschwelle überwinden müsste, entgegnete sie fast schon trotzig: »Ich bin nicht bereit, mich in irgendwelche Vorstellungen reinpressen zu lassen. Ich hatte bereits vorher gesagt, ich rede nicht!« Als bestünde noch ein Rest von Unklarheit, wiederholte sie schroff: »Ich rede nicht! Wenn ich

Marianne und Richard von Weizsäcker im November 1987 als Gastgeber von Prinz Charles und Prinzessin Diana in der Godesberger Redoute.

etwas sagen möchte, tue ich das. Ansonsten hat mein Mann die Aufgabe zu reden.«

Später war das kein Thema mehr. Auf einer Staatsreise nach Mali wurde der Bundespräsident krank. Wie selbstverständlich begrüßte seine Frau bei einem Empfang für die deutsche Gemeinde die Gäste mit einer Rede. Bei einem Diner für den chilenischen Staatspräsidenten im Schloß Bellevue 1991 verblüffte sie die Eingeladenen damit, daß sie das erzählende Gedicht »La Araucanta«, das sich mit der Entstehungsgeschichte Chiles befaßt, in Spanisch vortrug. Kaum einer der Anwesenden wußte, daß sie seit einem Jahr Privatunterricht in dieser Sprache genommen hatte.

Besonderen Wert legte sie auf den Besuch berühmter Museen im Ausland. Hier spürte man jedesmal, wie intensiv sie sich auf eine Reise vorbereitete. Ihre Anmerkungen und Fragen zeugten von genauem Studium der Länder, ihrer Kultur, ihrer Geschichte, und überraschten die Gastgeber. Als einer Mutter von vier Kindern machten ihr im Ausland auch immer die Besuche von Schulen Freude. Gelöst konnte sie sich mit den Kleinen unterhalten, traf den richtigen Ton. Ihre guten Englisch- und Französischkenntnisse halfen dabei.

Bei vielen Staatsreisen hörte man Richard und Marianne von Weizsäcker sagen: »Hier wollen wir später im Ruhestand noch einmal in Muße herkommen.« Das haben sie inzwischen schon bei einigen Reisezielen wahrgemacht. China, Hongkong, Polen besuchten sie als Pensionäre.

1995 waren sie für drei Wochen in Japan. »Da begingen die Japaner den 50. Jahrestag des Kriegsendes und hatten meinen Mann eingeladen. Es war rasend heiß, bis zu 40 Grad, und sehr anstrengend, denn die Japaner wissen ihren Gast zu nutzen: eine Konferenz, ein Vortrag, ein Interview nach dem anderen. Aber es war hochinteressant. Wir haben den Vorteil, daß wir überall immer noch von den großen Persönlichkeiten des Landes empfangen werden und interessante Menschen treffen.«

Seinerzeit darauf angesprochen, ob sie die Strapazen einer zweiten Amtszeit fürchte, antwortete sie: »Ich bin nicht so erzogen worden, daß ich in einer Frage von solchem Rang sagen würde, ich habe keine Lust mehr.« Andererseits gab sie zu, wie schwer ihr am Anfang der jährliche Auftritt im Fernsehen für das Müttergenesungswerk fiel. »Es ist mir noch immer unangenehm. Aber wenn es der Sache dient, tue ich es. Ich bereite einen Fernsehauftritt gedanklich sorgfältig vor, will mein Anliegen ohne Manuskript vorbringen. Da passiert es dann schon mal, daß ich Müttergenesungsheim statt Müttergenesungswerk sage.«

Aus kleinen Pannen lernt sie: »Als wir das erste Mal nach Amtsantritt meines Mannes die Bayreuther Festspiele besuchten, hatte ich im Hotel gerade mein graues langes Kleid angezogen und wartete auf Richard, der noch nicht fertig war. Beim Versuch, noch einmal in den Spiegel zu schauen, stieß ich eine Vase um, war vom Knie an abwärts pitschnaß. In der nächsten Sekunde traf mich ein Gedanke wie ein Blitz: Du hast ja kein Ersatzkleid mit! Mein Mann, der inzwischen ins Zimmer gekommen war, sagte nur: »Geh raus auf den Balkon!« Es war nämlich ein brüllendheißer Tag, und die Hoffnung bestand, daß ich bis zur Abfahrt noch trocknen würde. Seitdem reiste sie nie ohne Ersatzkleid.

Der Heidelberger Fotograf Helmut R. Schulze, der zwei Bildbände über die Weizsäckers veröffentlicht und sie so oft begleitet hat wie kein anderer Fotograf: »Sie ist ein geländegängiges Mädchen.« Zum Beispiel im Urlaub auf der Insel Amrum, wo Joggen und Schwimmen zum Freizeitprogramm gehören. Sie lernt Spanisch im Strandkorb, ihr Mann sitzt mit hochgekrempelten Hosen und Joggingschuhen, die sonst immer perfekt gekämmten Haare vom Seewind zerzaust.

Oder sie machen Urlaub in den Bergen, im Isarwinkel bei Bad Tölz, wo sie ein Haus besitzen. Beide auf großer Bergtour: er im karierten Baumwollhemd, sie in gestreifter Baumwollbluse, beide in Walliser Bundhosen. Er chauffiert den Privatwagen zum Karwendeltal. Ziel: die 2100 Meter hohe Schafreite, dazwischen 1150 steinige Höhenmeter. Oben, zu Fuß angekommen, geht der Blick bis zum Großglockner und zum Großvenediger, zur Zugspitze und zum Walchensee. Dann wird auf der Tölzer Hütte Brotzeit gemacht. Für sie Kaiserschmarrn und Pfefferminztee, Kartoffelsuppe und Limonade für ihn. Beim Abstieg eilt der sportliche Ehemann voraus. Sie legt einen langsameren Gang ein, kommt aber nur zwölf Minuten nach ihm im Tal an.

In dieser Ehe gibt es wie in jeder anderen kleine Plänkeleien. Zum Beispiel: Die First Lady sitzt mit zwei Journalisten auf der Terrasse der Villa Hammerschmidt. Plötzlich erscheint der Bundespräsident: »Macht nicht zu lange, meine Frau und ich haben noch etwas vor«.

Sie: »Je eher du gehst, desto früher sind wir fertig. Du stiehlst uns nur die Zeit.«

Während er weggeht, ruft sie mit spitzbübischem Gesicht hinterher: »Außerdem ist dein Schlips zu kurz und das Jackett in den Schultern zu eng!«

Sie hat es nicht immer leicht mit ihm (und er wahrscheinlich nicht immer mit ihr). Staatsbesuch 1989 in Marokko. »Richard«, rief sie, er hörte nicht. Sie noch einmal, bestimmter: »Richard! Nun komm doch mal. Du mußt das unbedingt sehen!« Sie hatte einen besonders schönen Ausblick entdeckt, wollte das Erlebnis mit ihm teilen. Aber Richard, in ein interessantes Gespräch vertieft, dachte gar nicht daran. »Schau schon mal für uns beide.«

Dennoch bekannte er einmal: »Ohne meine Frau macht mir nichts Spaß. Obwohl die Frau des Bundespräsidenten in der Verfassung gar nicht erwähnt ist, hat sie doch zahlreiche Verpflichtungen. Sie wirkt weniger spektakulär, dafür aber entsagungsreicher und ganz gewiß genauso verantwortungsvoll, hilfsbereit gegenüber allen, die ihre Hoffnungen zuletzt auf sie setzen, weil ihnen sonst niemand im Lande zu helfen wußte. Ich schulde meiner Frau tiefen Dank, den ich gar nicht genug abtragen kann.«

Sie findet: »Er ist eine reiche Persönlichkeit, einfach ein reicher Mensch. Die Basis für diesen Reichtum ist seine Offenheit für Menschen, für Situationen, für neue Erfahrungen. Er geht mit großer Zuneigung auf Menschen zu, interessiert sich wirklich für sie. In seiner Amtszeit habe ich immer wieder bewundert, wenn er nach einem langen Tag mit vollen Terminen heimkam und ich dachte, er müßte nun am Ende seiner Kraft sein, daß er statt dessen begeistert erzählte von seinen Begegnungen. Das ist immer so.«

Wenige Male wurde sie wegen ihrer »zu braven« Kleider kritisiert. Aber das hat sie nie berührt, sie blieb ihrem Stil treu: Hemdblusenkleider aus gemusterten Seidenstoffen, oft in ihrer Lieblingsfarbe Blau, meist hochgeschlossene Abendkleider. Fast die gesamte Garderobe aus den Zeiten als Frau des Regierenden Bürgermeisters von Berlin und als First Lady stammte vom Bonner Prominentenschneider Manfred Friedsam. »Sie wußte immer genau, was sie wollte«, sagt er. Die beiden verband ein absolutes Vertrauensverhältnis, und noch heute, nachdem Friedsam längst im Ruhestand ist, ruft sie ihn aus Berlin an oder besucht ihn und seine Familie, wenn sie im Rheinland ist.

Ihr großes Hobby war und ist Filmen und Fotografieren. »Ja, das mache ich mit großer Leidenschaft. Ich benütze eine Leica, die hat mir Helmut Schulze empfohlen. Und nun ist er manchmal eifersüchtig auf die Fotos, die ich mache. Dabei hat er einen ganz anderen Einstieg als ich. Fotos, die ich gar nicht gut finde, die findet er optimal, und solche, die ich für besonders gelungen halte, lehnt er ab.«

In Bonn ist sie nach wie vor gern. »Man kennt so viele Menschen, wir haben Verwandte dort, und die richtigen Geschäfte weiß man auch.«

Ist es nicht ein merkwürdiges Gefühl, nicht mehr in der Villa Hammerschmidt zu residieren? »Nein, wenn ich nach Bonn komme, wohne ich bei meiner Schwester ganz in der Nähe und genieße das sehr.«

Das Wiedereintauchen in die Normalität scheint ihr gelungen zu sein. »Ich komme gut zurecht, obwohl ja früher alles anders war. Ein großer Stab stand mir zur Seite, in Bonn wie in Berlin. Heute ist dafür alles frei und locker, wie man eben lebt. Ich finde das wunderbar. Jetzt gehe ich auch wieder selbst einkaufen. Das fiel während der Amtszeit weg, bis auf die Ferien. Jetzt gibt mir das ein Gefühl von Freiheit. Durch die gute Amtsführung meines Mannes in der Vergangenheit sind auch alle Leute freundlich zu mir. Diese Ernte der Freundlichkeit, die ist wirklich schön. Auch allein wieder Auto zu fahren, ist schön. Ich bin immer gern gefahren. Daß ich nicht gern koche, wie des öfteren in der Presse zu lesen war, stimmt nicht. Aber wir sind schon vor der Amtszeit immer gern und oft essen gegangen, vorzugsweise italienisch oder chinesisch.«

Früher waren Marianne von Weizsäcker und ihr Mann glanzvoller Mittelpunkt großer Staatsempfänge, verkehrten wie selbstverständlich mit Königen und Präsidenten. Allein die Festlichkeiten anläßlich seines 70. Geburtstages im April 1990! In Bonn gab es für 300 Gäste einen Empfang, ein Benefizkonzert auf Einladung des WDR in der Kölner Philharmonie. Auf dem anschließenden Empfang wurde Frau von Weizsäcker für ihre Stiftung ein Spendenscheck über 162000 Mark übergeben.

Und dann, 1994, der mit Glanz und Gloria begangene Abschied nach zehnjähriger Amtszeit! Ein Abendessen für die Spitzen des Staates im Berliner Schloß Bellevue – mit Kanzler, Bundestagspräsidentin und den Ministerpräsidenten der 16 Bundesländer. In Bonn, im Park der Villa Hammerschmidt, der Große Zapfenstreich der Bundeswehr.

Und heute? »Heute haben wir zu Hause nicht mehr diese offiziellen Einladungen. Es kommen unsere Berliner Freunde und natürlich sehr viel Verwandtschaft. Unsere Tochter lebt in Berlin, die Kinder meiner beiden Schwestern auch, die Enkelkinder meines Bruders. Das ist immer lustig und vergnüglich. Die jungen Leute haben andere Themen, das ist zwar nicht immer einfach, aber doch sehr interessant.«

Und wie ist es, wenn sie und ihr Mann heute im Schloß Bellevue beim jetzigen Bundespräsidenten zu Gast sind? »Am Anfang war das ganz komisch. Da fühlte ich mich immer noch irgendwie verantwortlich. Jetzt ist das vorbei, und mein Mann und ich freuen uns einfach, wenn wir dort eingeladen sind.«

Christiane Herzog

Von Maria von Welser

Sie nimmt dich ein für sich, packt dich mit ihren dunklen, offenen Augen und läßt trotz alledem dem anderen, dem Gegenüber Raum und Eigenständigkeit: Ein Glücksfall ist sie, diese Christiane Herzog. Für die Republik, für ihren Mann, den Bundespräsidenten, und für alle Muko-Kinder dieses Landes. Muko – das ist ihre ganz persönliche Abkürzung für Mukoviszidose, eine noch unheilbare Stoffwechselkrankheit. Wie kaum eine andere zuvor scheint sie ihr ganzes Leben auf eine solche Aufgabe an der Seite des höchsten Mannes im Staate ausgerichtet zu haben.

Wie von unsichtbarer Hand gelenkt, passierte Christiane Herzog vom Elternhaus bis hin zum Schloß Bellevue in Berlin ausschließlich Stationen, die sie genau darauf vorbereiteten, die ihr – innerlich und äußerlich – genau das nötige Rüstzeug verliehen.

Erinnern wir uns: Die Stimmung im Lande war nicht unbedingt für Roman Herzog, als ihn der Bundeskanzler zum Bundespräsidentschaftskandidaten machte. Schließlich lag ja auch noch Johannes Rau, der sozialdemokratische Ministerpräsident, im Rennen, Hildegard Hamm-Brücher von der FDP und Jens Reich. Irgendwie konnte auch keiner diesen Roman Herzog richtig einschätzen, wiewohl er als Präsident des Bundesverfassungsgerichtes, vorher als Kultus- und als Innenminister in Baden-Württemberg, auch schon kein Blatt vor den Mund genommen hatte. Dann also der 23. Mai 1994. Christiane Herzog erinnert sich: »Wir waren morgens zuerst in der Kirche. Auf den Stufen hinauf trafen wir das Ehepaar Rau. Gemeinsam sind wir in die Kirche gegangen. Danach, auf dem Weg zum Reichstag, haben wir uns beide eigentlich völlig relaxed gesagt: Jetzt lassen wir alles auf uns zukommen. Vorher haben wir uns ja schon lange hin und her überlegt, ob mein Mann diese Kandidatur annehmen sollte oder nicht. Denn es gab ja eigentlich keinen Grund dafür, sie anzunehmen. Mein Mann hätte seine Jahre in Karlsruhe fertig gemacht, wollte dann für ein halbes Jahr nach Rom gehen und nochmal ein bisserl Ruhe haben. Aber dann haben wir uns beide gesagt: Gut, wenn einem das höchste Amt im Staate angetragen wird, und wenn auch nur als Kandidatur, dann hat man eigentlich die verdammte Pflicht und Schuldigkeit, auch dazu zu stehen und sich dieser Wahl zu stellen. Ganz egal, wie es ausgeht. Und das hat mein Mann dann auch getan. Und ich habe ihn unterstützt. So waren die drei Wahlgänge für uns gar nicht weiter aufregend. Ich saß da oben auf der Empore und habe mir dieses Geschehen

einfach angeschaut. Und zwischen dem zweiten und dritten Wahlgang sind mein Mann und ich im Tiergarten spazieren gegangen. Dann war es halt gelaufen.«

Wenn sie so erzählt, unglaublich aufrecht sitzend in ihrem klassizistischen Stuhl, dann klingt das auch alles ganz einfach. Nahezu normal. Ihre Körpersprache ist offen, der Kopf mit dem inzwischen unverkennbaren kurzen weißen Schopf bewegt sich natürlich zu den Menschen hin. Unbegreiflich, wie ihr einst, ganz zu Beginn, Unsicherheit und Überforderung in der neuen Rolle attestiert werden konnten. Sie trinkt gerne Tee, schenkt selbst ihrem Gast ein, auch ihrer Referentin, die sich gerade noch eine Notiz gemacht hat. Von wegen »harmlose Bayerin«, »personifizierte Schirmherrin mit Perlenkette und Kapotthut« und was man ihr noch so alles angehängt hat. Ob beim großen Sommerfest in

Berlin oder bei Festspielen von Salzburg und Bayreuth, bei Staatsbesuchen oder schlichteren Pressekonferenzen: Christiane Herzog zeigt stets Gelassenheit und Klasse. Inzwischen haben das auch die anfänglichen Kritiker verstanden.

»Sie wissen vorher nie, was dieses Amt alles für Sie bereit hat. Sie können sich eigentlich nur so ein Modell zurechtbauen und in der Beobachtung der Vergangenheit sagen: Das wird von dir erwartet. Das kommt hundertprozentig auf dich zu. Während der Karlsruher Jahre konnte ich wirklich mein eigenes Leben führen, was bedeutet hat, daß ich sehr viel Mukoviszidose-Arbeit gemacht habe. Als mein Mann dann gewählt war, kamen als erstes die Mitarbeiter des Präsidialamtes und haben mir gesagt, was sie eigentlich alles von mir erwarteten und was die Pflichten der Hausfrau sind. Okay, naja, okay, gut so. Und es hat sich etwas gedeckt mit dem, was auch meine Verpflichtungen waren, als mein Mann Bevollmächtigter des Landes Rheinland-Pfalz in Bonn gewesen ist. Also auch diplomatische Verpflichtungen, die Vorbereitung von Empfängen, Abendessen. Und ich habe gesagt: Das hat dir damals Spaß gemacht, warum soll's mir jetzt keinen Spaß machen? Aber das sagt Ihnen vorher ja niemand. Denn kommt dieses Amt nicht auf Ihren Mann zu, dann würde jeder mit Recht sagen: Naja, aber die hat sich ja vorher schon soweit reingehängt. Offensichtlich wäre sie's doch gern geworden. Und jetzt ist sie's nicht geworden. Also halten Sie vorher den Mund, lassen die Dinge auf sich zukommen und sagen sich: Würde ich das meistern können? Oder nicht? Und da habe ich für mich entschieden, ich könnte es. Und siehe da: Ich kann's auch.«

Die ausgebildete Hauswirtschaftslehrerin macht auf den ersten Blick nicht sehr viel anderes als ihre sechs Vorgängerinnen an der Seite der Bundespräsidenten. Vielleicht Dr. Veronika Carstens als Ärztin ausgenommen. Christiane Herzog repräsentiert mit Charme und Selbstbewußtsein, übernimmt soziale Aufgaben, präsidiert dem Müttergenesungswerk ihrer Vorgängerin Elly Heuss-Knapp, bringt ihr Amt ein, wenn es um Menschen und deren Not geht. Was sie unterscheidet, ist nur das Wie: Kaum eine wirkte dabei so unbefangen und professionell zugleich. Und: Noch nie schien die Stimmung, zunächst in der Villa Hammerschmidt und später im Berliner Schloß Bellevue, so gut unter den Mitarbeitern. Darauf angesprochen, reagiert die First Lady – den Begriff gebraucht sie nicht, sagt sie – keineswegs peinlich berührt. Ganz klar analysiert sie: »Mein Mann und ich haben eine offene und, glaube ich, auch sehr faire Art, mit Menschen umzugehen. Allerdings immer mit der nötigen Luftpolsterung dazwischen. Weil ich finde, nichts ist schlimmer, als wenn man sich ganz vereinnahmen läßt und andererseits auch Menschen gegenüber nicht eine gewisse Distanz wahrt.«

Menschenführung hat sie im Elternhaus mitbekommen. Vom Vater, dem evangelischen Pfarrer, der mit Beginn des Zweiten Weltkrieges der Bekennenden Kirche angehörte. Als Militärpfarrer betreute er »seine Soldaten« der 7. Bayerischen Division erst an der französischen Front und später auf dem fatalen Rußlandfeldzug. Eine positive Lebenshaltung und Selbstdiziplin gibt Christiane Herzog an, wenn sie ihren Vater mit warmen, liebevollen Worten beschreibt. In eine große Geborgenheit sei sie hineingeboren worden. Ihre Kindheit habe sie – trotz brennender Städte – als heile Welt erlebt. So findet sie es richtig, wenn der Vater forderte: Ohne Abitur und abgeschlossene Berufsausbildung wird nicht geheiratet. Wen sie heiraten würde – das war ihr und Roman Herzog schon als Teenagern klar, wenngleich sich die beiden jungen Leute am Anfang gegenseitig »furchtbar arrogant« fanden. Aber wie das Leben so spielt: die Hochnäsigkeit der beiden führte zu gegenseitigen Sticheleien, als Symptom für das beginnende Interesse füreinander. Auf einer Party kamen sie sich näher. Vermutlich bekam Christiane Herzog damals, mit 17 Jahren, den ersten Kuß. Heute sagt sie: »Wahrscheinlich – aber ich habe nicht Buch geführt.« Es begann eine tiefe Freundschaft, ja Liebe, gefestigt von der Geburt der kleinen Ulrike, eines Nachkömmlings im Hause des Pfarrers: Weil die Mutter danach sehr lange krank war, gingen schon ganz früh Roman und Christiane wie selbstverständlich täglich mit der Kleinen nachmittags spazieren. Unbeteiligte sprechen noch heute von »dem jungen Paar mit Kind«.

Verlobung, die große Hochzeit zwei Jahre später – es schienen logische Stationen. Christianes Vater traute die beiden. Das junge Paar zog nach München, ein Jahr später kam der erste Sohn Markus zur Welt – Christiane Herzog gab ihre Stelle als Hauswirtschaftslehrerin in einer Sonderschule auf und widmet sich von nun an dem, was ihr die meiste Freude machte: der eigenen Hauswirtschaft. Dennoch betont sie: »Ich habe mir all die Jahre eigentlich immer so ein gewisses Eigenleben erhalten, weil ich finde: Nichts ist schlimmer, als wenn man sich auch von der Familie so ganz vereinnahmen läßt. Man muß irgendwo seine eigenen Interessen wahren. Und es hat sich als richtig erwiesen, hat auch meinen Söhnen sehr gut getan und hat dann, je älter ich wurde, zu immer wieder neuen Aufgaben geführt. Bis zum heutigen Tag, wo ich neben der Mukoviszidose und neben der Schirmherrschaft über das Müttergenesungswerk und UNICEF Deutschland auch Pflichten hier im Präsidialamt habe. Es erfordert enorm viel Disziplin. Aber es macht mir auch enorm großen Spaß«.

Zugegeben, das klingt nicht nach sehr viel Eigenleben. Aber auf Nachfragen kommt dann doch diese ganz eigenständige, selbstbewußte Frau heraus, die auch schon zu Zeiten, als die Kinder sehr klein waren, einen sogenannten Weiberurlaub durchgesetzt hat. Da wanderte sie mit Freundinnen auf den Spuren der Droste-Hülshoff, fuhr nach Venedig, wohnte schön, was sie betont, aß gut.

Womit es sich jetzt nicht mehr vermeiden läßt, vom Kochen und von Kochbüchern zu erzählen. Sie müßte endlich, so ihr Mann Roman vor Jahren, ein Kochbuch über Kartoffeln schreiben, denn mit der Kartoffel werde in Deutschland ja so stiefmütterlich umgegangen. Was aber noch lange nicht bedeutet, daß der Bundespräsident gerne Kartoffeln äße. »Um so frappierender, daß ausgerechnet von ihm diese Idee kam«, wundert sich Christiane Herzog noch heute. Jedenfalls entschied sie sich damals erst mal dagegen. Weil es denn schon so viele Kochbücher gebe. Nur für die beiden Söhne, für Markus und für Hans-Georg, sammelte sie alle eigenen Rezepte. Wie es ordentliche Mütter tun: in zwei Heften, für jeden handschriftlich eine identische Ausgabe. Die Überschrift: »Was uns schmeckt und was den Kindern erhalten bleiben soll«. Jahre später erst machte ihr der Karikaturist Dieter Hanitzsch mit einem überzeugenden Argument klar, daß sie unbedingt doch ein richtiges Kochbuch schreiben solle: »Ihre Mukoviszidose-Kinder brauchen doch Geld. Und ein Kochbuch bringt Geld.« Er servierte zusätzlich den Verleger, und im Handumdrehen waren 140000 Bücher verkauft. Vier Mark von jedem, ihr gesamtes Honorar, gingen an die Christiane-Herzog-Stiftung für Mukoviszidosekranke – 800000 Mark. Dazu die Honorare aus einer ARD-Kochserie mit erstaunlichen 15 bis 17 Prozent Marktanteil, Sonntagmittag um halb drei. Damit hat sie ihren Mann,

Mitbringsel für Muko-Kinder in Almaty in Kasachstan – lebenswichtige Medikamente für ein halbes Jahr.

den Bundespräsidenten, mit seiner inzwischen berühmten Rede im Hotel Adlon, ausgestrahlt im Phoenix-Kanal, weit abgeschlagen …

Womit wir aber bei dem Thema Mukoviszidose sind. Seit zehn Jahren engagiert sich Christiane Herzog für diese schwere Erbkrankheit. 8000 Menschen in Deutschland leiden von Kindheit an daran. Bei ihnen produzieren die Drüsen ein Sekret, das die Lunge verklebt. Muko-Kinder müssen ständig betreut werden, das Sekret mit einer mühevollen Methode gelöst und abgehustet werden, sonst ersticken die Kinder qualvoll. Auf allen großen Reisen ihres Mannes trennen sich die Wege, und Christiane Herzog landet unweigerlich in einer Kinderklinik, im Gepäck Medikamente, Spritzen und das Versprechen, auch in Zukunft zu helfen. Das war so in Kasachstan, in Usbekistan oder Georgien, in Brasilien und in Österreich. Dieses Engagement beansprucht siebzig Prozent ihrer Zeit. Nicht ihrer Kraft: Die scheint unerschöpflich.

Als in den Vereinigten Staaten Bill Clinton auf Wahlkampfreise ein Mammutprogramm absolvierte, sahen die Wähler immer zwei: seine Frau Hillary und ihn. Nach der Devise: Wenn sie mich wählen, dann bekommen sie zwei, quasi im Doppelpack. Ist das bei Herzogs auch so? »Sicher«, räumt sie ein, »man wählt einen Präsidenten und bekommt ein Ehepaar.« Aber sie würde sich nie in Themenbereiche ihres Mannes einklinken. Wobei an anderer Stelle des Gespräches ganz deutlich wird, daß Roman Herzog an erster Stelle mit seiner Frau alle Fragen seines Amtes, seiner Themen, ja seines Lebens bespricht und abstimmt. Ganz abgesehen davon, daß sie alle seine Reden aufmerksam liest, bevor er sie hält. Politisch immer auf dem aktuellsten Stand, beginnt sie ihren Tag, so erzählt Christiane Herzog, am Morgen um sechs Uhr mit »Tagesschau« oder »heute«. Wobei sie genau weiß, daß sich weder ihr Mann noch sie zu aktuellen politischen Themen zu äußern haben. Das hält sie auch für eine gute Regel: eben nicht in das politische Tagesgeschäft artikulierend einzugreifen. Dennoch erklärt sie, nicht ohne Schalk in den Augen:

»Mein Mann ist ja auch Universitätsprofessor. Und ein Universitätsprofessor kann sich immer äußern.«

Angesprochen auf die vielen internationalen Begegnungen, erinnert sie sich sofort an Danielle Mitterand, bewundert sie und ihren unabhängigen politischen Weg auch nach dem Tod ihres Mannes François. Ja, und den Dalai Lama würde sie gerne mal kennenlernen. Während des China-Besuches habe sie schließlich auch bemerkt, wie die Atmosphäre und die Gespräche desto freimütiger wurden, je weiter weg sie von Peking kamen. Immer offener hätten die Gouverneure und die der Präsidentenfrau zugeordneten Ehrenbegleiterinnen über das wirkliche Leben in China gesprochen. (Das Wort »Aufpasserinnen« käme Christiane Herzog nie über die Lippen, denn höflich bleibt sie immer, in allen Lebenslagen. Ihre ganz einfache Erklärung: »Ich mag die Menschen«.)

Nicht vergessen wird sie drei Frauen: Die eine ist die Ehefrau des usbekischen Staatspräsidenten, die zweite die des georgischen Staatsoberhauptes und die dritte die Ehefrau des brasilianischen Staatsoberhauptes. »Alle drei haben gemeinsam, daß sie sich sehr eigenständig, vielleicht sogar eigenwillig um die sozialen Belange ihrer Länder kümmern. Die Frau des brasilianischen Staatspräsidenten ist ja Soziologin und untermauert ihre soziale Tätigkeit im Norden des Landes durch ein eigens dafür installiertes Programm an der Universität.«

Englisch spricht sie fließend, diese Christiane Herzog, Verständigung ist also kein Problem. Außerdem ist sie ein Kommunikationsgenie. Kaum einer, der nicht ins Reden kommt, wenn sie sich ihm aufmerksam zuwendet. So muß es auch beim Staatsbesuch in Usbekistan gewesen sein. Christiane Herzog erfuhr vom Dorfhelferprogramm der usbekischen First Lady. Familienplanung, nach Möglichkeit ohne Abtreibung. Und man hört heraus, daß Christiane Herzog vehement gegen Abtreibung ist. Wobei ihr – im Gegensatz zu manch anderen, auch männlichen Abtreibungsgegnern – klar ist, daß als erstes etwas für die Kinder getan werden muß.

»Das geht auch über die Ernährung. Und da versuche ich, der usbekischen Präsidentenfrau zu helfen. Zum Beispiel, daß die Früchte, die in Usbekistan wachsen, besser vermarktet werden können und nicht mehr verderben. Daß sie in Kindernahrungsmittel verarbeitet werden können.«

Von Frau Schewardnadse erzählt sie, daß sie sich intensiv um die Straßenkinder in Georgien kümmere. In einem Land, in dem die Zahl der Lungentuberkulosefälle im Kindesalter ständig zunimmt. Obwohl das Klima eigentlich sehr gut sei. So verschickt Frau Schewardnadse gefährdete Kinder auf das Land und versucht umgekehrt, mit gesunden Landprodukten die Ernährung der Kinder in den Städten zu verbessern. Was ihr, Christiane Herzog, an diesen drei Frauen besonders imponiert: »Jede hat ihren eigenen Weg gesucht und gefunden, wie sie produktiv und nützlich die Arbeit ihres Mannes unterstützen kann.« Was sie für sich auch reklamiert.

Wirklich tiefgreifende Krisen scheint es in diesem ihrem Menschenleben nie gegeben zu haben. Ein Leben, das sie einfach nur als glücklich bezeichnet. Mit dieser Ehe, den beiden Söhnen, inzwischen zwei Enkelkindern. So teilt sie es auch gerne, dieses Glück.

Als ganz vernarrte Großmutter räumt sie ein, daß Kinder aus ihrer Sicht stärker durch Veranlagung als durch Erziehung geprägt werden. Fördern könne man Kinder, sagt Christiane Herzog, in der Richtung, in der die Veranlagung vorhanden sei. Es sei besonders faszinierend für sie gewesen, ihre Kinder und auch die Enkel zu beobachten: Wie sie sich trotz ähnlicher Erziehung so ganz unterschiedlich entwickelt hätten. Ihr Jüngster sei mit einem Schraubenzieher in der Hosentasche zur Welt gekommen, während der große Bruder von klein auf ein naturwissenschaftlich interessiertes und orientiertes Kind gewesen sei.

Beide mußten ganz brav alle Umzüge der Eltern mitmachen. Denn die Familie – da waren Christiane und Roman Herzog immer einig – gehört zusammen, egal, wohin es den Vater verschlägt. Berlin – Speyer – Bonn – Stuttgart – Karlsruhe – Bonn und wieder Berlin: Das waren die bisherigen Stationen. Auch heftigste Proteste vor dem Umzug nach Bonn halfen den Söhnen damals nichts. Die väterliche Aussage stand wie ein Fels: noch zu jung, um alleine das Leben zu bestehen. Und keine weitere Diskussion. Das war die Grenze der Freiheitsbestrebungen der Söhne, die heute noch – so ist jedenfalls in einer Biographie ihres Vaters nachzulesen – die Zeit in Bonn als besonders schlimm erinnern. Die Mutter dagegen spricht von ihren acht Umzügen im Dienste von Staat und Politik, wie man im allgemeinen von Umzügen zu sprechen pflegt: Sie und ihr Mann seien es gewöhnt. Zwei Zahnbürsten und zwei Kleiderschränke, zwei Waschmaschinen und zwei Wäschetrockner: alles eine Frage der Organisation.

»Ich brauche in Bonn Kleider, wenn Botschafter kommen und ausländische Gäste. Das gleiche noch einmal in Berlin. Aber ich will nicht immer mit Kleidersack und Koffer hin- und herfahren. Also gibt es die Sachen einfach doppelt. Ich bin ein Rock-, Blusen-, Kostümmensch und werde nie ein totaler Kleidermensch. Als wir hier im Schloß Bellevue renoviert haben, dazu fällt mir eine hübsche Geschichte ein: Hinter einer Rigipswand entdeckten wir eine weitere Schrankwand und darin einen 1 Meter 20 breiten und fast zwei Meter hohen Safe. Der Safe für Wilhemine Lübkes Pelze. Man stelle sich vor: Die Versicherung hat damals zur Auflage gemacht, daß die Pelze gesichert aufbewahrt werden mußten. Und offensichtlich hat sie sehr viele Pelze besessen. Im Gegensatz zu mir. Aber die Zeiten haben sich ja auch geändert. Auf diese Art und Weise haben wir sechzig Zentimeter Raumtiefe gewonnen…«

Apropos Bauen und Einrichten: Ganz Hausherrin, läßt sich Christiane Herzog nichts aus der Hand nehmen. Sie sucht das richtige klassizistische Parkett heraus, die Vorhänge, neue Betten und fehlende Möbel. Schmunzelnd fällt bei der Aufzählung ihr Blick auf einen schönen Schreibsekretär: »Der kam durch eine Schenkung ins Schloß. Sein Pendant steht draußen im Schinkel-Saal. Eine alte Berlinerin hat ihn besessen, und als sie ins Alters-

Bundespräsident Herzog und seine Frau begrüßen den spanischen König Juan Carlos und Königin Sofia auf der Treppe von Schloß Bellevue.

heim ging, wollte sie so gerne, daß diese Schränke nicht irgendwohin nach Deutschland kommen, sondern daß sie in Berlin bleiben. Weil sie eben Ur-Berlinerin ist. Also hat sie die beiden Schreibsekretäre dem Schloß Bellevue geschenkt, mit der strengen Auflage: Sie dürfen dieses Haus nie verlassen. Ich finde das so rührend von dieser alten Dame, und die beiden Möbelstücke werden von uns allen hoch geehrt.«

Als der Architekt plante, das neue Präsidialamt beim Schloß Bellevue schwarz zu verkleiden, warfen die beiden Herzogs ihr Wort in die Waagschale. Sie wollten um Gottes Willen nicht als die Bauherren des »Mausoleums Herzog« in die Geschichte eingehen. Also kein schwarzer Stein, sondern klassisch-dunkelgraue Außenfassaden.

Wenn fertig umgebaut ist, kommt auch wieder Christiane Herzogs Mutter zu Besuch nach Berlin. 86 Jahre alt und ein »ganz wacher, munterer Mensch«. Der Mittelpunkt der Familie, mit der die Tochter eine sehr, sehr enge Beziehung pflegt, wegen der vielen Verpflichtungen zur Zeit überwiegend per Telefon. Aber das täglich. »Uri« wird sie von allen genannt, und die »Relaisstation« sei sie nach wie vor.

Über die Familie spricht sie sichtlich gerne, diese Christiane Herzog. Da bewegen sich auch die Hände, die Augen blitzen, und viel Humor schwingt mit, wenn sie sich an die Zeiten mit Mutter und Vater erinnert. Befragt nach einem Moment, in dem die Familie noch enger zusammenwuchs, fällt ihr dabei spontan ein bitterer Unfall ihres damals zwölf Jahre alten großen Sohnes ein. Während des Urlaubs ist es passiert: »... und kein Mensch weiß bis heute, wie. Auf jeden Fall hat er einen Schutzengel gehabt, so daß bei einem Sturz aus einer Seilbahn nur beide Beine gebrochen waren. Obwohl er zwölf Meter heruntergesegelt ist.«

Später erzählte der Sohn der Mutter, daß er geträumt habe, er fliege. Christiane Herzog tippte eher auf einen Kreislaufkollaps. Sie blieb drei Wochen bei ihm in Brixen im Krankenhaus. Der Mann und Vater mußte, wie immer in beider Leben, zurück zum Dienst. »Ich war eben eine alleinerziehende Mutter – mit einem Vater im Rücken.» Und sie hatte alles im Griff. So sehr, daß in der Herzog-Biographie nachzulesen ist, wie der jüngere Sohn nach einer väterlichen Stippvisite im Kinderzimmer seine Mutter fragt: «Hat der mir überhaupt was zu sagen?«

So normal wie irgend möglich wollte sie immer leben. Mit einem großen eigenständigen Bereich. Heute hat Christiane Herzog den Chauffeur und auch den Bodyguard ganz selbstverständlich in ihr Leben eingegliedert. Ratterte sie einst noch selbst 30000 Kilometer im Jahr für die Mukoviszidose-Stiftung durch das Land, um bei Charity-Veranstaltungen persönlich Spendengelder loszueisen, kann sie sich heute im Fond zurücklehnen. Wobei sie genau diesen Luxus nutzt, um noch mehr Geld zu sammeln. In großen Firmen oder bei Sonderkonzerten, bei Tagungen und Ehrungen: Christiane Herzog im nimmermüden Einsatz. Wohl auch wissend, daß ihre Zeit des Spendensammelns begrenzt ist. Begrenzt auf die eine einzige Amtsperiode, die Roman Herzog bereit ist zu absolvieren. Daß er die Schlaganfallhäufigkeit in seiner eigenen Familie als Grund nannte, mag seine Frau so gar nicht: Privates gehört ihrer eisernen Überzeugung nach nicht in die Öffentlichkeit. Da ist sie stockkonservativ.

Wenn Roman Herzog nun nicht Bundespräsident geworden wäre – ja, dann wäre Christiane Herzog nach erfolgreicher Erziehungstätigkeit an den beiden Söhnen wieder in ihren alten Beruf als Hauswirtschaftslehrerin zurückgegangen. Ein klein wenig davon kann sie aber jetzt vor den deutschen Fernsehkameras einbringen: Kochen mit Christiane Herzog, dazu in den noblen Räumen des Berliner Schlosses Bellevue. Zwei Wochen lang agiert sie nach einem minutiösen Drehplan täglich für zwei Folgen mit ganz unterschiedlichen Gästen, Hauptsache prominent. Daß die First Lady aber nicht nur kochen kann, sondern auch noch einen ganz hintergründigen Humor besitzt, scheint sogar Thomas Gottschalk nicht bei ihr vermutet zu haben. Jedenfalls greift er weder das von Christiane Herzog extra für ihn ausgewählte Gericht »Maultaschen« verbal auf, noch läßt er sie oder den Co-Koch Michael Schumacher zu Wort kommen. Bis die Küchenchefin, ganz Lehrerin, handfest eingreift: »Nun lassen S' den Herrn Schumacher doch auch amal ausreden! Der kann sich körperlich abreagieren – so was fehlt Ihnen«. Zu sehen und zu hören in besagter Kochserie, für die sie auch am liebsten selbst einkaufen geht, am Samstagmorgen in der Berliner Markthalle. Lachend erzählt sie vom Geraune um sie herum: »Ist sie's oder ist sie's nicht?« Es macht ihr überhaupt nichts aus, wenn sie die Menschen ansprechen. Sie empfindet dann eine große Woge von Wohlwollen. »Schön, daß Sie auch in die Stadt gehen«, sagen ihr dann manche. Dankbar sei sie dafür, ihr Mann übrigens auch. »Ich glaube, es ist so, weil wir uns beide einfach nicht verstellen. Wir leben, wie wir immer gelebt haben, und das wird offensichtlich von den Menschen anerkannt«.

Erstaunlich ist dieser Mensch Christiane Herzog auf alle Fälle. Einmal, weil so nah, erreichbar, vertraut. Zum anderen aber ist sie doch eine Persönlichkeit, eine Type, wie die Berliner sagen. Überall auf der Erde fest verwurzelt und dadurch inzwischen bewundertes Vorbild. Wenn alles vorbei ist, der ganze Rummel um das Präsidentenpaar, die Verpflichtungen, der straff durchorganisierte Tag – dann möchten beide wieder zurück zu den heimischen Herden, nach Dachau. Da sind die Söhne und ihre Familien in der Nähe, da gibt es jetzt schon für kleine Fluchtzeiten eine Wohnung. Roman Herzog, weiß sie, braucht sowieso nur wenige Dinge für den Ruhestand: eine große Bibliothek, viel unbeschriebenes Papier, eine Schreibmaschine, einen Flughafen und einige Autobahnen.

Was aber bedeutet ihr genau dieses »Zur-Ruhe-setzen«?

»Das heißt bei uns, daß wir mal den Tag so gestalten können, wie wir es gerne möchten. Daß man auch mal unangemeldet spazierengehen kann, daß man sagen kann: Ach Gott, wenn ich's heut nicht mach', dann mach' ich's morgen. Daß man nicht mehr von einem Terminkalender gegängelt wird, sondern sich einen entspannten Tagesablauf leisten kann. Auch mal einen Nachmittag nur Lesen, ohne schlechtes Gewissen, daß etwas liegenbleibt. Aktiv werden wir beide immer bleiben, aber dabei einfach frei sein«.

Zu den Autoren

Reinhard Appel, geb. 1927, freier Journalist. 1973–1976 Intendant des Deutschlandfunks, 1976–1988 Chefredakteur des ZDF. Mehrere Buchpublikationen zur nationalen und internationalen Politik.

Ada Brandes, seit 1969 Korrespondentin verschiedener großer Tageszeitungen in Bonn. Seit 1996 freie Journalistin.

Almut Hauenschild, 1944 in Ulm geboren, Redakteurin der »Augsburger Allgemeinen«, der Münchner »tz« und der »Welt«. Seit 1998 Korrespondentin in China.

Kirsten Jüngling (*1949) und Brigitte Roßbeck (*1944) leben als freie Journalistinnen und Autorinnen in Köln bzw. Iffeldorf/Oberbayern.

Fides Krause-Brewer, geboren in München, freie Journalistin, seit 1962 Korrespondentin für Wirtschafts-und Sozialpolitik im Bonner Studio des ZDF. Nach der Pensionierung freie Journalistin.

Heilwig von der Mehden (1923–1997), Kunsthistorikerin, Journalistin und eine der auflagenstärksten deutschen Taschenbuchautorinnen, u.a. mit Sammlungen ihrer Kolumnen aus der *Brigitte.*

Dr. Hans Peter Mensing, geboren 1942, seit 1980 wissenschaftlicher Mitarbeiter der Stiftung Bundeskanzler-Adenauer-Haus in Bad Honnef-Rhöndorf, seit 1988 dort Leiter des Editionsbereichs.

Sabine Gräfin von Nayhauß-Cormons, geboren in Berlin, arbeitet seit 1979 als freie Journalistin in Bonn. Sie begleitete Richard und Marianne von Weizsäcker auf zahlreichen Reisen ins Ausland.

Hilde Purwin wuchs in Weimar auf und volontierte von 1946 bis 1948 beim »Telegraf« in Berlin, für den sie auch als Korrespondentin den Bizonen-Wirtschaftsrat in Frankfurt am Main beobachtete. Seit 1952 berichtete sie drei Jahrzehnte lang für die »Neue Ruhrzeitung« über Bundespolitik.

Alois Rummel, geboren 1922, Journalist, 1977–1980 Programmdirektor Südwestfunk, seit 1981 Redaktionsleiter *Rheinischer Merkur/Christ und Welt,* seit 1987 Chefredakteur Deutsche Kulturredaktion.

Ursula Salentin, 1924 in Düsseldorf geboren, Gymnasiallehrerin, Publizistin und Autorin von Biographien vornehmlich über Politikerinnen.

Maria Freifrau von Welser, Journalistin, 1988–1997 Leiterin der Redaktion und Moderatorin des Frauen-Journals ML-Mona Lisa (ZDF), seit 1997 leitet und moderiert sie im ZDF »Mit mir nicht! Welsers Fälle«.

Dieter Zimmer, geboren 1939 in Leipzig, ist seit dreißig Jahren Fernsehjournalist, u.a. »Drehscheibe«, »heute«, ZDF-Wahlstudio, zeitgeschichtliche Dokumentationen, Roman- und Sachbuchautor.

Bildnachweis

dpa: S. 13, 69, 92, 103, 105, 120, 123, 135, 141, 145, 158, 179, 185, 203, 207, 248, 253, 263

Nachlaß Theodor Heuss, privat: S. 17

Presse- und Informationsamt der Bundesregierung, Bundesbildstelle: S. 83, 89, 101, 125, 137, 211, 221, 229

Stiftung Bundeskanzler-Adenauer-Haus: S. 35, 38, 58, 59

Helmut R. Schulze: S. 161, 165, 182, 223, 225, 267, 271